Verlag:
BILDNER Verlag GmbH
Bahnhofstraße 8
94032 Passau

http://www.bildner-verlag.de
info@bildner-verlag.de

Tel.: +49 851-6700
Fax: +49 851-6624

Covergestaltung:
Christian Dadlhuber

Autorinnen:
Inge Baumeister, Anja Schmid

Herausgeber:
Christian Bildner

Vorwort

Sie arbeiten bereits mit Windows XP, Windows 7 oder Windows 8.1 und möchten nun schnell auf Windows 10 umsteigen? Vielleicht haben Sie auch weder Zeit noch Lust, sich durch dicke Handbücher und umfangreiche Beschreibungen hindurchzuarbeiten, die sich in erster Linie an Anfänger richten? Wenn Sie einfach nur eine Zusammenstellung aller Neuerungen brauchen, zusammen mit Hinweisen, wo die bekannten Funktionen zu finden sind, dann ist dieses Buch der richtige Begleiter.

Wir haben hier bewusst auf Erläuterungen längst bekannter Funktionen verzichtet, beispielsweise den allgemeinen Umgang mit Fenstern oder das Öffnen und Speichern von Dateien zugunsten einer ausführlichen Darstellung von Neuerungen und Änderungen gegenüber den früheren Versionen. Zudem zeigen wir Ihnen, wie Sie schnell die gewohnten Befehle und Funktionen finden und mit welchen Einstellungen Sie Windows 10 an Ihre Bedürfnisse und Arbeitsgewohnheiten anpassen.

Wenn Sie Windows 10 in Verbindung mit einem Microsoft-Konto nutzen, dann ist für Sie auch der Datenschutz von Interesse; aus diesem Grund wird ausführlich erklärt, mit welchen Einstellungen Sie den Zugriff auf Ihre persönlichen Daten einschränken können. Microsoft Edge hat eine Reihe neuer Funktionen erhalten, die wir in einem gesonderten Kapitel ebenfalls vorstellen.

Um mit diesem Buch sinnvoll zu arbeiten, sollten Sie also kein Anfänger sein, sondern zumindest über Grundlagenkenntnisse eines Windows-Betriebssystems verfügen.

Updates

Windows 10, Microsoft Edge und der Microsoft Store werden von Microsoft laufend durch Updates aktualisiert. Dadurch können sich ihr Aussehen im Vergleich zu den Abbildungen im Buch und ihr Funktionsumfang geringfügig ändern.

Schreibweise

Befehle, Bezeichnungen von Schaltflächen und Beschriftungen von Dialogfenstern sind zur besseren Unterscheidung farbig und kursiv hervorgehoben, zum Beispiel Register *Start*, Schaltfläche *Kopieren*.

Viel Spaß und Erfolg mit dem Buch wünscht Ihnen

Ihr Autorenteam

Inhalt

Anhang

1 Ein erster Überblick

1.1 Die wichtigsten Neuerungen

- Windows 10 verfügt im Gegensatz zu Windows 7 oder Windows XP über ein erweitertes Startmenü. Im benutzerdefinierten Bereich des Startmenüs werden Apps in Form von Kacheln angeordnet und Benutzer können hier nach Belieben weitere Apps hinzufügen oder entfernen sowie die Größe des Startmenüs anpassen. Bei Bedarf kann das Startmenü auch den gesamten Bildschirm einnehmen.
- Die Bedienung von Windows 10 kann sowohl mit der Maus als auch per Touchscreen mit Fingergesten erfolgen, die Benutzeroberfläche unterscheidet sich im Tablet- bzw. Touchmodus nur durch größere Abstände zwischen den Symbolen und einem standardmäßigen Startmenü im Vollbildmodus vom Desktopmodus. Normalerweise erkennt Windows 10, auf welche Weise die Eingabe erfolgt und wechselt automatisch in den entsprechenden Modus. Im Info-Center finden Sie eine Schaltfläche, mit der Sie ebenfalls schnell zwischen den beiden Modi wechseln können.
- Die Befehle zum Herunterfahren und Energiesparen finden Sie im Startmenü, wenn Sie auf den Schalter *Ein/Aus* klicken. An- und Abmelden oder den Benutzer wechseln können Sie dagegen, wenn Sie oben im Startmenü auf Ihren Benutzernamen klicken.
- Meldungen über Hardware- und Sicherheitsprobleme, Benachrichtigungen über eingegangene E-Mails oder Erinnerungen an Termine werden im neuen Info-Center am rechten Bildschirmrand zusammengefasst. Sie öffnen das Info-Center, indem Sie im Infobereich der Taskleiste auf das kleine Symbol Sprechblase klicken. Im Info-Center erhalten Sie über Schaltflächen auch schnell Zugriff auf häufig benötigte Einstellungen, z. B. WLAN oder Flugzeugmodus.
- Mit der Assistentin Cortana können Sie per Spracheingabe kommunizieren. Sie startet beispielsweise Apps, verfasst E-Mails, trägt Termine im persönlichen Kalender ein und unterbreitet Ihnen Vorschläge zur Suche im Web. Dazu müssen Sie zuvor Cortana die Nutzung Ihrer Daten erlauben.
- Um alle geöffneten Fenster in einer Miniaturvorschau anzuzeigen und schnell zwischen den Fenstern zu wechseln, verfügt Windows 10 zusätzlich zur bekannten Tastenkombination Alt+Tab über die neue Taskansicht. In der Taskansicht können Sie weitere virtuelle Desktops hinzufügen und geöffnete Fenster auf diese verteilen. Auf diese Weise lassen sich Fenster bzw. geöffnete Apps nach Einsatzzweck gruppieren.
- Mit der Snap-Funktion können Fenster durch Ziehen schnell am linken oder rechten Bildschirmrand automatisch angeheftet werden, dies funktioniert mit zwei und vier Fenstern.

- Auch Kleinigkeiten können die Arbeit erheblich erleichtern: Zum Scrollen in Fenstern genügt es bei Windows 10, wenn sich der Mauszeiger über dem betreffenden Fenster befindet, Sie brauchen also nicht mehr zuvor das Fenster mit einem Mausklick aktivieren.
- Einstellungen zu Hard- und Software können Sie vornehmen, indem Sie im Startmenü oder im Info-Center auf Einstellungen klicken. Die Einstellungen sind im Gegensatz zur Systemsteuerung wesentlich übersichtlicher und benutzerfreundlicher gestaltet und eignen sich auch für Touchbedienung. Die Systemsteuerung existiert zwar nach wie vor noch, enthält aber nicht mehr alle Funktionen, da einige davon komplett in die Einstellungen verlagert wurden. Nach den Plänen von Microsoft soll die Systemsteuerung im Lauf der nächsten Updates ganz verschwinden.
- Mit Windows Defender verfügt Windows 10 auch über einen integrierten Virenschutz. Dieser ist zusammen mit der bereits länger vorhandenen Firewall und anderen sicherheitsrelevanten Einstellungen im neuen Windows Defender Security Center zusammengefasst. Statt Windows Defender kann selbstverständlich auch Sicherheitssoftware anderer Hersteller installiert werden.
- Windows 10 erhält eigentlich nur in Verbindung mit einem Microsoft-Konto seinen vollen Funktionsumfang. Dieses Konto benutzen Sie zur nicht nur zur Anmeldung am Gerät, über ein Microsoft-Konto können Sie auch Daten und Einstellungen zwischen verschiedenen Geräten synchronisieren und auch Cortana benötigt ein solches Konto. Die Nutzung und Speicherung Ihrer persönlichen Daten können Sie in den Einstellungen und online im Browser regeln. Hier können auch die Datenschutzbestimmungen eingesehen werden.
- Unter dem Namen *OneDrive* steht Ihnen ein kostenloser Online-Speicher im Umfang von derzeit 5 GB zur Verfügung, dieser ist vollständig in den Datei-Explorer integriert und wird wie jedes andere Laufwerk behandelt. Sie können steuern, welche Daten auf OneDrive auch ohne Internetverbindung verfügbar sein sollen. Diese werden dann automatisch mit der Festplatte synchronisiert. Für die Nutzung von *OneDrive* ist ebenfalls ein Microsoft-Konto erforderlich.
- Mit *Microsoft Edge* bringt Windows 10 auch einen neu gestalteten Browser mit, das Symbol dazu finden Sie standardmäßig in der Taskleiste. Microsoft Edge ist auch die Standard-App zum Öffnen und Anzeigen von PDF-Dateien.
- Wie schon Windows 8.1, bringt auch Windows 10 zahlreiche integrierte Apps mit, beispielsweise für E-Mails oder zum Verwalten von Terminen (Kalender) und Adressen (Kontakte). Mit Ausnahme des neuen Browsers Microsoft Edge geht dieses Buch nicht näher auf die einzelnen Apps ein, da dies den Rahmen sprengen würde.
- Für Spieler verfügt Windows 10 über eine integrierte Xbox-App. Auch diese wird hier nicht näher erläutert.

1.2 Die Windows 10 Editionen

Windows 10 kann auf unterschiedlichen Geräten eingesetzt werden, angefangen vom herkömmlichen Bürocomputer über Laptops und Notebooks bis hin zu Tablet-PCs. Neben Maus und Tastatur werden auch die diversen Eingabemöglichkeiten dieser Geräte unterstützt. Genau wie in früheren Versionen existieren auch von Windows 10 verschiedene Editionen, insgesamt sieben, von denen allerdings nicht alle für den normalen PC-Nutzer interessant sind. Dieses Buch bezieht sich in erster Linie auf die am weitesten verbreiteten Versionen Windows 10 Home und Windows 10 Pro. Hier ein kurzer Überblick:

Windows 10 Home

Diese Version ist, wie der Name bereits verrät, in erster Linie für Privat- oder Heimanwender gedacht und kann auf PCs, Laptops, Tablets sowie 2-in-1-Geräten eingesetzt werden. Zum Umfang gehören auch die Sprachassistentin Cortana, der neue Browser Microsoft Edge, der Tablet-Modus für Touch-Geräte sowie die üblichen Apps für Fotos, Videos, Musik, Mail, Karten und Kalender. Zudem existiert für Spiele eine integrierte Xbox-App.

Windows 10 Pro

In dieser Version für Profianwender und kleinere Unternehmen ist zusätzlich zu den oben genannten Funktionen von Windows 10 Home ein erweitertes Geräte- und Daten-Management enthalten, z. B. zum Verschlüsseln von Laufwerken.

Windows 10 Enterprise

Die Version für mittlere und große Firmen baut auf Windows 10 Pro auf und verfügt zusätzlich über umfangreiche Geräte- und App-Verwaltungs-Tools und weitergehende Sicherheitsfunktionen.

Windows 10 Mobile

Daneben gibt es Windows 10 auch noch in einer mobilen Variante für Windows Smartphones. Diese wird allerdings nicht mehr weiterentwickelt und daher in diesem Buch auch nicht näher beschrieben.

32 Bit oder 64 Bit?

Windows-10 ist, wie alle Windows-Betriebssysteme, sowohl als 32-Bit- als auch als 64-Bit-Version erhältlich. Diese Angabe bezieht sich auf die Architektur des Prozessors: Während ein 32-Bit-Prozessor Daten in Einheiten zu 32 Bit verarbeitet, sind es bei einem 64-Bit-Prozessor 64 Bit. Für Sie wichtig zu wissen: Sie können mit einem 64-Bit-Prozessor auch ein 32-Bit-Betriebssystem nutzen, umgekehrt ist dies jedoch nicht der Fall. Bei einem Arbeitsspeicher von mehr als vier Gigabyte ist ein 64-Bit-Betriebssystem ein Muss.

1.3 Microsoft-Konto

Wie schon bei Windows 8.1 erfolgt auch bei Windows 10 die Anmeldung am PC in der Regel über ein Microsoft-Konto. Grob vereinfacht bedeutet dies, dass Sie sich mit einem Online-Konto anmelden. Ein Microsoft-Konto besteht aus einer E-Mail-Adresse und dem dazugehörigen Kennwort. Besitzen Sie bereits eine E-Mail-Adresse mit dem Zusatz @outlook.de, @hotmail.de oder @live.de, dann verfügen Sie damit automatisch auch über ein Microsoft-Konto und können dieses samt dazugehörigem Kennwort zur Anmeldung am PC verwenden.

Microsoft-Konto oder Lokales Offline-Konto?

Neben einem Microsoft-Konto ist bei Windows 10 auch die Anmeldung mit einem klassischen lokalen Konto (Offline-Konto) möglich. Beide Möglichkeiten werden während der Ersteinrichtung von Windows 10 angeboten.

- Ein Microsoft-Konto besteht aus einer E-Mail Adresse und einem Kennwort. Damit erhalten Sie automatisch auch Zugriff auf Ihren persönlichen Cloud-Speicher OneDrive und können weitere Apps und Spiele aus dem Microsoft-Store beziehen. Falls Sie mehrere Geräte mit diesem Konto nutzen, können Sie auch Ihre Einstellungen mit diesen Geräten synchronisieren.
- Ein lokales Konto besitzt dagegen nur Gültigkeit auf dem jeweiligen Gerät. *OneDrive* oder der volle Funktionsumfang von Cortana können mit einem solchen Konto nicht genutzt werden. Ein lokales Konto kann jederzeit nachträglich vom Benutzer in ein Microsoft-Konto umgewandelt werden und umgekehrt. Näheres hierzu in Kapitel 5.2 dieses Buches.

Ein Microsoft-Konto erstellen

Wenn Sie noch kein Microsoft-Konto besitzen und ein solches anlegen möchten, dann stehen Ihnen dazu zwei Wege offen.

- Während des Einrichtungsvorgangs nach dem ersten Start werden Sie aufgefordert, sich mit einem Microsoft-Konto anzumelden. Besitzen Sie noch kein solches Konto, dann klicken Sie hier auf *Erstellen Sie ein Konto*.
- Sind Sie bereits mit einem lokalen Konto angemeldet, so öffnen Sie das Startmenü, klicken oben auf Ihren Benutzernamen und auf *Kontoeinstellungen ändern*. Klicken Sie dann auf *Stattdessen mit einem Microsoft-Konto anmelden*.
- Als dritte Option können Sie ein neues Benutzerkonto anlegen und bei dieser Gelegenheit auch gleich ein Microsoft-Konto, Näheres dazu in Kapitel 5.2. Dieses Konto benutzen Sie dann künftig zur Anmeldung.

1.4 Windows 10 beim ersten Start einrichten

Beim Kauf eines neuen Computers ist Windows 10 in der Regel bereits vorinstalliert. Trotzdem müssen Sie, wie auch nach einem Upgrade von einer früheren Version oder nach einer Neuinstallation, beim ersten Start noch einige persönliche Einstellungen vornehmen. Eine Internetverbindung ist bei der Ersteinrichtung von Windows 10 nützlich, aber nicht zwingend erforderlich. Sie wird allerdings benötigt, wenn Sie sich mit einem Microsoft-Konto anmelden oder ein solches einrichten möchten. Zum Herstellen der Internetverbindung brauchen Sie nur in der Liste der verfügbaren WLANs auf Ihr WLAN klicken oder tippen. Tippen Sie dann Ihren Netzwerksicherheitsschlüssel (Kennwort Ihres Netzwerks) über die Tastatur ein. Dies setzt natürlich voraus, dass Ihr Router bereits fertig eingerichtet ist.

Herstellen einer WLAN-Verbindung, siehe Kapitel 7.3.

Region und Tastaturlayout

Eventuell erscheint im ersten Schritt die Frage nach Region und Tastaturlayout. Meist ist das Land bereits richtig ausgewählt, dann klicken Sie auf *Ja*. Andernfalls müssen Sie Ihr Land zuerst in der Liste anklicken. Als Tastaturlayout dürfte *Deutsch* ebenfalls in den meisten Fällen bereits korrekt angegeben sein, dann brauchen Sie auch hier zur Bestätigung nur auf *Ja* klicken.

Bild 1.1 Sind Region und Tastaturlayout richtig?

Im nächsten Schritt bietet Windows das Hinzufügen eines weiteren Tastaturlayouts an. Dies ist im Normalfall nicht erforderlich, klicken Sie daher auf *Überspringen*.

Falls Sie wirklich einmal eine Tastatur in einer anderen Sprache anschließend möchten, können Sie diese auch später einrichten.

Konto zur Anmeldung einrichten

Persönliche Verwendung oder Organisation?

Im nächsten Schritt geben Sie an, welche Einrichtung Sie durchführen möchten. Falls es sich um ein Firmen-Gerät handelt, erhalten Sie mit der Auswahl *Für eine Organisation einrichten* und Angabe der Anmelde-ID Zugriff auf das Firmennetzwerk. In der Regel verwenden Sie aber die Standardeinstellung *Für persönliche Verwendung einrichten*, diese wird auch in der Folge beschrieben. Klicken Sie dann auf *Weiter*.

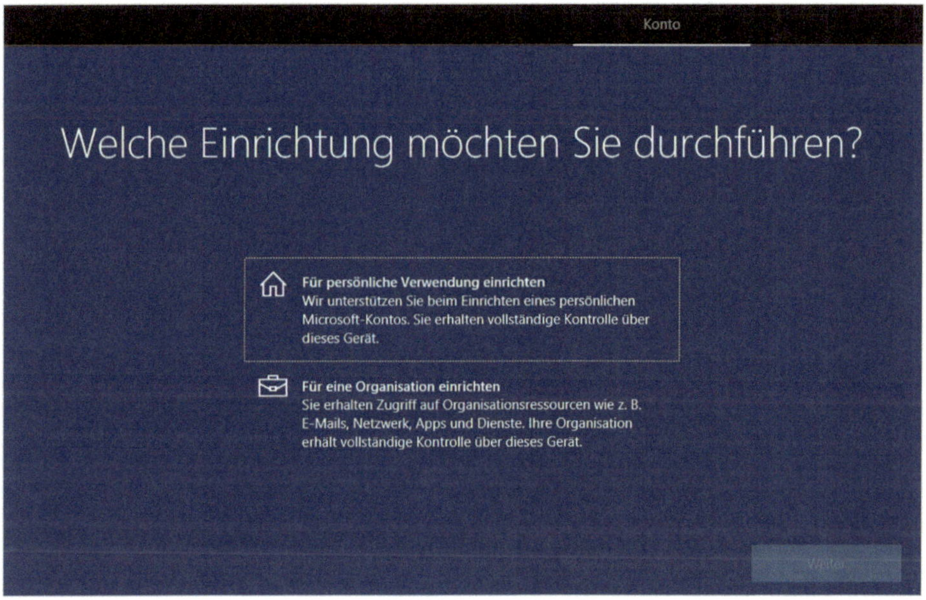

Bild 1.2 Art der Einrichtung

Anmelden

Da Windows 10 grundsätzlich eine Anmeldung am PC erfordert, benötigen Sie ein Benutzerkonto. Dies kann entweder ein lokales Konto (Offlinekonto) oder ein Microsoft-Konto sein. Dieses Konto legen Sie im nächsten Schritt fest (Bild 1.3).

- Wenn Sie bereits über ein Microsoft-Konto verfügen, d. h. eine E-Mail-Adresse besitzen, die auf @outlook.de, @hotmail.com oder @live.de endet, so geben Sie die E-Mail Adresse Ihres Kontos ein ❶ und klicken auf *Weiter*.
- Besitzen Sie noch kein Microsoft-Konto, dann klicken Sie auf *Konto erstellen* ❷ (siehe Seite 18).
- Alternativ, falls gerade keine Internetverbindung besteht oder wenn Sie lieber mit einem lokalen Konto arbeiten möchten, dann klicken Sie auf *Offlinekonto* ❸. Anschließend können Sie Benutzername und Kennwort festlegen.

Bild 1.3 Melden Sie sich mit einem Microsoft-Konto an

So erstellen Sie ein Microsoft-Konto

Falls Sie noch kein Microsoft-Konto besitzen, so klicken Sie auf *Konto erstellen* ❷, um ein neues Konto zu erstellen. Die Einrichtung des Microsoft-Kontos erfordert wenig Aufwand und ist schnell erledigt.

1 Im ersten Schritt (Bild 1.4) müssen Sie Ihre E-Mail Adresse eingeben ❶, diese kann bei einem beliebigen Anbieter registriert sein.

Alternativ können Sie an dieser Stelle auch eine neue E-Mail Adresse anfordern ❷. Diese endet dann automatisch auf @outlook.de (Bild 1.5).

2 Klicken Sie dann auf *Weiter*.

Bild 1.4 Geben Sie zum Erstellen eines Kontos Ihre E-Mail Adresse ein

Bild 1.5 Oder fordern Sie eine neue E-Mail Adresse an.

3 In den folgenden Schritten werden Sie aufgefordert, ein Kennwort für Ihr Konto festzulegen, dieses Konto wird später bei der Anmeldung am Gerät benötigt. Außerdem müssen Sie eine Handynummer oder eine zweite E-Mail Adresse hinterlegen, damit Sie auch an Ihr Konto gelangen können, falls Sie einmal Ihr Kennwort vergessen haben.

4 Haben Sie zur Erstellung des Microsoft-Kontos eine vorhandene E-Mail-Adresse angegeben, so wird anschließend eine Mail an diese Adresse gesendet. Dadurch soll sichergestellt werden, dass es tatsächlich sich um Ihre Adresse handelt. Kontrollieren Sie daher den Posteingang dieses Kontos und klicken Sie in der Mail auf den Link, um die Einrichtung abzuschließen. Gleichzeitig erhalten Sie in der Mail einen Sicherheitscode, den Sie unter Umständen nach der ersten Anmeldung mit diesem Konto eingeben müssen.

Kennwort eingeben

Wenn Sie zur Anmeldung ein bestehendes Microsoft-Konto verwenden (siehe Seite 17), dann werden Sie nach Eingabe der E-Mail Adresse aufgefordert, das dazugehörige Kennwort einzugeben (Bild unten). Klicken Sie dann auf *Weiter*.

Bild 1.6 Geben Sie das Kennwort Ihres Microsoft-Kontos ein

Konto bestätigen

In vielen Fällen, z. B. wenn Sie sich mit Ihrem Microsoft-Konto auf einem neuen Gerät anmelden, müssen Sie aus Sicherheitsgründen anschließend bestätigen, dass es sich beim angegebenen Konto um Ihr Konto handelt. Zu diesem Zweck wird ein Code per SMS an die, bei der Einrichtung des Kontos angegebene, Handynummer gesendet. Dazu müssen Sie zuerst die Handynummer durch Eingabe der letzten Ziffern bestätigen und anschließend den erhaltenen Code eingeben (Bild 1.7).

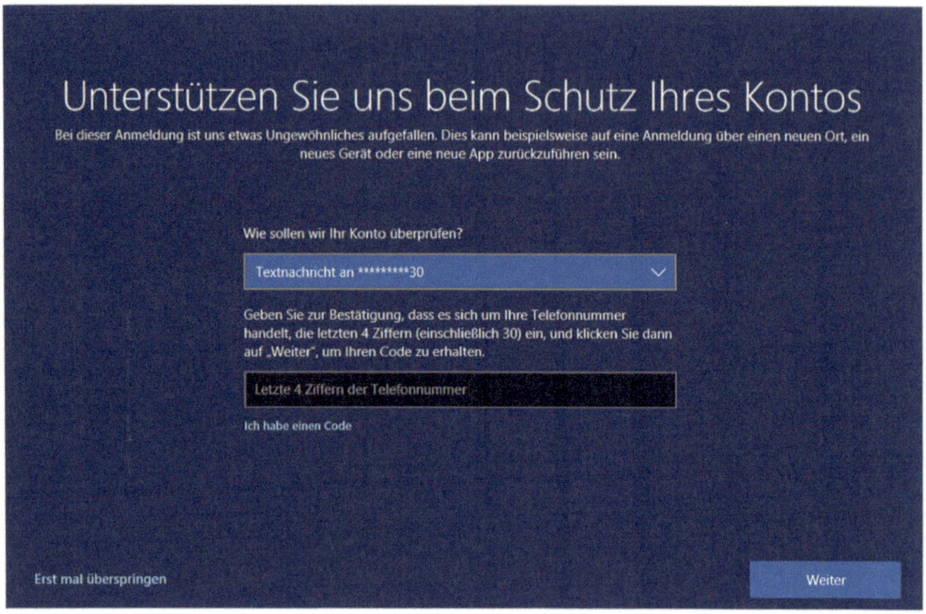

Bild 1.7 Bestätigen Sie, dass es sich um Ihr Konto handelt

Dienste einrichten

Windows 10 mit dem Smartphone verknüpfen

Anschließend können Sie das Gerät bzw. Windows 10 mit Ihrem Smartphone (Android oder iPhone) verknüpfen. Dazu geben Sie Ihre Handynummer ein ❶ und klicken auf *Senden*. Falls Sie diese Funktion nicht benötigen klicken Sie auf *Später erledigen* ❷.

Bild 1.8 PC und Smartphone verknüpfen

Die Sprachassistentin Cortana nutzen

Die Unterstützung durch die Sprachassistentin Cortana erfordert Ihre Zustimmung, da Cortana auch persönliche Informationen sammelt und auswertet. Dazu gehören unter anderem Ihre aktuelle Position, Suchanfragen im Web, Ihre E-Mails und andere Kommunikationsdaten. Mit Klick auf *Ja*, erlauben Sie Cortana den Zugriff auf diese Daten. Wenn Sie dagegen auf *Nein* klicken, dann können Sie zwar nicht per Spracheingabe mit Cortana kommunizieren, die Windows Suche können Sie trotzdem nutzen.

Sie können Cortana auch nachträglich als Ihre persönliche Assistentin einrichten. Näheres hierzu in Kapitel 3.2 dieses Buches.

Sie können Cortana jederzeit auch nachträglich einrichten oder, falls Sie hier bereits Ihre Zustimmung erteilen möchten, sämtliche gesammelten persönlichen Informationen später wieder löschen und die Personalisierung Cortanas ausschalten. Näheres hierzu lesen Sie in Kapitel 3.2 dieses Buches.

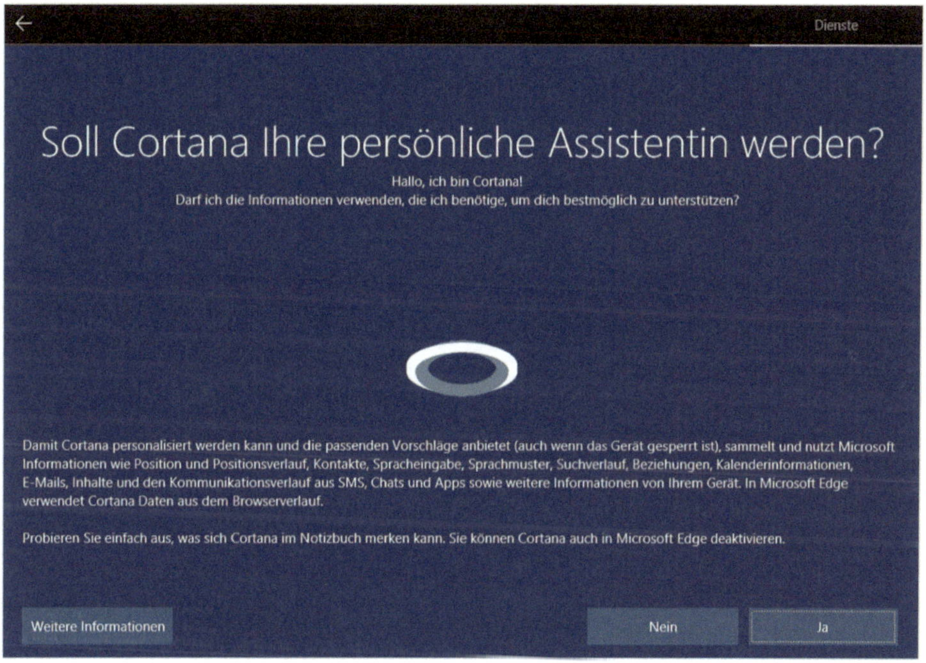

Bild 1.9 Cortana als persönliche Assistentin nutzen

Datenschutzeinstellungen

Im letzten Schritt können Sie über Schalter die wichtigsten Datenschutzeinstellungen einsehen und ändern. Standardmäßig sind zunächst alle Schalter aktiviert, ein einfacher Klick auf den Schalter reicht jedoch zum Deaktivieren aus. Eventuell müssen Sie das Mausrad drehen, um alle Einstellungen vollständig anzuzeigen. Da Sie mit dem Übernehmen der Voreinstellungen Microsoft weitreichende Rechte an der Speicherung und Nutzung Ihrer persönlichen Daten einräumen, sollten Sie sich zumindest später damit genauer befassen. Eine detaillierte Übersicht und Beschreibung aller Datenschutzeinstellungen finden Sie in diesem Buch in den Kapiteln 3.2 (Cortana) und

6.1 (Datenschutz allgemein). An dieser Stelle jedoch schon einmal einige Hinweise und Tipps:

- Wenn Sie keinen Wert auf Werbung legen, dann können Sie den Schalter *Relevante Werbeanzeigen* ❶ beruhigt ausschalten.
- Auch die Anzeige von Tipps und Empfehlungen ❷ ist verzichtbar und kann deaktiviert werden.
- Wenn Sie dagegen die Spracheingabe bzw. Cortana nutzen möchten, dann muss auch der Schalter *Spracherkennung* aktiviert sein.
- Die Positionsbestimmung kann nützlich sein, wenn Sie Wegbeschreibungen oder Karten benötigen, ist aber nicht zwingend nötig.

Klicken Sie zuletzt auf *Annehmen*, um die Datenschutzeinstellungen zu übernehmen. Gleichzeitung akzeptieren Sie damit die Datenschutzbestimmungen.

Bild 1.10 Datenschutzeinstellungen bearbeiten

Einrichtung und Konto fertigstellen

Damit sind alle erforderlichen Angaben vorhanden und Windows bzw. Ihr Benutzerkonto wird eingerichtet. Auf dem Bildschirm erscheint eine entsprechende Meldung und es dauert beim ersten Mal etwas, bis Sie beginnen können.

1.5 Fingersteuerung

Windows 10 lässt sich sowohl auf dem herkömmlichen PC am Arbeitsplatz als auch auf Laptops bzw. Notebooks und Tablet-PCs einsetzen und unterstützt neben Maus und Tastatur auch die diversen Eingabemöglichkeiten dieser Geräte. So erlaubt Windows 10 auf Geräten mit einem berührungsempfindlichen Bildschirm (Touchscreen) die Eingabe per Fingersteuerung anstelle einer Maus und statt einer physischen Tastatur steht dann eine Bildschirmtastatur zur Verfügung. Erlauben Apps die Stifteingabe, so wird auch dies unterstützt.

Touchscreen = berührungsempfindlicher Bildschirm

Windows 10 erkennt in der Regel automatisch, ob Maus und Tastatur angeschlossen sind. Erfolgt die Bedienung per Touchscreen, so wechselt Windows in den, für die Fingereingabe optimierten, Tabletmodus. Daneben können Sie auch über eine Schaltfläche des Info-Centers schnell zwischen Tabletmodus und Desktopmodus wechseln. Näheres zu den Besonderheiten des Tabletmodus lesen Sie in Kapitel 2.7.

- Im Tabletmodus werden automatisch die Abstände zwischen Symbolen und Befehlen vergrößert, allerdings nicht in allen Anwendungen.
- Auswahl einer Option und Ausführung eines Befehls erfolgen durch einfaches Antippen mit dem Finger.

Eine Zusammenstellung der wichtigsten Gesten finden Sie in der Tabelle.

Geste/Bewegung	Bedeutung/Ausführung
Doppeltipp	Tippen Sie zweimal schnell hintereinander auf ein Element, um denselben Effekt zu bewirken wie bei einem Doppelklick.
Rechtsklick	Um auf dem Touchscreen einen Rechtsklick zu imitieren, drücken Sie mit dem Finger etwas länger auf ein Element.
Streichen/Wischen	Um Bildschirminhalte rechts, links, oben oder unten sichtbar zu machen, streichen Sie mit dem Finger über den Bildschirm in die gewünschte Richtung, dies entspricht etwa dem Scrollen mit dem Mausrad. Streichen oder Wischen dient außerdem dazu, Elemente einzublenden.
Zoomen	Bewegen Sie auf dem Touchscreen Daumen und Zeigefinger auseinander, um die Ansicht zu vergrößern. Um die Ansicht zu verkleinern, bewegen Sie Daumen und Zeigefinger aufeinander zu. Das Kneifen mit Daumen und Zeigefinger bezeichnet man auch als Pinchen (vom englischen to pinch = kneifen, zwicken)
Drehen	Manche Elemente können gedreht werden: Führen Sie mit Daumen und Zeigefinger eine Drehbewegung aus.

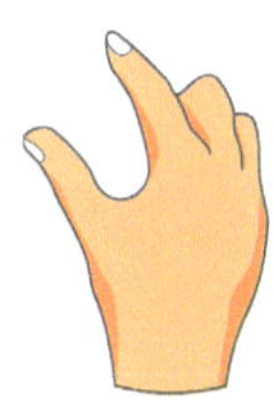

Zur Texteingabe an einem PC mit Touchscreen verwenden Sie die Bildschirmtastatur. Diese erscheint automatisch, wenn Sie mit dem Finger auf ein Texteingabefeld tippen, beispielsweise zur Eingabe des Kennworts.

Zudem finden Sie im Infobereich der Taskleiste ein Tastatursymbol, über das Sie bei Bedarf die Bildschirmtastatur anzeigen. Die Bildschirmtastatur ist in drei Ebenen untergliedert.

- **Hauptebene**
  Die Hauptebene enthält die wichtigsten Schreibmaschinentasten, sowie einige weitere wichtige Tasten (Backspace/Korrektur ❶, Eingabe ❷, Umschalt-Taste ❸, usw.) .

- **Zeichenebene**
  Mit der Taste *&123* ❹ schalten Sie um zur Zeichenebene. Auf dieser Ebene der Bildschirmtastatur finden Sie Sonderzeichen und Ziffern. Durch erneutes Antillen der Taste *&123* gelangen Sie wieder zurück zur Hauptebene.

- **Symbolebene**
  Diese Ebene rufen Sie durch Antippen des Smileysymbols ❺ auf. Hier erhalten Sie verschiedene Smileys und andere Symbole. Auch hier gelangen durch erneutes Antippen des Smileysymbols wieder zurück zur Hauptebene

Bild 1.11 Verschiedene Tastaturgrößen

Tipp: Die Bildschirmtastatur bietet mit Klick auf das Symbol oben links ❶ verschiedene Größen und Anzeigevarianten an. Sie können beispielsweise auch eine schmale Bildschirmtastatur wählen, vergleichbar einem Smartphone, oder eine vollständige Tastatur einschließlich Zahlenreihe und Cursortasten, siehe Abbildungen unten.

Um Tipparbeit zu sparen, erhalten Sie während der Eingabe über die Bildschirmtastatur automatisch verschiedene Wortvorschläge, die Sie durch Antippen übernehmen können. Die dazugehörigen Einstellungen sowie die Behandlung von Rechtschreibfehlern können Sie einsehen und ändern, wenn Sie auf das Symbol *Eingabeeinstellungen* ❷ klicken.

1.6 Einstellungen statt Systemsteuerung

Die Einstellungen öffnen

Auch die Einstellungen zu Hard- und Software, bisher in der Systemsteuerung zu finden, wurden auf Toucheingabe abgestimmt. Sie sind nun wesentlich übersichtlicher gestaltet und unter dem Namen *Einstellungen* über das Symbol des Startmenüs (Bild 1.12) oder mit der Tastenkombination Windows+i schnell zu öffnen.

Alternativ öffnen Sie mit Klick auf das Symbol in der Taskleiste das Info-Center und klicken hier auf die Schaltfläche *Alle Einstellungen* (Bild 1.13).

Bild 1.12 Das Symbol Einstellungen im Startmenü

Bild 1.13 Alle Einstellungen im Info-Center

Einstellung suchen

Schneller geht's, wenn Sie eine bestimmte Einstellung gezielt über das Suchfeld der Taskleiste bzw. Cortana suchen. Geben Sie z. B. den Suchbegriff „Hintergrund" ein, wenn Sie das Hintergrundbild des Desktops ändern möchten. Mit der Auswahl *Hintergrundeinstellungen* öffnen sich die Einstellungen genau bei diesem Punkt und Sie können ein anderes Bild als Desktophintergrund wählen.

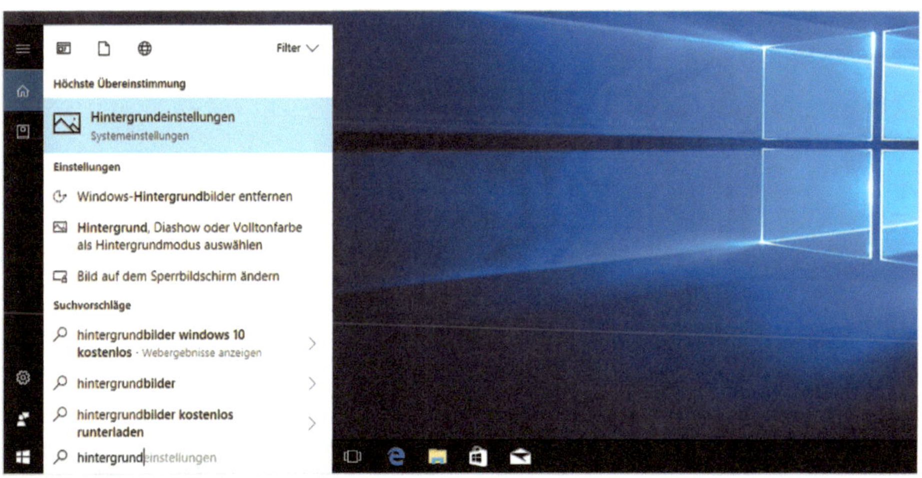

Bild 1.14 Beispiel: Suche nach Einstellungen zum Desktophintergrund

Navigation in den Einstellungen

Bild 1.15 Die Startseite der Einstellungen

Die Startseite fasst alle Einstellungen in Kategorien zusammen. Klicken Sie einfach auf das gewünschte Symbol, z. B. *Personalisierung*. Mit Klick auf den Pfeil *Zurück* in der linken oberen Ecke gelangen Sie zurück zur letzten Seite oder klicken Sie auf *Startseite*, wenn Sie wieder die Startseite anzeigen möchten.

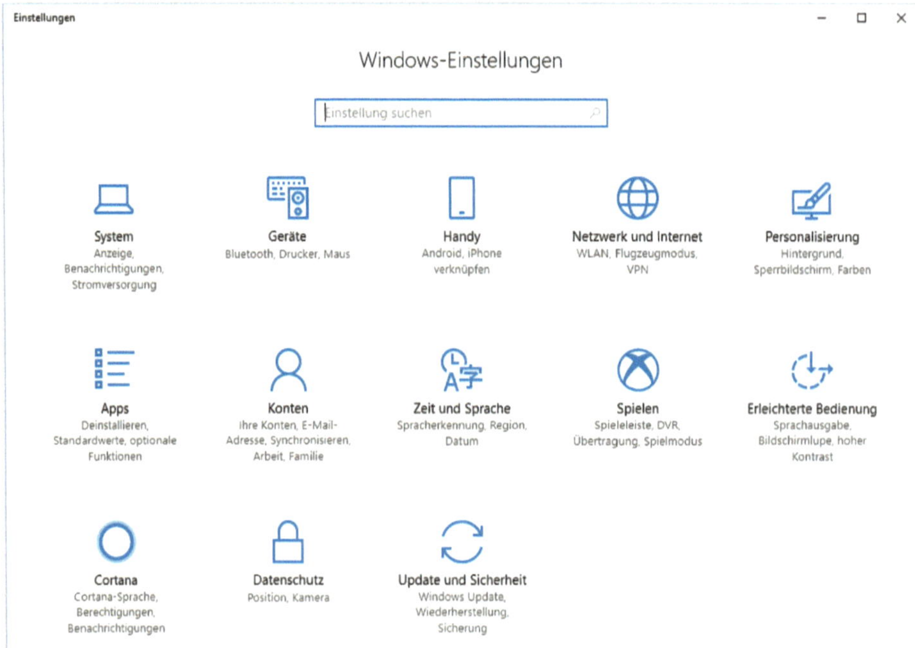

In den Einstellungen suchen

Auch auf der Startseite und in jeder Kategorie finden Sie mit dem Feld *Einstellung suchen* eine Suchmöglichkeit. Bereits während der Eingabe des Suchbegriffs listet Windows mehrere Vorschläge auf, weitere erhalten Sie, wenn Sie auf *Alle Ergebnisse anzeigen* klicken. Mit Klick auf ein Thema gelangen Sie zur betreffenden Einstellung.

Bild 1.16 Einstellung auf der Startseite suchen

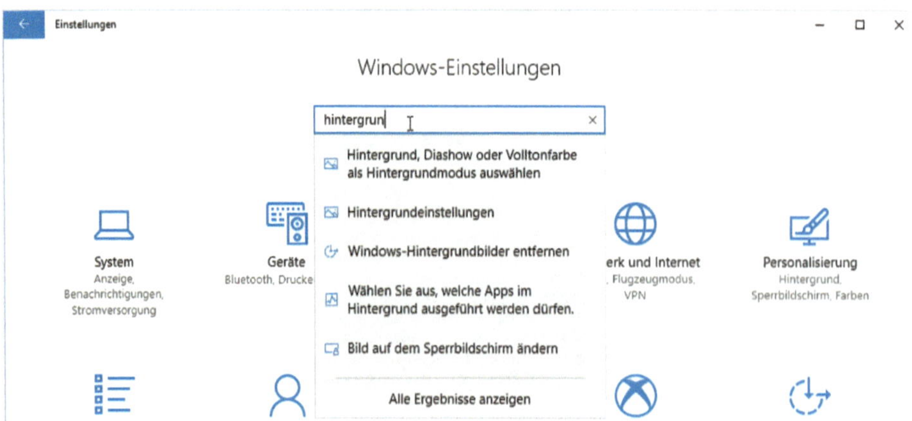

- Haben Sie auf eine Kategorie geklickt, so erhalten Sie in der linken Spalte weitere Funktionen zum Thema, als Beispiel im Bild unten die Kategorie *System* ❶ mit Einstellungen zum Tablet-Modus ❷.
- Anstelle der bisherigen Kontrollkästchen finden Sie in den Einstellungen Schalter vor ❸. Zum Umschalten zwischen Aus und Ein klicken oder tippen Sie einfach entweder auf den Schalter oder auf *Aus* bzw. *Ein*.

Bild 1.17 Beispiel Einstellungen Tablet-Modus

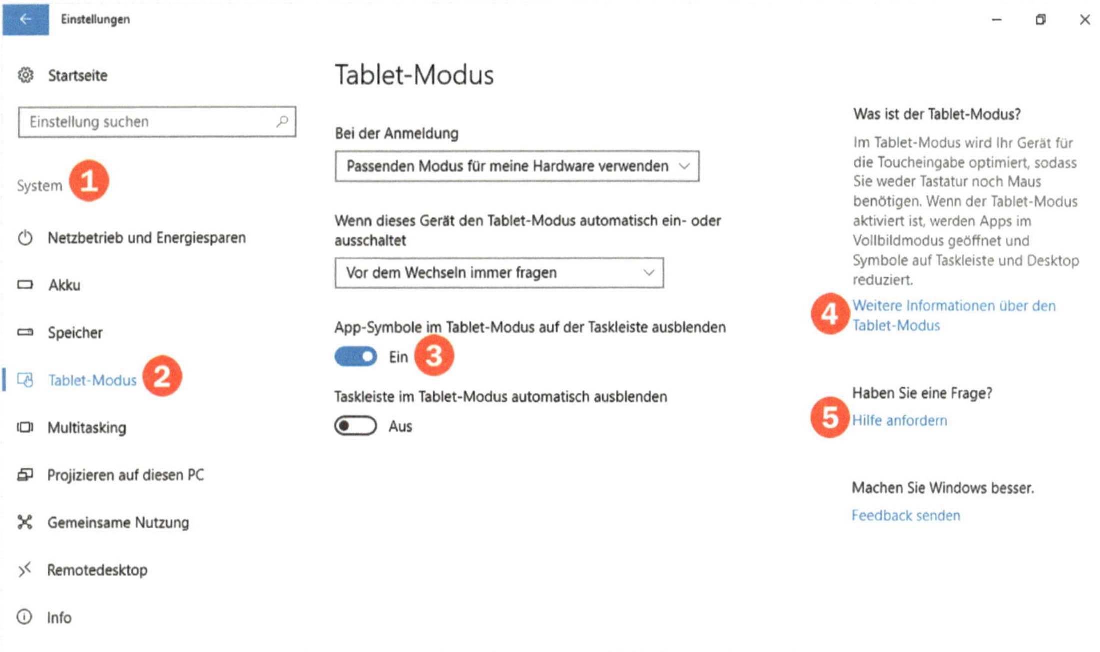

> **Für alle Einstellungen gilt**
>
> - Ihre Änderungen werden sofort und automatisch gespeichert. Sie können also einfach zur Startseite der Einstellungen zurückkehren bzw. die Einstellungen mit Klick auf das Schließen-Symbol des Fensters schließen.
> - Im Gegensatz zur Systemsteuerung zeigen die Einstellungen nur Optionen an, für die Sie auch die entsprechenden Rechte besitzen, d. h. Administratoren erhalten hier mehr Möglichkeiten als Standardbenutzer. Sollten daher einige der beschriebenen Funktionen auf Ihrem Gerät nicht verfügbar sein, dann haben Sie nicht die notwendige Berechtigung.

Hilfe erhalten

Viele Aufgaben in den Einstellungen bieten gezielt Hilfe in Form von Links an. Diese befinden sich je nach Fenstergröße im rechten Bereich oder ganz am Ende und sind beschriftet mit *Hilfe zum...* oder *Weitere Informationen...* ❹ wie im Bild unten am Beispiel *Tablet-Modus*. Bei manchen Punkten erhalten Sie auch Tipps über einen entsprechenden Link, z. B. zur sparsamen Akkunutzung eines mobilen Geräts. Die Hilfe bzw.

Beachten Sie, dass die Hilfe nur online verfügbar ist!

der Microsoft-Support wird im Browser geöffnet und bietet neben einer gezielten Themenauswahl häufig auch kurze Videos an.

Wenn Sie sich mit einem Problem an den Microsoft Support wenden möchten, dann klicken Sie unter dem Hinweis *Haben Sie eine Frage?* auf *Hilfe anfordern* ❺ und beschreiben anschließend kurz Ihr Problem. Meist erhalten Sie anschließend auch einige Hinweise auf vorhandene Inhalte zu diesem Thema. Wenn sich hier nichts passendes findet, dann klicken Sie auf *Community fragen*.

Wo ist die Systemsteuerung?

Parallel zu den Einstellungen existiert auch unter Windows 10 noch die Systemsteuerung, bekannt aus früheren Windows-Versionen. Allerdings werden die einzelnen Funktionen der Systemsteuerung im Zuge der Updates nach und nach von den entsprechenden Einstellungen abgelöst und sind anschließend nur noch in den Einstellungen zu finden. So sind zum Beispiel sämtliche Gestaltungsmöglichkeiten von Desktop, Startmenü und Taskleiste ausschließlich in den Einstellungen vorhanden und ein Klick auf die entsprechende Kategorie der Systemsteuerung öffnet die Einstellungen.

Falls Sie die Systemsteuerung trotzdem einmal benötigen, so finden Sie diese im Startmenü in der Gruppe *Windows-System* oder tippen Sie diesen Begriff in das Suchfeld der Taskleiste ein.

1.7 Computerverwaltung, Eingabeaufforderung und Co

Technisch versierte Nutzer von Windows benötigen manchmal noch weitere Systemeinstellungen. Dazu gehören beispielsweise *Eingabeaufforderung*, *Gerätemanager*, *Computerverwaltung* und *Datenträgerverwaltung*. Diese finden Sie wie bisher in der alphabetischen Liste des Startmenüs in den Ordnern *Windows-System* und *Windows-Verwaltungsprogramme*.

Das Kontextmenü der Start-Schaltfläche

Eine nützliche Neuerung von Windows 10 ist das erweiterte Kontextmenü der Schaltfläche *Start*. Klicken Sie in der Taskleiste mit der rechten Maustaste auf *Start*, so finden Sie hier neben dem *Task-Manager* und dem Befehl *Herunterfahren oder Abmelden* auch die oben genannten Dienste (Bild 1.18). Die weiteren Möglichkeiten:

- **Mobilitätscenter**
  Auf einem Laptop lässt sich auf diesem Weg das aus Windows 7 bekannte Mobilitätscenter schnell öffnen.

- **Apps & Features**
  Dieser Befehl öffnet die Einstellungen und Sie können anschließend Apps deinstallieren oder Standard-Apps festlegen.
- **System**
  Mit Klick auf *System* öffnen sich die Einstellungen und zeigen allgemeine Infos zu Sicherheit, Prozessor und Arbeitsspeicher sowie zum installierten Windows an.
- **Energieoptionen**
  Über die Energieoptionen regeln Sie das automatische Abschalten von Bildschirm und PC im Akku- und Netzbetrieb.
- **Netzwerkverbindungen**
  Die Netzwerkverbindungen zeigen den aktuellen Status an und erlauben schnelles Umschalten zwischen dem öffentlichen und privaten Netzwerkprofil.

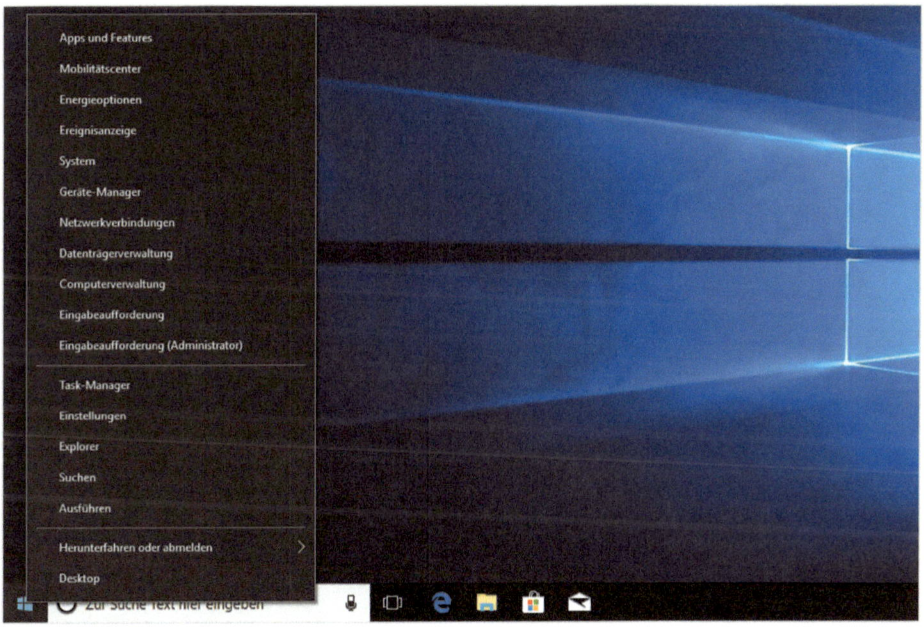

Bild 1.18 Das Kontextmenü der Schaltfläche Start

Eingabeaufforderung

Auch die Eingabeaufforderung hat einige Neuerungen erhalten. Hier wird jetzt auch die Zwischenablage bzw. die Tastenkombinationen Strg+C und Strg+V unterstützt. Weitere Optionen erhalten Sie in den Eigenschaften der Eingabeaufforderung (Bild 1.19), die Sie mit Klick der rechten Maustaste in die Titelleiste öffnen.

- Damit die Zwischenablage benutzt werden kann, muss das Kontrollkästchen *STRG-Tastenkombinationen aktivieren* aktiviert sein.
- Weiter können Sie in den Eigenschaften Schriftart und -größe, sowie Schriftfarbe und Hintergrund festlegen.

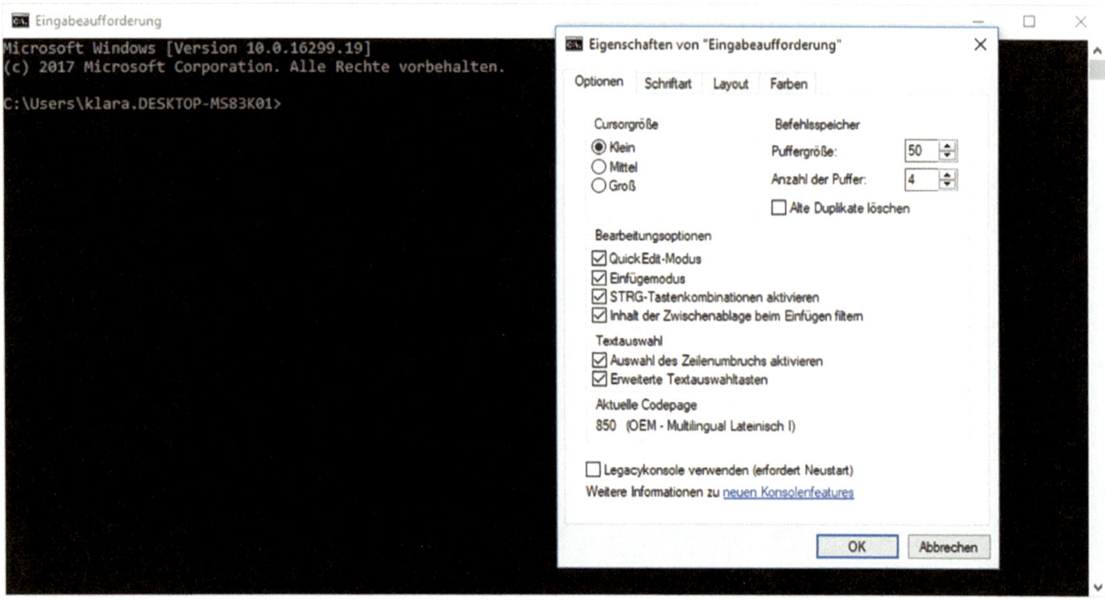

Bild 1.19 Die Eigenschaften der Eingabeaufforderung

2 Die neue Benutzeroberfläche

2.1 Sperrbildschirm und Anmeldung

Nach dem Einschalten des PCs oder nach einer längeren Pause am Computer zeigt Windows 10 zunächst einen Sperrbildschirm an. Dieser enthält neben aktueller Uhrzeit und Datum Informationen zur Internetverbindung und zum Ladezustand des Geräts. Das Bild des Sperrbildschirms kann individuell gewählt werden.

Bild 2.1 Der Sperrbildschirm

Anmeldung: Tippen Sie an eine beliebige Stelle des Bildschirms oder drücken Sie eine beliebige Taste.

Um zur Anmeldung zu gelangen, klicken oder tippen Sie einmal auf eine beliebige Stelle des Bildschirms oder drücken Sie eine beliebige Taste der Tastatur.

Auf der Anmeldeseite geben Sie das zu Ihrem Benutzerkonto gehörende Kennwort ein ❶ und schließen dann entweder mit der Eingabe-Taste ab oder klicken bzw. tippen auf den Pfeil (Bild 2.2). Falls mehrere Benutzerkonten existieren ❷, dann wählen Sie zuerst per Mausklick Ihr Konto aus.

Bild 2.2 Geben Sie auf der Anmeldeseite das Kennwort Ihres Microsoft-Kontos oder Ihre PIN ein

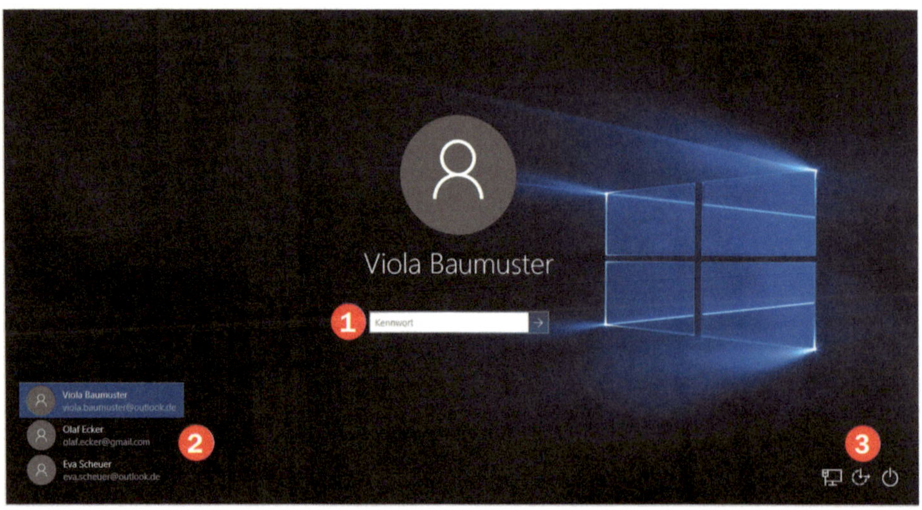

Kennwörter unterscheiden zwischen Groß- und Kleinbuchstaben! Achten Sie daher auf die genaue Schreibweise! Mit Hilfe des Auges rechts im Eingabefeld blenden Sie das eingetippte Kennwort kurzzeitig ein: Verweilen Sie mit dem Finger oder mit gedrückter linker Maustaste etwas länger auf dem Symbol.

Alternativen zum Kennwort sind ein mindestens vierstelliger Zahlencode (PIN) oder, speziell für Touchscreen, ein Bildcode, d. h. bestimmte Tipp- und Wischgesten. Haben Sie z. B. eine PIN vereinbart, dann können Sie zwischen Kennworteingabe und PIN wählen: Klicken Sie unterhalb des Eingabefeldes auf *Anmeldeoptionen*. Es erscheinen Symbole für *Microsoft-Konto* (Kennwort) und *PIN* und Sie brauchen nur auf die gewünschte Art der Anmeldung klicken.

Lesen Sie in Kapitel 5.1, wie Sie die Anmeldung mittels PIN und Bildcode einrichten

Bild 2.3 Wählen Sie zwischen Kennworteingabe und PIN

In der unteren rechten Ecke der Anmeldung ❸ finden Sie die folgenden drei Symbole:

- Mit Klick auf das Symbol *Ein/Aus* lässt sich das Gerät auch ohne vorherige Anmeldung herunterfahren oder in Energiesparmodus versetzen.
- Über das Symbol *Erleichterte Bedienung* stehen verschiedene Eingabehilfen für barrierefreies Arbeiten zur Verfügung, z. B. hoher Kontrast für die Bildschirmanzeige oder eine Bildschirmlupe für Nutzer mit eingeschränktem Sehvermögen. Mit Klick auf das Symbol wird die Liste vorgelesen und mit Drücken der Leertaste schalten Sie die jeweilige Hilfsfunktion ein.
- Das dritte Symbol zeigt an, ob eine Internetverbindung besteht.

2.2 Das Startmenü von Windows 10

So finden Sie sich im Startmenü zurecht

Zum Öffnen des Startmenüs klicken oder tippen Sie ganz links in der Taskleiste auf das Symbol mit dem Windows-Logo. Alternativ betätigen Sie auf der Tastatur die Taste mit dem Windows-Logo.

Das Aussehen des Startmenüs hat sich gegenüber Windows XP/7 und auch Windows 8.1 grundlegend geändert.

Bild 2.4 Das Startmenü

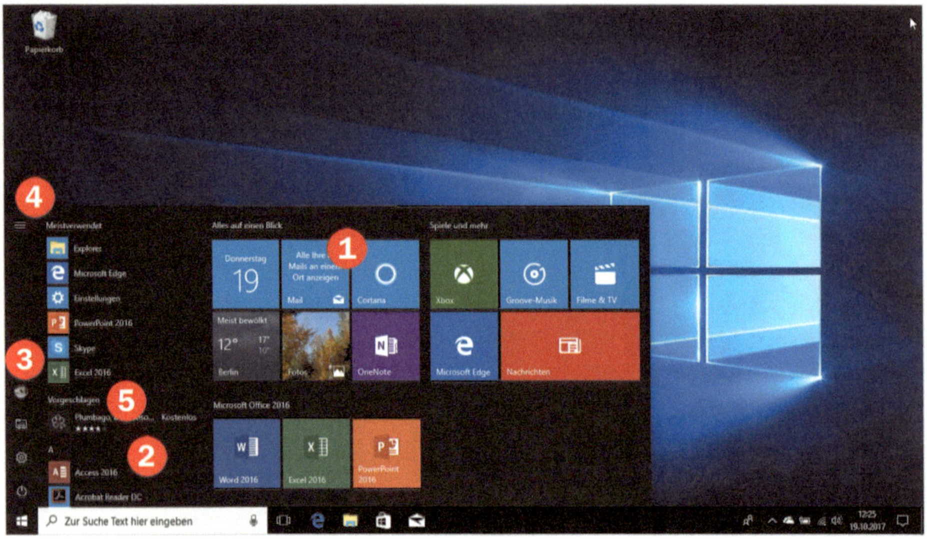

Da das Startmenü beliebig angepasst werden kann, unterscheidet es sich auf Ihrem Gerät wahrscheinlich inhaltlich von dieser Abbildung.

- Der größte Teil des Startmenüs ❶ wird von Kacheln unterschiedlicher Größe eingenommen. Hierbei handelt es sich um Apps bzw. Anwendungen, die Sie mit einem Mausklick bzw. durch Antippen starten. Diesen Bereich können Sie beliebig gestalten, indem Sie häufig benötigte Apps fest anheften und nicht benötigte entfernen. Standardmäßig finden Sie hier bereits mehrere Kacheln in Gruppen vor, einige davon können anstelle eines Symbols auch eine Live-Vorschau anzeigen, z. B. *Wetter* oder *Fotos*.
- Links davon listet Windows alle installierten Apps in einer alphabetisch sortierten Liste auf ❷. Zeigen Sie in diesen Bereich und drehen Sie das Mausrad, um durch die gesamte Liste nach unten zu scrollen.
- Häufig verwendete Programme und Apps erscheinen hier zusätzlich in der Gruppe *Meistverwendet* und neu hinzugekommene Apps werden unter *Zuletzt hinzugefügt* aufgelistet.
- Ganz links finden Sie eine Leiste mit verschiedenen Symbolen ❸: Ihr Profilbild (falls vorhanden), Datei-Explorer, Einstellungen und den Schalter *Ein/Aus* über den Sie das Gerät herunterfahren oder in Energiesparmodus versetzen.

  Tipp: Ein Klick auf das Symbol *Erweitern* ❹ verbreitert die Leiste und zeigt zu den Symbolen auch die Beschriftung an.
- Sollten Sie im Startmenü auch Vorschläge ❺ finden, wie im Bild oben, dann handelt es sich um Werbung für Apps, die aus dem Microsoft-Store heruntergeladen und installiert werden können. Da diese meist einfach nur lästig sind, lassen sie sich auch deaktivieren, Näheres hierzu lesen Sie auf Seite 42.

App oder Anwendung?

- Apps im engeren Sinne sind kleine Programme, die für die Fingersteuerung optimiert sind. Sie sind sehr einfach zu bedienen, da sie nur für bestimmte Aufgaben konzipiert sind und über einen beschränkten Befehlsumfang verfügen. Im Gegensatz dazu werden klassische Büroanwendungen wie etwa Microsoft Word oder Excel häufig auch als Anwendungen bezeichnet.
- Windows 10 verwendet den Begriff App einheitlich für alle Programme, egal ob es sich um typische Apps, wie beispielsweise den Kalender, oder um komplexe Anwendungen handelt. Dieses Buch schließt sich dem an und verwendet, unabhängig von Funktion und Umfang, den Begriff App.

App ist eine Abkürzung von Application, dt. Anwendung.

Apps suchen

Nicht immer ist eine gesuchte App im Startmenü als Kachel fest angeheftet. In diesem Fall stellt Windows zwei komfortable Suchmöglichkeiten bereit:

Apps über den Index suchen

Um in der alphabetischen Liste schneller zu einem bestimmten Buchstaben zu gelangen, klicken Sie einfach auf eine beliebige Überschrift der Liste, z. B. den Buchstaben A. Statt der Liste erscheint nun ein alphabetischer Index. Klicken Sie hier auf den Anfangsbuchstaben der gesuchten App.

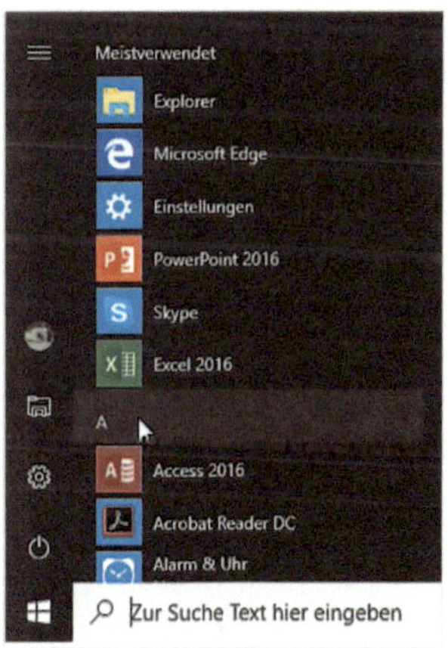

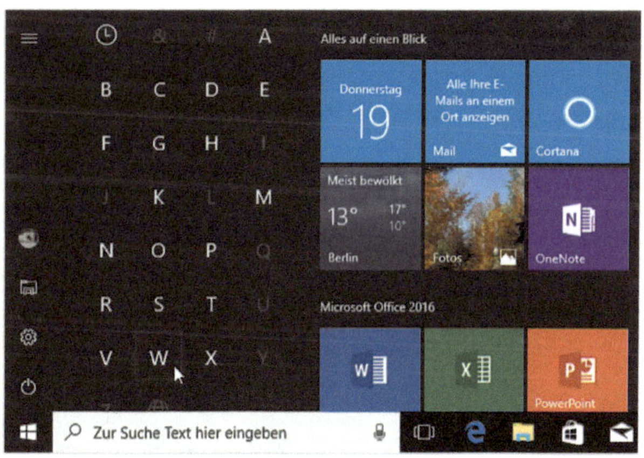

Bild 2.5 Klicken Sie zum Anzeigen des Index auf einen beliebigen Buchstaben

Bild 2.6 Klicken Sie im Index auf den gewünschten Buchstaben

Die Desktop Suche nutzen

Die schnellste und komfortabelste Alternative zum Startmenü ist die Suche.

- Klicken Sie in das Suchfeld der Taskleiste ❶ und tippen Sie die ersten Zeichen der gesuchten App, z. B. „word“ ❷ ein, wenn Sie Microsoft Word benötigen.
- Statt eines Mausklicks aktivieren Sie das Suchfeld auch mit der Tastenkombination Windows+S.

Im Tabletmodus öffnen Sie das Suchfeld, indem Sie in der Taskleiste auf das Symbol für Cortana (Kreis) tippen.

- Ist das Startmenü geöffnet, so befindet sich der Cursor automatisch im Suchfeld und Sie können den Suchbegriff auch ohne vorheriges Anklicken eintippen.

Bereits während der Eingabe erscheinen die ersten Ergebnisse. Dabei berücksichtigt Windows bzw. die digitale Assistentin Cortana nicht nur installierte Apps ❸ und mit diesen kürzlich bearbeitete Dateien ❹, sondern liefert außerdem Vorschläge zur Suche im Internet ❺ und listet eventuell auch im Microsoft-Store verfügbare Apps auf.

Bild 2.7 Tippen Sie einen Suchbegriff ein

Bild 2.8 Klicken Sie in den Suchergebnissen auf die gewünschte App

Die Aufforderung zur Eingabe kann unterschiedlich lauten. z. B. *Zur Suche Text hier eingeben* oder *Frag mich etwas.*

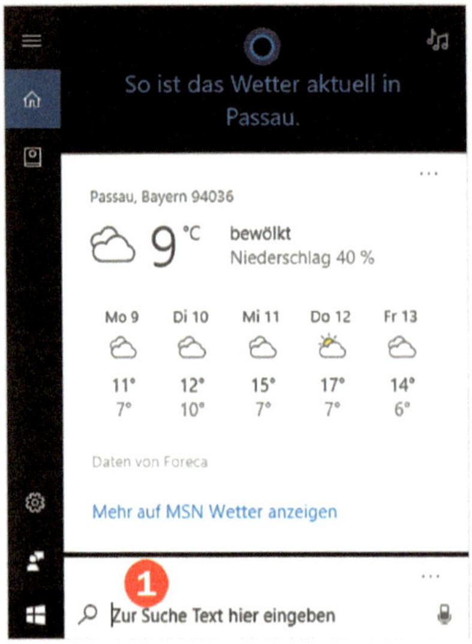

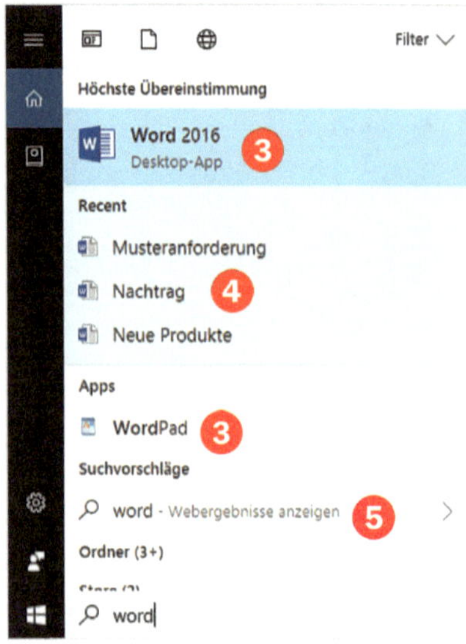

Mehr zu Suche und Cortana lesen Sie in Kapitel 3.

Zum Starten klicken Sie auch hier auf die gewünschte App. Ein Klick auf einen der Suchvorschläge im Web öffnet dagegen den Standardbrowser, in der Regel Microsoft Edge und zeigt entsprechende Ergebnisse des Suchdienstes Bing an.

Apps im Startmenü anheften oder daraus entfernen

Weitere Apps anheften

1. Klicken Sie mit der rechten Maustaste auf die betreffende App oder Anwendung. Es spielt keine Rolle, ob sich das Symbol im Startmenü in der Liste *Meistverwendet*, in der alphabetischen Liste oder in den Suchergebnissen befindet.

2. Klicken Sie auf *An „Start“ anheften*. Die App erscheint als Kachel mittlerer Größe im benutzerdefinierten Bereich des Startmenüs und kann anschließend durch Ziehen mit der Maus beliebig platziert werden.

   Oder ziehen Sie dann die App mit der Maus aus der Liste aller Apps ❶ in den Bereich der Kacheln ❷, z. B. aus der Liste *Meistverwendet*. Die App wird dabei nicht vom ursprünglichen Ort entfernt!

Beachten Sie beim Verschieben bzw. Ziehen mit der Maus

Wenn Sie die App etwas unterhalb oder neben den vorhandenen Kacheln platzieren, dann signalisiert ein Balken, wie im Bild unten, dass automatisch eine neue Gruppe gebildet wird. Ziehen Sie dagegen die App in eine bestehende Gruppe, z. B. *Alles auf einen Blick*, dann rücken hier die übrigen Kacheln entsprechend beiseite.

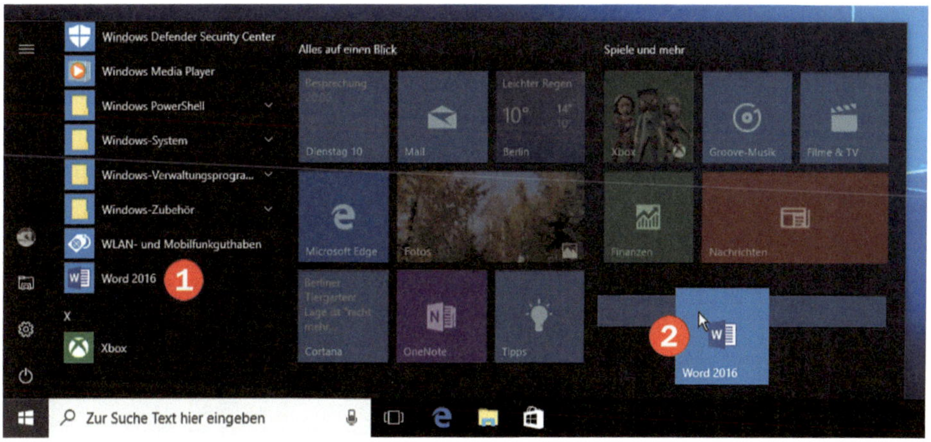

Bild 2.9 Ziehen Sie eine App in den Bereich Kacheln

App aus dem Startmenü entfernen

Mit der rechten Maustaste entfernen Sie auch nicht benötigte Kacheln. Klicken Sie dazu mit der rechten Maustaste auf die Kachel und dann auf *Von „Start" lösen*. Auf diese Weise sollten Sie Ihr Startmenü von allen, nicht verwendeten Kacheln bereinigen.

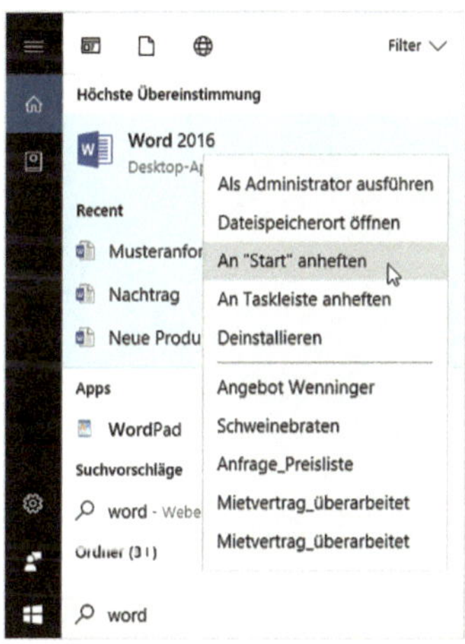

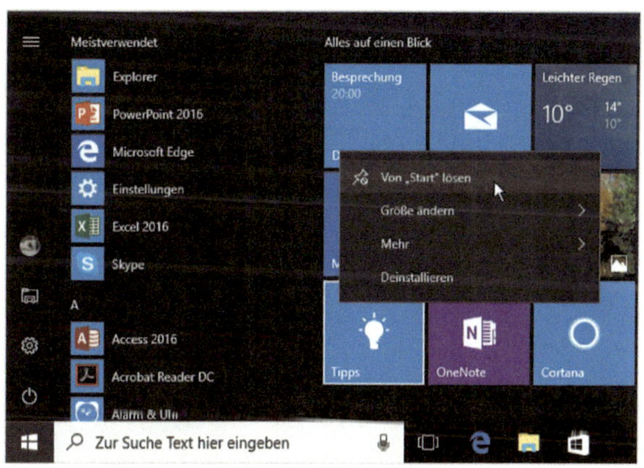

Bild 2.10 App aus den Suchergebnissen an Start anheften

Bild 2.11 Kachel entfernen (Von Start lösen)

- **Beachten Sie:** Die App wird nur als angeheftete Kachel aus dem Startmenü entfernt, verbleibt aber auf dem PC und ist nach wie vor in der alphabetischen Liste (*Alle Apps*) und über die Suche verfügbar.
- Bei einigen Apps, z. B. *Nachrichten* oder auch *Microsoft Word* ist über die rechte Maustaste dagegen auch der Befehl *Deinstallieren* verfügbar. Damit wird die betreffende App endgültig vom PC entfernt und muss, wenn sie wieder benötigt wird, erneut installiert oder aus dem Microsoft-Store heruntergeladen werden.

Details zum Deinstallieren von Apps lesen Sie in Kap. 7.7.

Größe des Startmenüs ändern

Bei einer Vielzahl von angehefteten Kacheln können Sie auch die Größe des Startmenüs entsprechend anpassen. Zeigen Sie dazu an den rechten oder oberen Rand oder die rechte obere Ecke des geöffneten Startmenüs, bis als Mauszeiger ein Doppelpfeil erscheint und ziehen Sie dann in die gewünschte Richtung. Beachten Sie dabei:

- Die Kacheln des Startmenüs sind in Gruppen von je drei Kacheln mittlerer Größe nebeneinander angeordnet. Die Größe der Gruppen kann nicht verändert werden, daher wandert beim Verbreitern des Startmenüs jeweils eine komplette Gruppe nach rechts bzw. beim Verkleinern wieder nach unten.
- Die Höhe des Startmenüs können Sie dagegen beliebig ändern. Hier können Sie anschließend durch Drehen des Mausrädchens nach oben oder unten scrollen.

Aussehen und Anordnung der Kacheln ändern

Live-Kacheln

Einige Kacheln des Startmenüs zeigen Informationen in Echtzeit an, z. B. *Wetter*, *Finanzen*, *Nachrichten* usw., solche Kacheln werden als Live-Kacheln bezeichnet. Zum Deaktivieren oder Aktivieren der Live-Funktion klicken Sie ebenfalls mit der rechten Maustaste auf die Kachel, zeigen auf *Mehr* und klicken dann auf *Live-Kachel deaktivieren* bzw. *Live-Kachel aktivieren*.

Bild 2.12 Live-Kachel aktivieren/deaktivieren

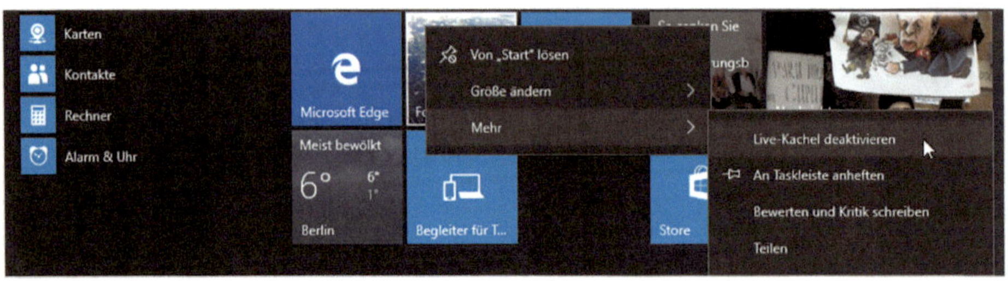

Größe ändern

Sicher haben Sie schon die unterschiedlichen Größen der Kacheln bemerkt. Diese können Sie jederzeit ändern: Klicken Sie mit der rechten Maustaste auf die Kachel und zeigen Sie auf *Größe ändern*. Die hier verfügbaren Größen sind abhängig von der jeweiligen App. Für klassische Anwendungen, beispielsweise Microsoft Word oder WordPad, sind in der Regel nur die Größen *Klein* und *Mittel* verfügbar, Windows Apps können dagegen meist in den Größen *Klein*, *Mittel*, *Breit* und *Groß* dargestellt werden.

Bild 2.13 Kachelgröße ändern

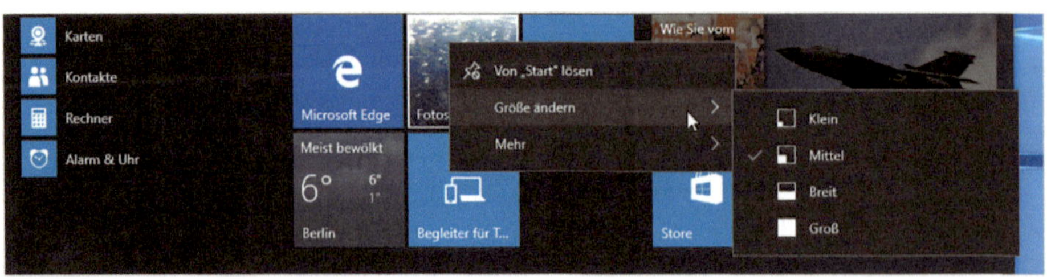

Beachten Sie bei der Größenänderung: Wenn nicht anderes festgelegt wurde, dann finden je Gruppe maximal drei Kacheln mittlerer Größe nebeneinander Platz. Teilen Sie also den verfügbaren Platz ein, die mittlere Größe ist meist völlig ausreichend.

Kacheln anordnen

Die Kacheln des Startmenüs lassen sich beliebig anordnen. Ziehen Sie einfach die Kachel mit gedrückter linker Maustaste an die gewünschte Position. Befindet sich hier bereits eine Kachel, so macht diese automatisch Platz. Platzieren Sie dagegen eine Kachel mit etwas Abstand rechts oder unterhalb der vorhandenen Kacheln, so wird automatisch eine neue Kachelgruppe erstellt, Näheres dazu weiter unten.

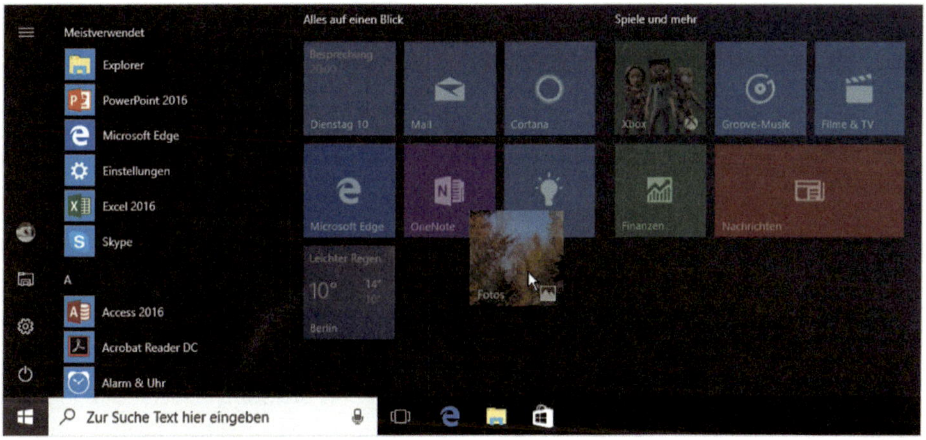

Bild 2.14 Kacheln mit der Maus verschieben

Mehrere Apps in einer einzigen Kachel zusammenfassen

Um Platz zu sparen und mehr Ordnung zu schaffen, können auch mehrere Apps in einer einzigen Kachel zusammengefasst werden, vergleichbar einem Ordner. Dazu ziehen Sie eine Kachel direkt auf eine andere; als Beispiel im Bild unten die Kachel *Wetter* auf die Kachel *Kalender*. **Tipp**: Da die Zielkachel häufig immer wieder zur Seite weicht, gelingt dies am besten, wenn Sie die Kachel von unten auf die erste Kachel ziehen. Windows bildet automatisch einen Ordner mit den verkleinerten Symbolen aller enthaltenen Apps (Bild 2.15).

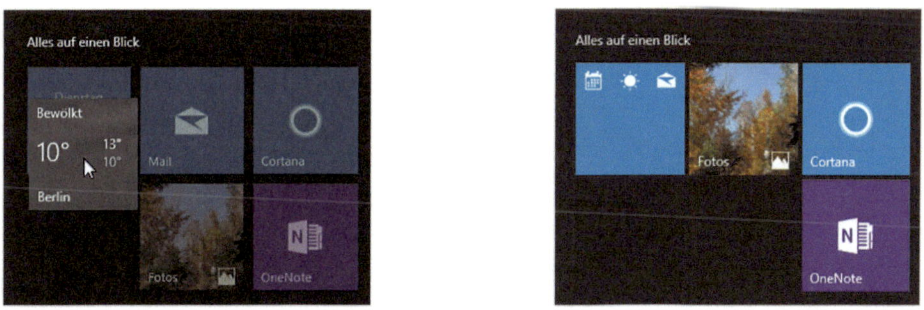

Bild 2.15 Beispiel: Die Apps Kalender, Wetter und Mail in einer Kachel zusammenfassen

Die dazugehörigen Apps erscheinen unterhalb, wenn Sie auf den Ordner klicken (Bild unten) und mit Klick auf den Pfeil blenden Sie die Apps wieder aus. Um eine App wieder aus einem Ordner zu entfernen, ziehen Sie diese mit der Maus wieder an die gewünschte Stelle. Sobald Sie die letzte App aus einem Ordner entfernt haben, verschwindet der Ordner automatisch.

Bild 2.16 Klicken Sie auf die Kachel, um die Apps anzuzeigen

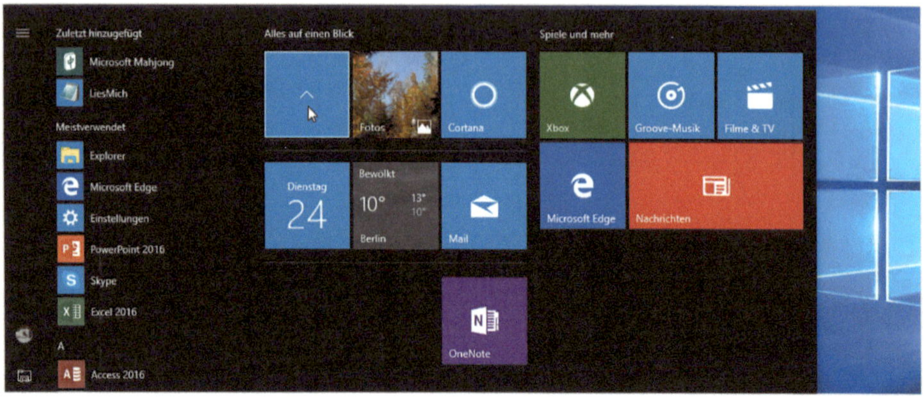

Kacheln in Gruppen anordnen

Eine neue Gruppe anlegen

Um das Startmenü übersichtlich zu halten, empfiehlt es sich, die Kacheln in Gruppen anzuordnen. Sie können beliebig Kacheln zwischen den Gruppen verschieben, beachten Sie aber, dass in der Standardeinstellung je Gruppe maximal drei Kacheln mittlerer Größe nebeneinander Platz finden. Eine neue Gruppe wird automatisch gebildet, wenn Sie eine Kachel mit etwas Abstand neben oder unterhalb einer bestehenden Gruppe platzieren. Auch eine App, die Sie über das Kontextmenü angeheftet haben, bildet zunächst eine eigene Gruppe. Als Beispiel werden im Bild unten *Microsoft Word*, *Excel* und *PowerPoint* in einer neuen Gruppe mit dem Namen Microsoft Office 2016 zusammengefasst.

Bild 2.17 Neue Kachelgruppe anlegen

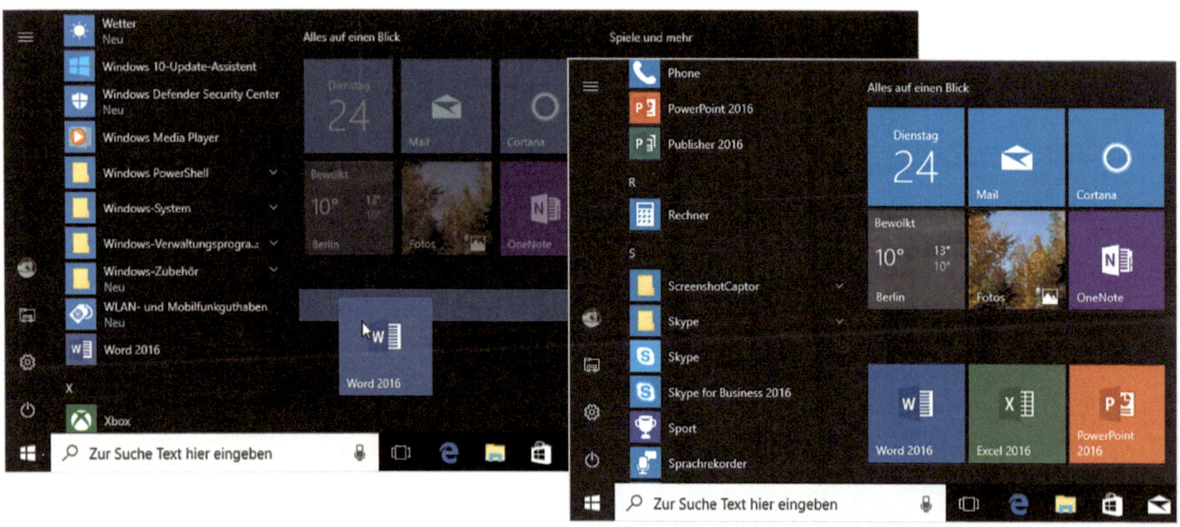

Dazu ziehen Sie die erste App in den Bereich etwas unterhalb einer bestehenden Gruppe. Sobald während des Ziehens ein farbiger Balken an der App erscheint, wird eine neue Gruppe gebildet. Anschließend Sie die übrigen Apps in die Gruppe und platzieren diese neben oder unterhalb der ersten Kachel.

Der Gruppe einen Namen geben

Die standardmäßig vorhandenen Gruppen haben bereits einen Namen, im nächsten Schritt soll auch die neue Gruppe einen Titel erhalten.

1. Zeigen Sie in den, noch leeren, Bereich oberhalb der Gruppe. Hier erscheint der Text *Gruppe benennen*. Drücken Sie nun die linke Maustaste.
2. Es öffnet sich ein Eingabefeld, tippen Sie den Namen der Gruppe ein und schließen Sie durch Drücken der Eingabe-Taste ab.

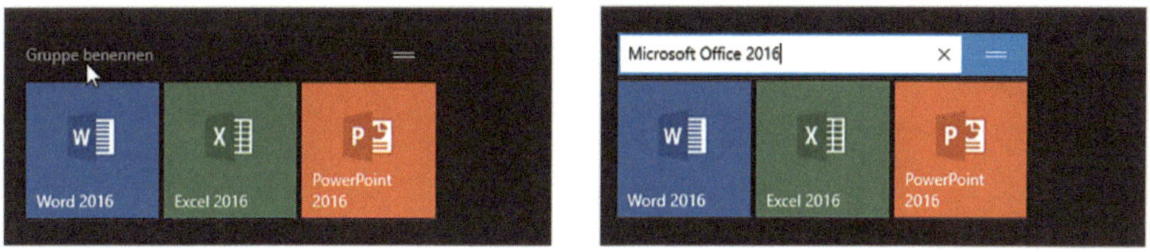

Bild 2.18 Gruppe benennen oder umbenennen

Genauso verfahren Sie, wenn Sie den Titel einer Gruppe nachträglich ändern möchten. Klicken Sie einfach auf den Titel und geben Sie anschließend im Eingabefeld den neuen Namen ein. Alternativ öffnet sich das Eingabefeld auch, wenn Sie auf das Gruppensymbol  rechts klicken.

Eine Gruppe verschieben

Sie können auch ganze Gruppen innerhalb des Startmenüs verschieben: Dazu zeigen Sie in den Kopfbereich bzw. Namen der Gruppe.

1. Drücken Sie die linke Maustaste und ziehen Sie den, nun farbig hervorgehobenen Kopfbereich der Gruppe an die gewünschte Stelle des Startmenüs.
2. Während des Ziehens wird die Gruppe auf die Größe des Balkens verkleinert (siehe Bild unten). Erst wenn Sie die Maustaste loslassen, erscheinen auch die Kacheln der Gruppe an dieser Stelle.

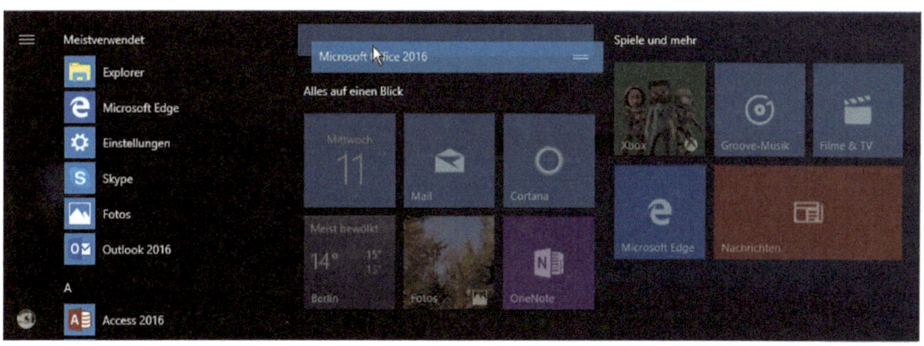

Bild 2.19 Während des Verschiebens wird die Gruppe auf Balkengröße verkleinert

Das Aussehen des Startmenüs in den Einstellungen anpassen

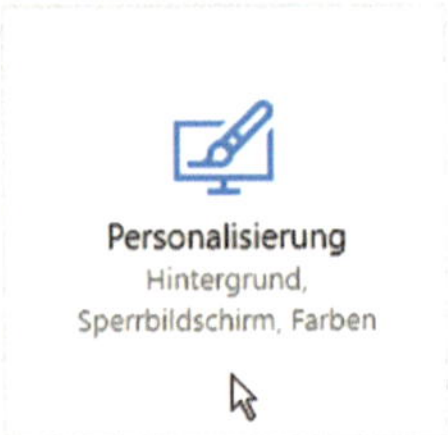

Weitere Möglichkeiten, das Aussehen des Startmenüs zu beeinflussen, finden Sie in den Einstellungen. Klicken Sie dazu im Startmenü auf das Symbol *Einstellungen* und hier auf *Personalisierung*. Klicken Sie dann links auf *Start* ❶.

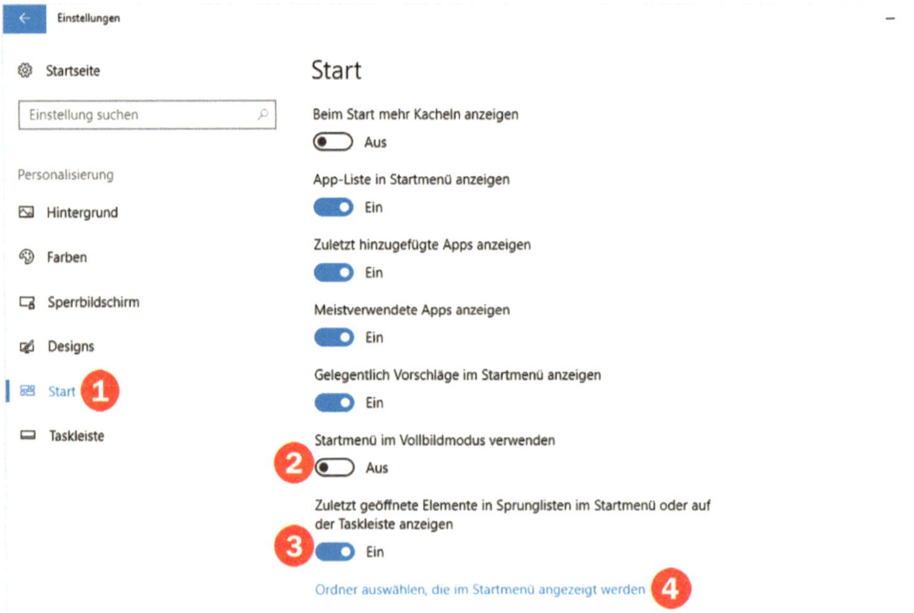

Bild 2.20 Das Verhalten des Startmenüs in den Einstellungen anpassen

- *Beim Start mehr Kacheln anzeigen* bedeutet, das Startmenü wird so verbreitert, dass je Gruppe maximal vier Kacheln mittlerer Größe nebeneinander Platz finden. Standardmäßig sind dies maximal drei Kacheln.
- Mit dem Schalter *App-Liste in Startmenü anzeigen* lässt sich die alphabetische Liste aller Apps im Startmenü ausblenden. Diese erscheint dann erst wenn Sie, wie im Tabletmodus bzw. Vollbildmodus, auf das Symbol *Alle Apps* klicken.
- Neu installierte Apps werden standardmäßig im Startmenü in einer gesonderten Gruppe *Zuletzt hinzugefügt* angezeigt, deren Anzeige können Sie hier ebenfalls aktivieren bzw. deaktivieren. Mit dem Schalter *Meistverwendete Apps anzeigen* können Sie auch die Gruppe *Meistverwendet* aus- und einblenden.
- **Werbung deaktivieren**
  Wenn Sie störende Vorschläge für Apps aus dem Microsoft-Store aus dem Startmenü entfernen möchten, dann sollten Sie den Schalter *Gelegentlich Vorschläge im Startmenü anzeigen* deaktivieren.
- **Startmenü im Vollbildmodus öffnen**
  Wenn das Startmenü nicht nur im Tabletmodus, sondern auch im Desktopmodus den gesamten Bildschirm ausfüllen soll, dann aktivieren Sie den Schalter *Startmenü im Vollbildmodus verwenden* ❷.

Wie im Tabletmodus nimmt dann das Startmenü den gesamten Bildschirm ein und zeigt zunächst nur die angehefteten Kacheln an. Die Liste aller Apps erscheint erst, wenn Sie in der linken oberen Ecke auf das Symbol *Alle Apps* klicken.

- **Sprunglisten im Startmenü anzeigen**
  Ist der Schalter *Zuletzt geöffnete Elemente in Sprunglisten im Startmenü oder auf der Taskleiste anzeigen* aktiviert, so erhalten Sie im Startmenü und in der Taskleiste per Rechtsklick auf das Symbol einer App schnell Zugriff auf Dokumente, die mit dieser App zuletzt oder häufig geöffnet wurden. Diese Listen dürften unter der Bezeichnung Sprunglisten Nutzern von Windows 7 bereits bekannt sein.

- **Tipp: Persönliche Ordner im Startmenü anzeigen**
  Wenn Sie das Startmenü von Windows 7 vermissen und hier schnell beispielsweise den Ordner *Dokumente* öffnen möchten, dann klicken Sie auf den Link *Ordner auswählen, die im Startmenü angezeigt werden* ❹. Anschließend können Sie auswählen, welche persönlichen Ordner, z. B. *Dokumente* oder *Bilder* neben *Einstellungen* und *Datei-Explorer* im Startmenü erscheinen sollen.

Sprunglisten in Startmenü und Taskleiste

Mit der standardmäßig aktivierten Einstellung *Zuletzt geöffnete Elemente in Sprunglisten im Menü „Start" oder auf der Taskleiste anzeigen* ❸ (Bild 2.20) erhalten Sie die, aus Windows 7 bekannten Sprunglisten, über die Sie zuletzt geöffnete Dateien der jeweiligen Anwendung schnell wieder öffnen können. Zum Anzeigen der Sprungliste klicken Sie im Startmenü oder, falls vorhanden, in der Taskleiste mit der rechten Maustaste auf das Programmsymbol. Sprunglisten sind allerdings nicht für alle Apps verfügbar, sondern in der Regel für Anwendungen, mit denen Dokumente bearbeitet werden, also beispielsweise Microsoft-Office Anwendungen.

Wenn Sie hier ein häufig verwendetes Element fest anheften möchten, dann klicken Sie in der Sprungliste mit der rechten Maustaste auf das betreffende Element und auf *An diese Liste anheften* (Bild 2.21). Im Kontextmenü erhalten Sie auch Befehle, mit denen Sie ein häufig verwendetes Element aus der Liste entfernen oder ein fest angeheftetes von der Liste lösen können.

1. Zeigen Sie in der Sprungliste auf das Dokument, rechts daneben erscheint ein Pin-Symbol mit dem entsprechenden Infotext (Bild 2.21).
2. Ein Klick auf dieses Symbol heftet das Dokument an die Liste an und umgekehrt können Sie mit einem weiteren Klick auf dieses Symbol ein angeheftetes Dokument auch wieder aus der Liste entfernen. Alternativ klicken Sie mit der rechten Maustaste auf ein Element der Sprungliste und wählen den Befehl *An diese Liste anheften*. Im Kontextmenü erhalten Sie zusätzlich den Befehl *Aus dieser Liste entfernen*, mit dem Sie ein nicht angeheftetes Element aus der Sprungliste entfernen.

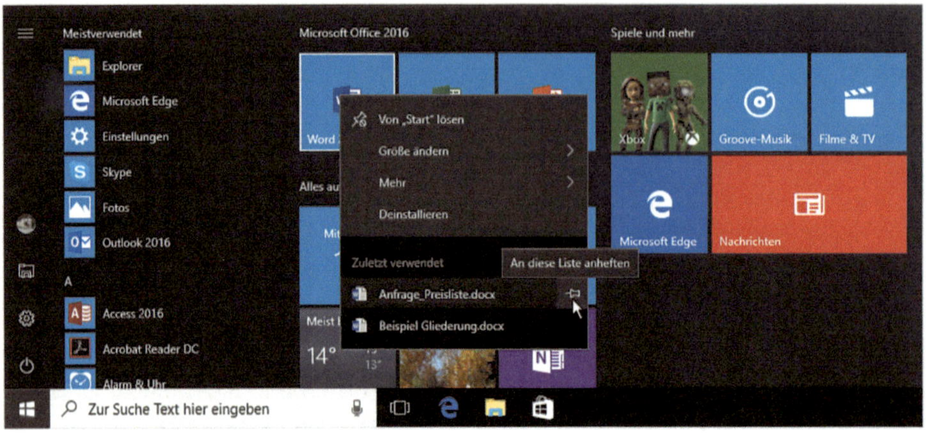

Bild 2.21 Beispiel: Die Sprungliste Microsoft Word

Tipp: Das Symbol des Datei-Explorers ist standardmäßig Bestandteil des Startmenüs und der Taskleiste . Auch hier erhalten Sie mit einem Rechtsklick Sprunglisten. Neben den zuletzt verwendeten Ordnern sind in der Sprungliste des Explorers Ihre persönlichen Ordner wie Bilder oder Dokumente bereits fest angeheftet.

2.3 Taskleiste und Info-Center

Neue Symbole in der Taskleiste

Auch die Taskleiste am unteren Rand des Bildschirms hat einige Neuerungen erfahren.

Bild 2.22 Symbole der Taskleiste

- Neben der Schaltfläche *Start* ❶ befindet sich das Suchfeld ❷, das Sie zur Desktop-Suche und zur Suche im Web verwenden. Über dieses Feld bzw. das hier befindliche Mikrofonsymbol kommunizieren Sie auch mit der Assistentin Cortana. Im Tabletmodus befindet sich hier statt des Eingabefeldes das Symbol für Cortana und das Feld öffnet sich erst beim Anklicken.
- Daneben finden Sie die Symbole der fest angehefteten Apps ❸. Standardmäßig sind dies *Taskansicht*, *Microsoft Edge*, *Datei-Explorer*, *Microsoft-Store* und *Mail*. Die Symbole geöffneter Apps, im Bild oben Word und Excel, sind unterstrichen hervorgehoben ❹.

- **Kontakte anheften**
  Neu ist außerdem die Möglichkeit, über dieses Symbol ❺ Adressinformationen fest an diesen Bereich anzuheften. Ein Klick auf das Symbol öffnet die App *Kontakte* und ein Klick auf einen Namen heftet diesen an die Taskleiste an. Zum Entfernen genügt ein Rechtsklick.

  Die angehefteten Kontakte lassen sich nutzen, um schnell ein Dokument per E-Mail zu versenden. Dazu ziehen Sie einfach das Dokument aus dem Datei-Explorer auf den Kontakt.

Bild 2.23 Fest angeheftete Kontakte

- **Zugriff auf OneDrive**
  Das Symbol Wolke signalisiert, dass Sie auch Zugriff auf den Cloudspeicher OneDrive haben und mit einem Klick darauf können Sie die hier befindlichen Ordner anzeigen und Einstellungen vornehmen.

- **Automatische Positionserkennung**
  Wenn Sie eine App starten, die Ihren aktuellen Standort verwendet, z. B. die App Karten, dann erscheint ein weiteres Symbol.

Das Info-Center

Das Info-Center sammelt alle Benachrichtigungen, z. B. über kürzlich erfolgte Updates, Sicherheitswarnungen, Tipps und Systembenachrichtigungen sowie eingegangene E-Mails. Zudem haben Sie hier die Möglichkeit, schnell häufig benötigte Einstellungen zu kontrollieren und zu ändern.

- Sie öffnen das Info Center, indem Sie entweder im Infobereich der Taskleiste auf das Symbol *Info-Center* klicken oder bei Touchbedienung vom rechten Bildschirmrand nach innen wischen.

> Sind neue Benachrichtigungen vorhanden, erkennen Sie dies bereits am Symbol. Es ändert seine Farbe, zeigt die Anzahl neuer Benachrichtigungen an und wenn Sie auf das Symbol zeigen, erscheint eine entsprechende Information.

Meldungen und Hinweise

Das Info-Center öffnet sich in Form einer Leiste am rechten Bildschirmrand. Im oberen Bereich erscheinen alle Meldungen und Benachrichtigungen nach Prioritäten geordnet, die wichtigsten, z. B. kritische Systemmeldungen oder Warnungen ganz oben. Die Benachrichtigungen sind nach Apps zusammengefasst und zunächst in verkürzter Form sichtbar ❶. Zum Anzeigen des gesamten Textes genügt ein Klick direkt auf die

Hier finden Sie auch Erinnerungen von Cortana und eingegangene Mails, falls Sie die Mail-App verwenden.

Benachrichtigung. Damit springen Sie zu der dazugehörigen App, z. B. *Mail* oder *Einstellungen*.

Bild 2.24 Meldungen im Info-Center

Um eine Benachrichtigung zu löschen, klicken Sie auf das x-Symbol. Dieses erscheint, wenn Sie auf eine Nachricht zeigen ❷. Mit dem Befehl *Alle löschen* ❸ können Sie bei Bedarf auch hier befindlichen Benachrichtigungen löschen.

> Falls Sie die hier ebenfalls erscheinenden Tipps zu Windows als störend empfinden, können Sie diese in den Einstellungen unter *System* und *Benachrichtigungen und Aktionen* deaktivieren. Hier können Sie auch detailliert festlegen, welche Benachrichtigungen angezeigt werden und bei Bedarf deren Priorität ändern.

Schnelle Einstellungen

Der Umfang der angezeigten Schaltflächen ist abhängig vom Gerät. Bei einem mobilen Gerät, z. B. Notebook finden Sie hier mehr Schaltflächen als auf einem normalen PC.

Über die Schaltflächen im unteren Teil des Info-Centers können Sie schnell häufig benötigte Einstellungen vornehmen, z. B. *Flugzeugmodus*, *WLAN* bzw. *Netzwerk*, *Bildschirmhelligkeit* und *Tabletmodus*. Sollten hier nur vier Schaltflächen angezeigt werden, so klicken Sie auf *Erweitern*, mit *Reduzieren* hingegen blenden Sie die übrigen wieder aus. Die meisten Schaltflächen besitzen Ein-/Ausschaltfunktion, z. B. *Position*. Eingeschaltete Funktionen sind farbig hervorgehoben und so leicht zu erkennen.

- Ein Klick auf *Alle Einstellungen* öffnet die Einstellungen von Windows 10.
- Die Schaltfläche *Tabletmodus* wechselt zwischen Touchmodus und Desktopmodus.
- Mit Klick auf *Netzwerk* sehen Sie, mit welchem WLAN Ihr Gerät verbunden ist und erhalten Zugriff auf die Netzwerkeinstellungen. Die Schaltfläche *Flugzeugmodus* schaltet bei mobilen Geräten den Flugzeugmodus ein und aus. Im Flugzeugmodus sind alle Funkverbindungen, also auch Ihr WLAN deaktiviert.

- Mit *Position* schalten Sie die automatische Positionserkennung aus bzw. ein, die z. B. von Cortana und der App *Karten* genutzt wird.
- Die Bildschirmhelligkeit regeln Sie in mehreren Stufen: der erste Klick auf die Schaltfläche setzt die Helligkeit auf 25% herab, weitere Klicks erhöhen sie schrittweise um jeweils 25% bis auf 100%. Im Nachtmodus werden helle bzw. weiße Flächen abgedunkelt.

Apps an Taskleiste anheften

Um eine häufig benötigte App an die Taskleiste anzuheften, klicken Sie diese im Startmenü oder in den Suchergebnissen mit der rechten Maustaste an, zeigen auf *Mehr* und wählen den Befehl *An Taskleiste anheften*.

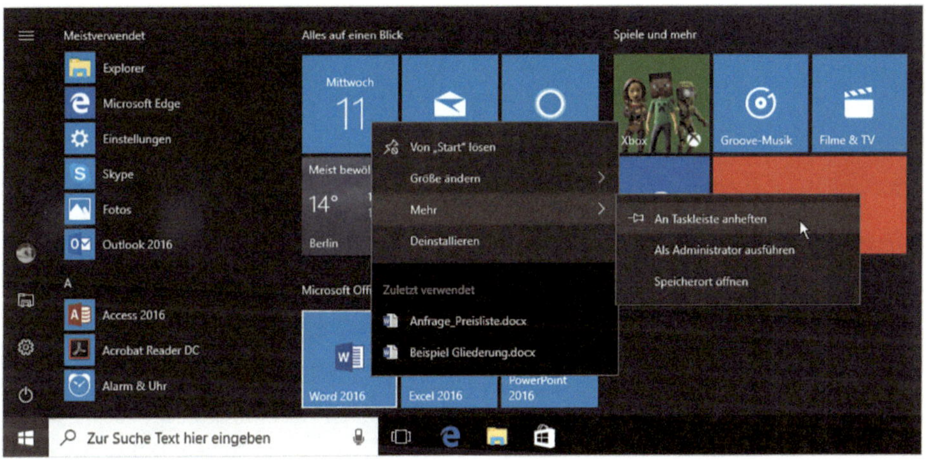

Bild 2.25 Apps an Taskleiste anheften

Über das Kontextmenü der rechten Maustaste entfernen Sie eine angeheftete App auch wieder aus der Taskleiste.

Weitere Eigenschaften der Taskleiste

Weitere Eigenschaften der Taskleiste erhalten Sie über das Kontextmenü: Klicken Sie dazu mit der rechten Maustaste auf eine freie Stelle der Taskleiste.

- Das Symbol *Taskansicht* ist normalerweise Bestandteil der Taskleiste, kann aber über das Kontextmenü und den Befehl *Taskansicht-Schaltfläche anzeigen* deaktiviert werden (Häkchen).
- Zeigen Sie auf *Cortana*, so können Sie hier Sie die Anzeige des Suchfeldes in der Taskleiste steuern. Wählen Sie zwischen *Suchfeld anzeigen* (Standardeinstellung), *Cortana-Symbol anzeigen* oder *Ausblenden*.
- Mit *Bildschirmtastatur anzeigen* können Sie dem Infobereich der Taskleiste eine Schaltfläche zum Einblenden der Bildschirmtastatur hinzufügen bzw. die Schalt-

Ist Cortana deaktiviert, so finden Sie an dieser Stelle den Befehl *Suchen* und können sich anstelle des Suchfeldes das Symbol *Lupe* anzeigen lassen.

fläche ausblenden. Bei Eingabe über einen Touchscreen ist die Schaltfläche *Bildschirmtastatur* automatisch vorhanden.

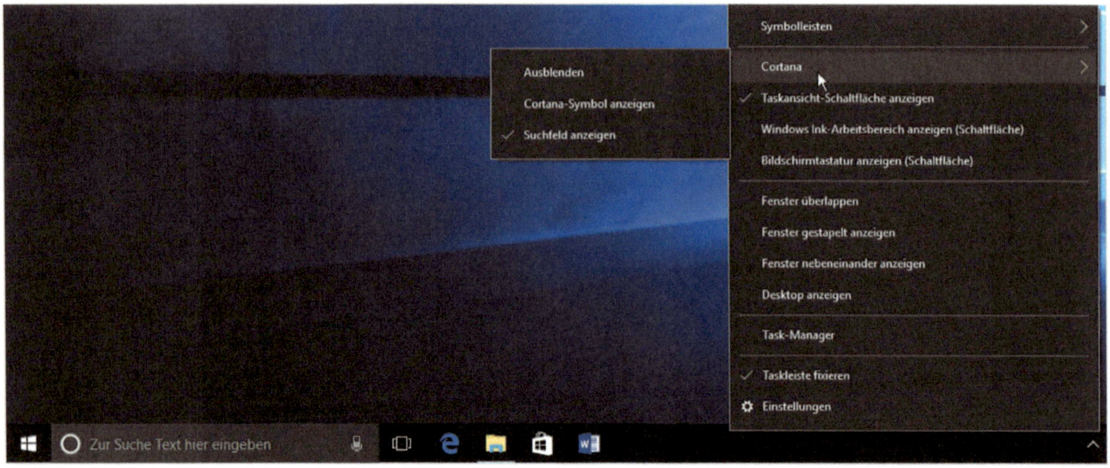

Bild 2.26 Das Kontextmenü zur Taskleiste

Aussehen und Verhalten der Taskleiste in den Einstellungen steuern

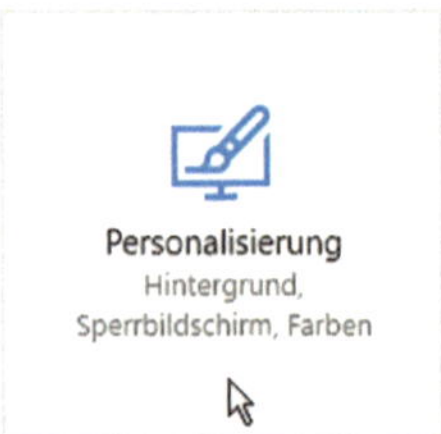

Weitere Möglichkeiten finden Sie in den Einstellungen. Klicken Sie auf der Startseite auf *Personalisierung* und wählen Sie links *Taskleiste*.

- Steht der Schalter *Taskleiste fixieren* auf *Ein*, so verhindert dies unbeabsichtigtes Verschieben der Taskleiste. Dies ist auch die Standardeinstellung.
- Normalerweise ist die Taskleiste immer sichtbar. Mit den Schaltern *Taskleiste im Desktopmodus* bzw. *im Tablet-Modus automatisch ausblenden* kann die Taskleiste im jeweiligen Modus ausgeblendet werden und erscheint nur, wenn Sie mit der Maus an den unteren Bildschirmrand zeigen.
- *Kleine Schaltflächen der Taskleiste verwenden* verkleinert die Symbole und die Taskleiste benötigt weniger Platz.

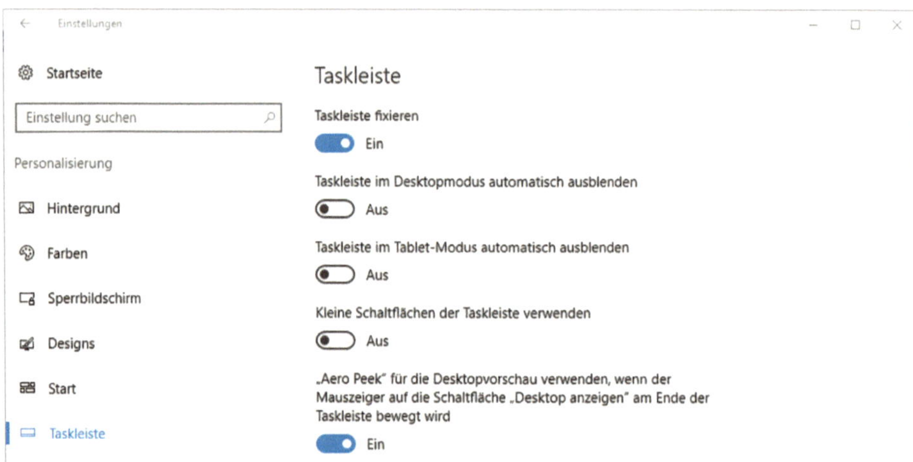

Bild 2.27 Aussehen und Verhalten der Taskleiste in den Einstellungen festlegen

- *„Aero Peek“ für die Desktopvorschau verwenden* bedeutet, alle geöffneten Fenster werden transparent, wenn Sie mit der Maus ganz an den rechten Rand der Taskleiste zeigen. Ein Mausklick auf diese Stelle minimiert alle geöffneten Fenster und zeigt den Desktop an.

Für weitere Einstellungen scrollen Sie etwas nach unten:

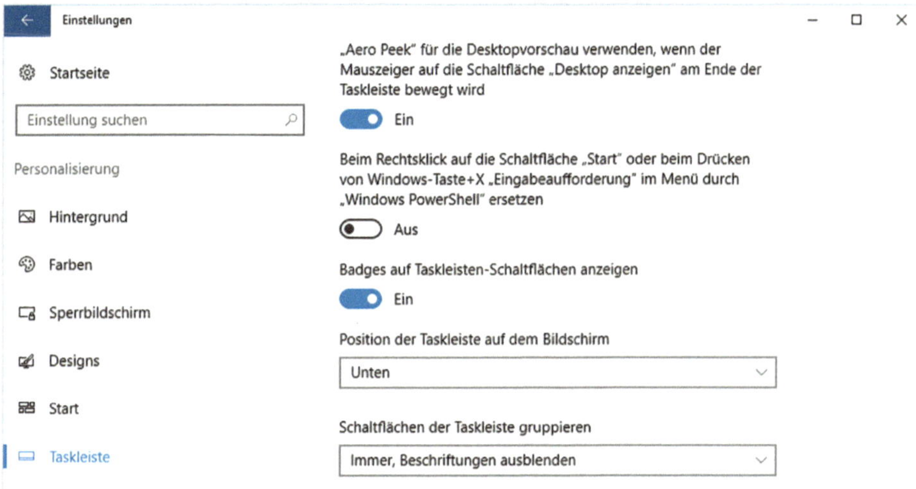

Bild 2.28 Scrollen Sie weiter nach unten

- Normalerweise befindet sich die Taskleiste am unteren Bildschirmrand, kann jedoch unter *Position* auch oben bzw. rechts oder links angeordnet werden.
- Sogenannte *Badges* (Sprechblasen) zeigen in der Taskleiste für bestimmte angeheftete Apps an, wie viele neue Nachrichten dieser App, z. B. *Mail*, vorliegen. Der dazugehörige Schalter ist normalerweise auf *Ein*.

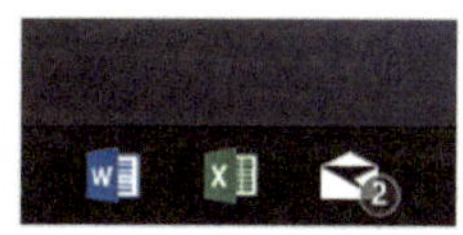

- Im Feld *Schaltflächen der Taskleiste gruppieren* ist standardmäßig *Immer, Beschriftungen ausblenden* ausgewählt. Dies bedeutet, ähnliche Elemente, z. B. mehrere geöffnete Word-Dokumente werden zu einer Gruppe zusammengefasst. In diesem Fall verwendet Windows gestapelte Symbole.

Die Anzeige der Symbole im Infobereich

Klicken Sie in den Einstellungen auf *Personalisierung*, hier auf *Taskleiste* und scrollen Sie nach unten bis zum Abschnitt *Infobereich*. Hier steuern Sie die Anzeige der Symbole im Infobereich der Taskleiste. Wenn Sie einzelne Symbole hinzufügen oder entfernen möchten, dann klicken Sie auf *Symbole für die Anzeige auf der Taskleiste auswählen* ❶.

Steht hier der Schalter *Immer alle Symbole im Benachrichtigungsbereich anzeigen* ❷ auf *Ein*, so bedeutet dies, alle Symbole des Infobereichs sind auf den ersten Blick sichtbar. Setzen Sie diesen Schalter auf *Aus*, dann können Sie unterhalb jedes einzelne Symbol ein- oder ausblenden. In dieser Liste finden Sie auch die installierte und im Hintergrund aktive Sicherheitssoftware. Ausgeblendete Symbole erscheinen in der Taskleiste erst, wenn Sie auf den Pfeil klicken. Die Anzeige bestimmter Symbole lässt sich über den Link *Systemsymbole aktivieren oder deaktivieren* ❸ auch vollständig ausschalten, z. B. Netzwerkanzeige oder Info-Center, dies ist allerdings nicht zu empfehlen. Zudem verwalten Sie hier die Anzeige der fest angehefteten Kontakte ❹.

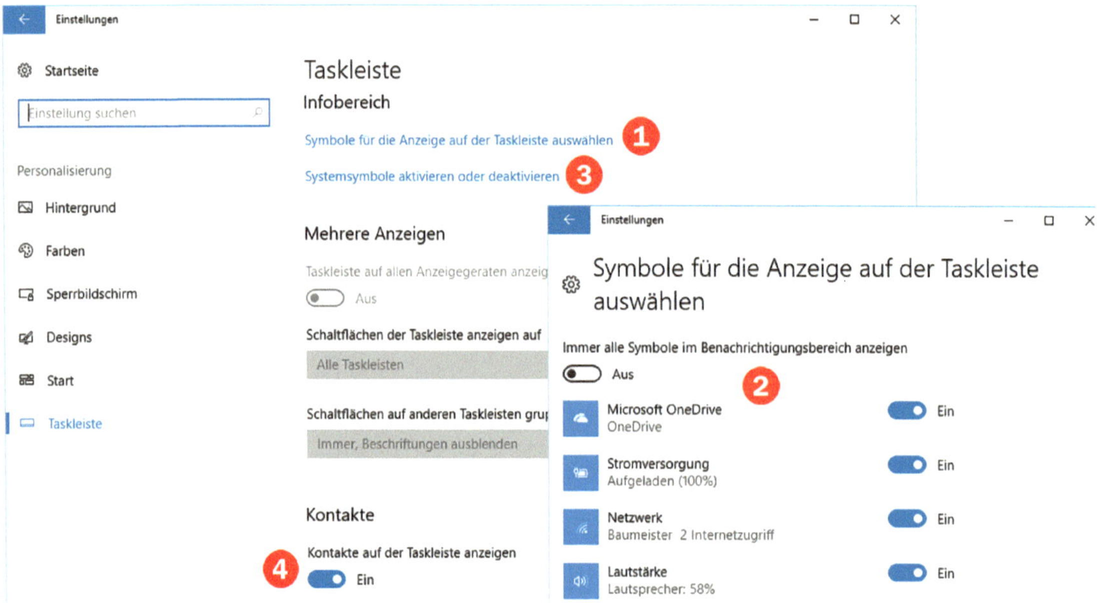

Bild 2.29 Symbole für die Anzeige im Infobereich auswählen

Info-Center anpassen

Auch das Info-Center lässt sich in den Einstellungen anpassen. Öffnen Sie dazu die Einstellungen ⚙, klicken Sie auf der Startseite auf *System* und wählen Sie links *Benachrichtigungen und Aktionen*.

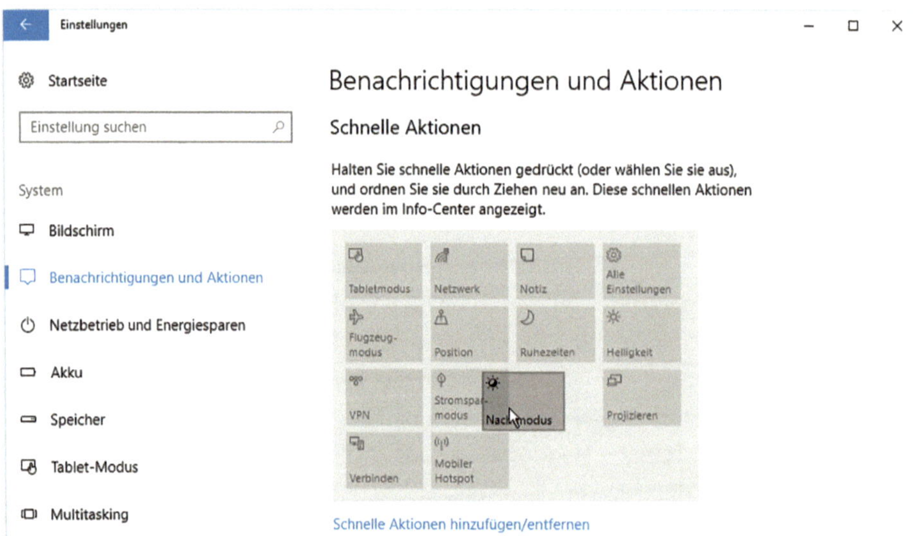

Bild 2.30 Schnelle Aktionen des Info-Centers in den Einstellungen anpassen

Achtung: Die hier verfügbaren schnellen Aktionen sind abhängig vom Gerät!

- Unter *Schnelle Aktionen* können Sie die im Info-Center verfügbaren Schaltflächen durch Ziehen mit gedrückter Maustaste beliebig anordnen (Bild 2.30).
- Um nicht benötigte Schaltflächen ganz auszublenden, klicken Sie auf *Schnelle Aktionen hinzufügen/entfernen* und aktivieren oder deaktivieren diese einzeln über Schalter.
- Etwas weiter unten finden Sie unter *Benachrichtigungen und Aktionen* verschiedene Schalter zur Anzeige von Benachrichtigungen, Erinnerungen, Weckzeiten und eingehenden Skype-Anrufen (VoIP) auf dem Sperrbildschirm (Bild 2.31).
- Der Schalter *Bei der Nutzung von Windows Tipps, Tricks und Vorschläge erhalten* kann problemlos deaktiviert werden, da diese häufig Werbung enthalten. Bei Bedarf können Sie auch den Schalter zum Anzeigen der Windows-Willkommensseite nach Updates deaktivieren.
- Wenn der Schalter *Benachrichtigungen von Apps und anderen Absendern abrufen* aktiviert ist, dann können Sie etwas weiter unten in der Liste *Benachrichtigungen dieser Absender abrufen* für jede einzelne App, z. B. Mail oder Automatische Wiedergabe, entscheiden ob Sie Benachrichtigungen erhalten möchten.

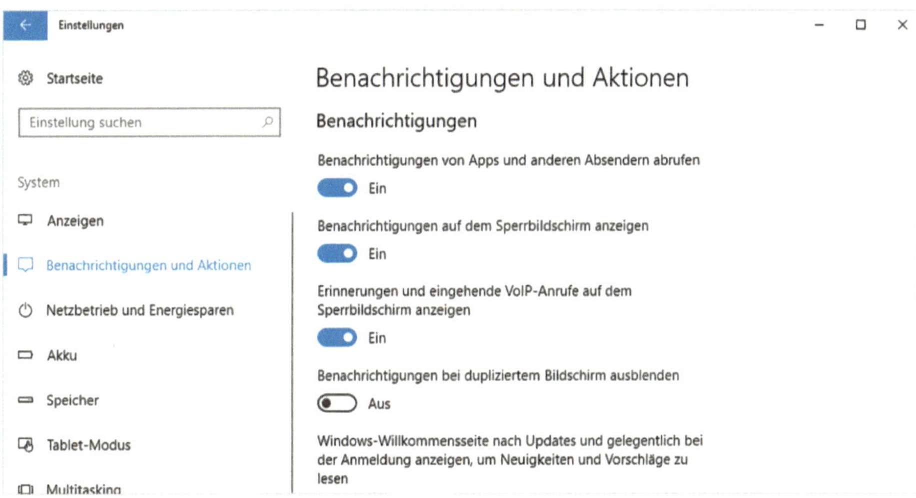

Bild 2.31 Benachrichtigungen

Tipp: Sound deaktivieren

Möglicherweise empfinden Sie den Sound beim Eintreffen neuer Benachrichtigungen als störend. Zum Deaktivieren scrollen Sie weiter nach unten und klicken in der Liste *Benachrichtigungen dieser Absender abrufen* auf die betreffende App, z. B. Mail ❶. Anschließend sehen Sie die Benachrichtigungsdetails dieser App. Setzen Sie hier den Schalter *Bei Eingang einer Benachrichtigung Sound wiedergeben* ❷ auf *Aus*. Bei Bedarf lässt sich auch das Benachrichtigungsbanner in der rechten unteren Ecke ausschalten. Ferner können Sie unter *Priorität von Benachrichtigungen im Info-Center* ❸ die Anordnung ändern: Benachrichtigungen der höchsten Prioritätsstufe erscheinen im Info-Center ganz oben.

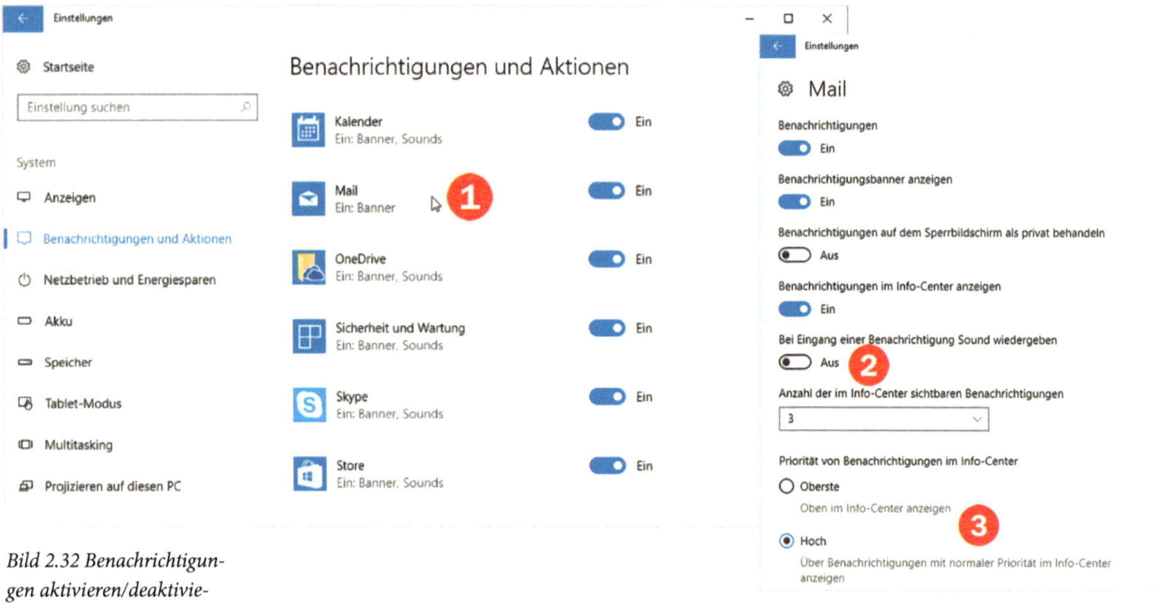

Bild 2.32 Benachrichtigungen aktivieren/deaktivieren, Beispiel Sound

2.4 Fenster, Taskansicht und virtuelle Desktops

Mit der Taskansicht zwischen geöffneten Apps wechseln

Auf Geräten mit Touchbedienung erhalten Sie die Taskansicht auch, wenn Sie vom linken Bildschirmrand nach innen wischen.

Neu in Windows 10 ist die Taskansicht, die Sie als Alternative zur Taskleiste und der Tastenkombination Alt+Tab zum Wechseln zwischen mehreren geöffneten Apps bzw. Fenstern benutzen können.

Die Möglichkeit, mit der Tastenkombination Alt+Tab eine Übersicht geöffneter Fenster einzublenden und anschließend mit der Tab-Taste durch die Fenster zu blättern bzw. ein Fenster auszuwählen, existiert in Windows 10 natürlich nach wie vor.

- Dazu klicken Sie in der Taskleiste auf das Symbol *Taskansicht* oder verwenden die Tastenkombination Windows+Tab.
- In der Taskansicht werden vor dem inaktiven (abgedunkelten) Desktophintergrund sämtliche geöffneten Fenster verkleinert angeordnet (Bild 2.33) und durch Antippen oder Anklicken holen Sie das gewünschte Fenster in den Vordergrund.
- Auf der Tastatur können Sie stattdessen die Pfeiltasten nach rechts/links zur Auswahl eines Fensters benutzen und dieses Fenster anschließend mit Betätigen der Eingabe-Taste anzeigen.

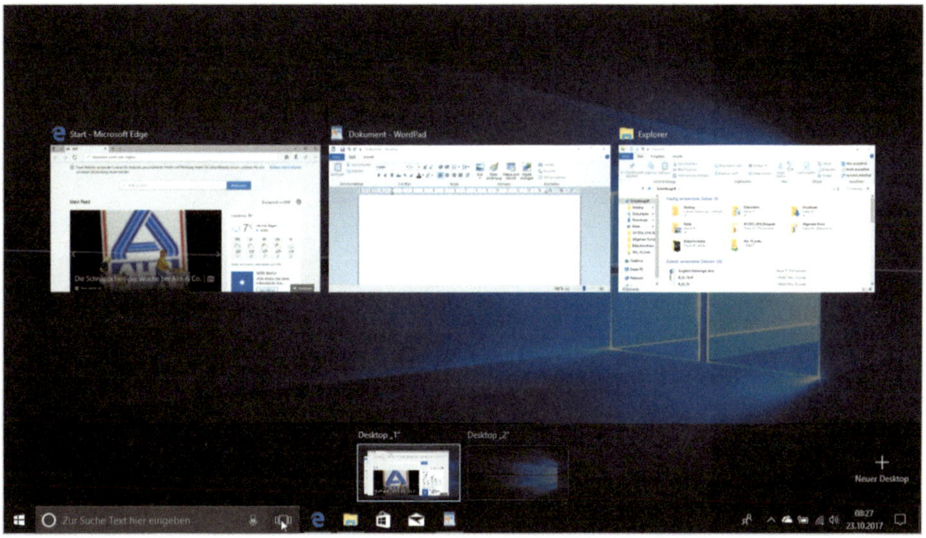

Bild 2.33 Geöffnete Apps in der Taskansicht

Die Taskansicht zeigt automatisch einen zweiten Desktop an, siehe weiter unten.

Falls Sie in der Taskansicht ein einzelnes Fenster schließen möchten, so klicken Sie auf das Symbol *Schließen* dieses Fensters. Das Symbol erscheint allerdings erst, wenn Sie auf die Vorschau zeigen.

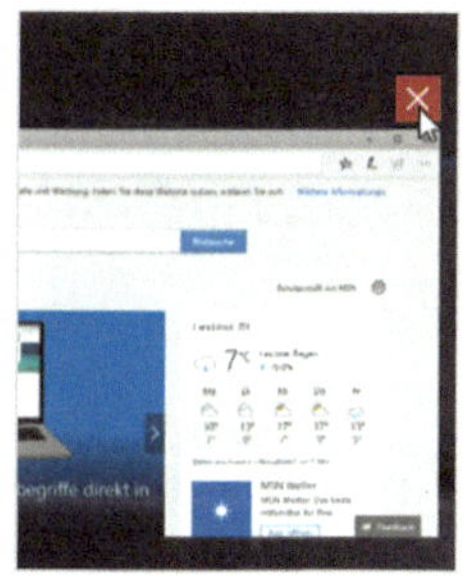

Fenster auf mehreren Desktops anordnen

Neu in Windows 10 ist die Möglichkeit, mehrere virtuelle Desktops zu nutzen. Auf diesen können Sie Apps öffnen und zwischen den Desktops verschieben. Damit behalten Sie auch bei einer Vielzahl geöffneter Fenster den Überblick und können zudem die Apps nach Einsatzzweck, z. B. Büroanwendungen und Kommunikation, anordnen. Eine Übersicht über die verwendeten Desktops liefert ebenfalls die Taskansicht.

Desktop hinzufügen und anzeigen

Klicken Sie in der Taskleiste auf das Symbol *Taskansicht*. Unmittelbar oberhalb der Taskleiste erscheint eine Leiste mit allen derzeit verwendeten Desktops. Klicken Sie ganz rechts auf + *Neuer Desktop*. Der Desktop erscheint sofort mit einer fortlaufenden Nummer (z. B. *Desktop 2*) in der Leiste. Wenn Sie in der Taskansicht auf einen Desktop zeigen, erhalten Sie eine Vorschau und durch Anklicken wechseln Sie zwischen den Desktops.

Bild 2.34 Desktop auswählen

Mit diesem Symbol können Sie noch beliebig viele weitere Desktops hinzufügen, deren Anzahl ist nur durch die Bildschirmauflösung begrenzt.

App zwischen Desktops verschieben

Nun können Sie die Apps bzw. Fenster zwischen den Desktops verschieben, entweder über das Kontextmenü der rechten Maustaste oder durch Ziehen mit der Maus.

1. Wechseln Sie zum Desktop mit der App, die Sie verschieben möchten.
2. Klicken Sie auf das Symbol *Taskansicht*.
3. Ziehen Sie die betreffende App mit gedrückter linker Maustaste auf den zweiten Desktop. Lassen Sie die Maustaste erst los, wenn auf diesem die Vorschau der App verkleinert wird.

Tipp: Sie können ein Fenster auch direkt auf das Symbol *Neuer Desktop* ziehen, dann legt Windows einen neuen Desktop für dieses Fenster an.

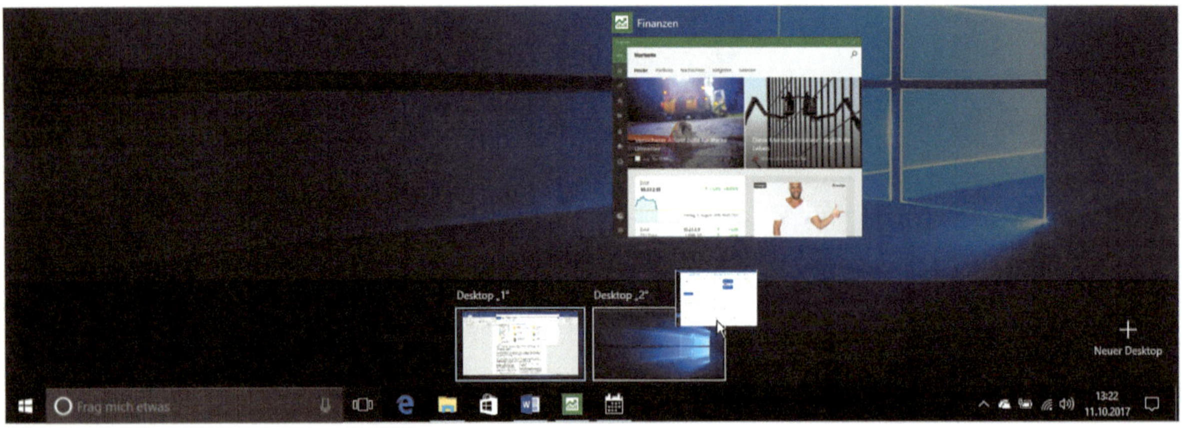

Bild 2.35 App zwischen den Desktops verschieben

Als zweite Möglichkeit öffnen Sie die Taskansicht und klicken mit der rechten Maustaste auf die zu verschiebende App. Zeigen Sie im Kontextmenü auf *Verschieben nach* ❶ und klicken Sie dann entweder auf den gewünschten Desktop oder auf *Neuer Desktop*, falls dieser noch nicht existiert.

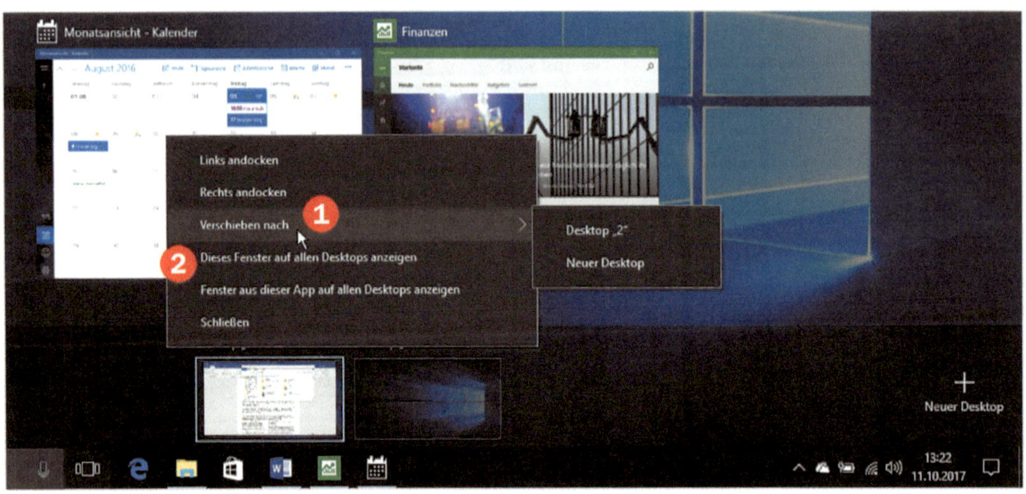

Bild 2.36 App über das Kontextmenü verschieben

Eine App auf allen Desktops anzeigen

Wenn Sie mit mehreren Desktops arbeiten und bestimmte häufig benötigte Apps, z. B. *Mail* oder *Kalender* ständig im Blick haben bzw. dazu nicht zwischen den Desktops wechseln möchten, dann können Sie diese auf allen Desktops anzeigen lassen.

Klicken Sie dazu in der Taskansicht mit der rechten Maustaste auf die App und auf *Dieses Fenster auf allen Desktops anzeigen* ❷ (Bild oben). Die App erscheint außerdem automatisch auf allen später neu hinzugefügten Desktops.

Desktop schließen

Klicken Sie auf das Symbol *Taskansicht* und zeigen Sie in der Desktop-Leiste auf den Desktop, den Sie schließen möchten. In der rechten oberen Ecke erscheint das Symbol *Schließen* und mit einem Klick auf das Symbol verschwindet der Desktop wieder. Auf diesem Desktop eventuell noch geöffnete Apps werden nicht geschlossen, sondern auf den verbleibenden Desktop verschoben.

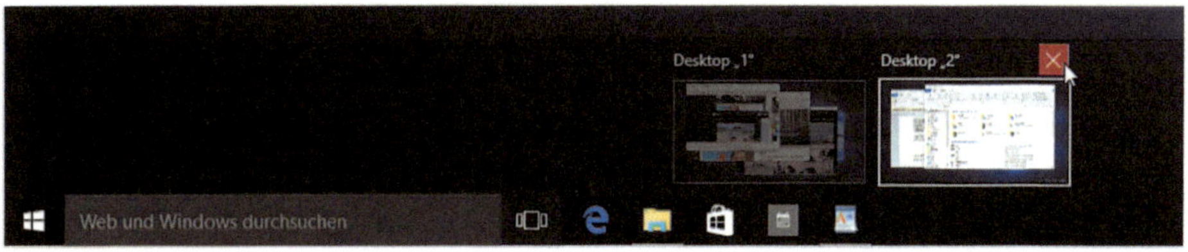

Bild 2.37 Desktop schließen

Folgende Tastenkombinationen können Sie in Verbindung mit der Windows-Taste zur Steuerung von Desktops verwenden:

Tasten	Bedeutung
Win + Strg + D	Neuen Desktop erstellen
Win + Strg + Pfeil nach links/rechts	Zum vorherigen/nächsten Desktop wechseln
Win + Strg + F4	Aktuellen Desktop schließen
Win + Tab	Aktive (ausgewählte Anwendung) öffnen

Fenster automatisch andocken (Snap Assist)

Geöffnete Fenster lassen sich durch Ziehen mit der Maus auf sehr einfache Weise am Bildschirmrand andocken, diese Möglichkeit dürfte Windows 7 Nutzern unter der Bezeichnung Aero Snap bekannt sein. Mit Windows 10 können Sie nun diese Funktion in erweiterter Form und dem Namen Snap Assist nutzen.

1. Ziehen Sie dazu ein geöffnetes Fenster ganz an den linken oder rechten Bildschirmrand.
2. Auf dem Bildschirm erscheinen die Umrisse und zeigen an, wo das Fenster angeheftet wird, beim Loslassen der Maustaste rastet hier das Fenster ein.

3 Sind mehrere Fenster geöffnet, so erscheinen neben dem angedockten Fenster die übrigen geöffneten Fenster in der Miniaturvorschau, ähnlich wie in der Taskansicht (Bild 2.38). Klicken Sie dann auf das Fenster, das die zweite Bildschirmhälfte ausfüllen soll.

Bild 2.38 Fenster mit Windows Snap anordnen

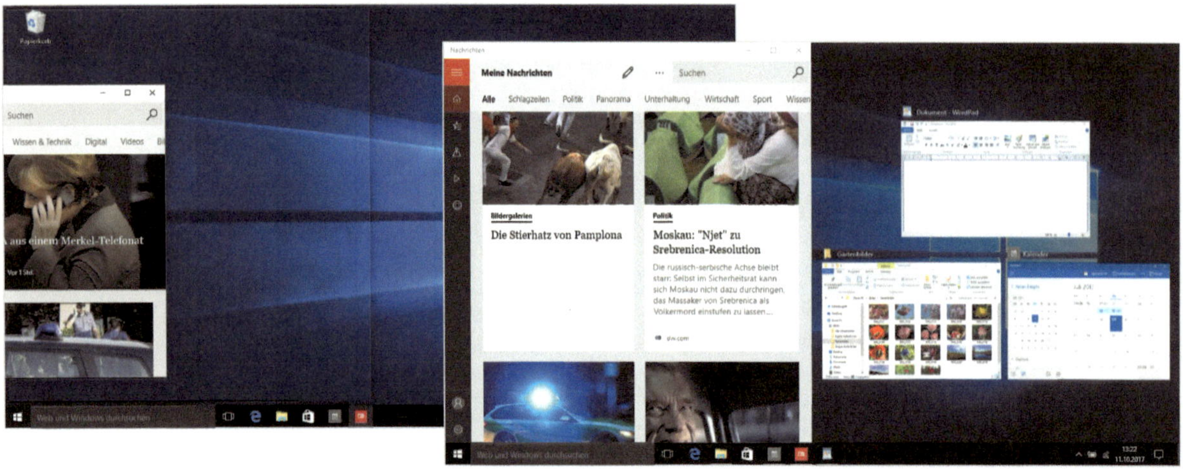

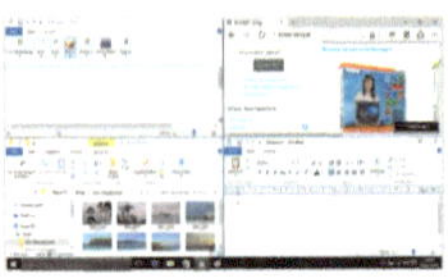

Mit dieser Methode können Sie auch vier Fenster anordnen: Dazu ziehen Sie die Fenster nacheinander in die Ecken des Bildschirms. Da diese Funktion von Monitorgröße und Bildschirmauflösung abhängig ist, steht sie allerdings nicht auf jedem Gerät zur Verfügung.

Fenster in der Taskansicht andocken

Eine zweite Möglichkeit zum Andocken der Fenster erhalten Sie in der Taskansicht. Klicken Sie mit der rechten Maustaste auf eines der Fenster und wählen Sie im Kontextmenü zwischen *Links andocken* und *Rechts andocken*.

Bild 2.39 Taskansicht: Fenster links oder rechts andocken

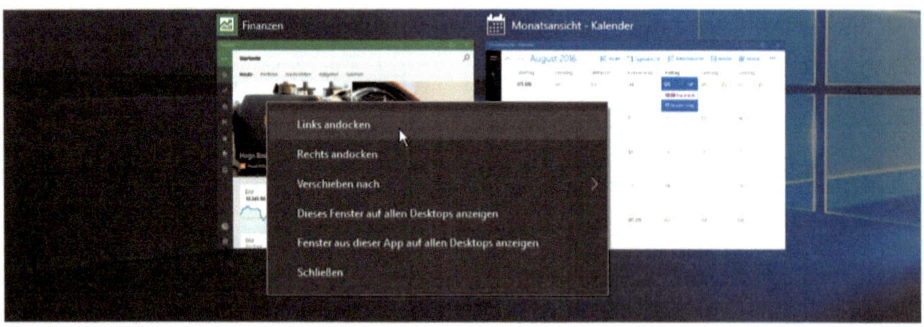

Einstellungen zu virtuellen Desktops und Snap Assist

Sollten sich Apps und Fenster beim automatischen Andocken nicht wie oben beschrieben verhalten, dann lässt sich dies in den Einstellungen von Windows ändern. Hier können Sie bei Verwendung mehrerer Desktops auch die Anzeige der Apps in der Taskleiste steuern. In der Standardeinstellung zeigt die Taskleiste immer nur die geöffneten Apps des aktuellen Desktops an. Das bedeutet, beim Wechsel zu einer App, die auf einem anderen Desktop geöffnet ist, führt an der Taskansicht kein Weg vorbei. Dies kann bei häufig benötigten Apps ziemlich nervig sein, als Abhilfe ändern Sie die Einstellung so, dass nun alle Apps in der Taskleiste erscheinen.

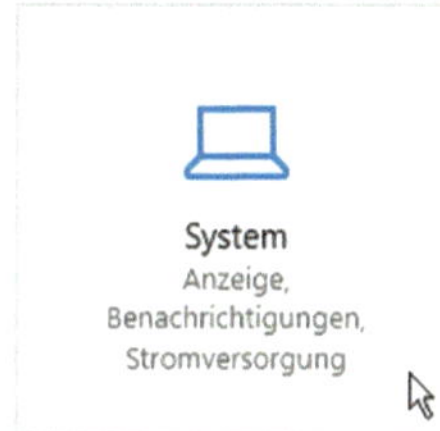

1 Klicken Sie dazu im Startmenü auf *Einstellungen* und hier auf *System*. Wählen Sie dann links *Multitasking* ❶.

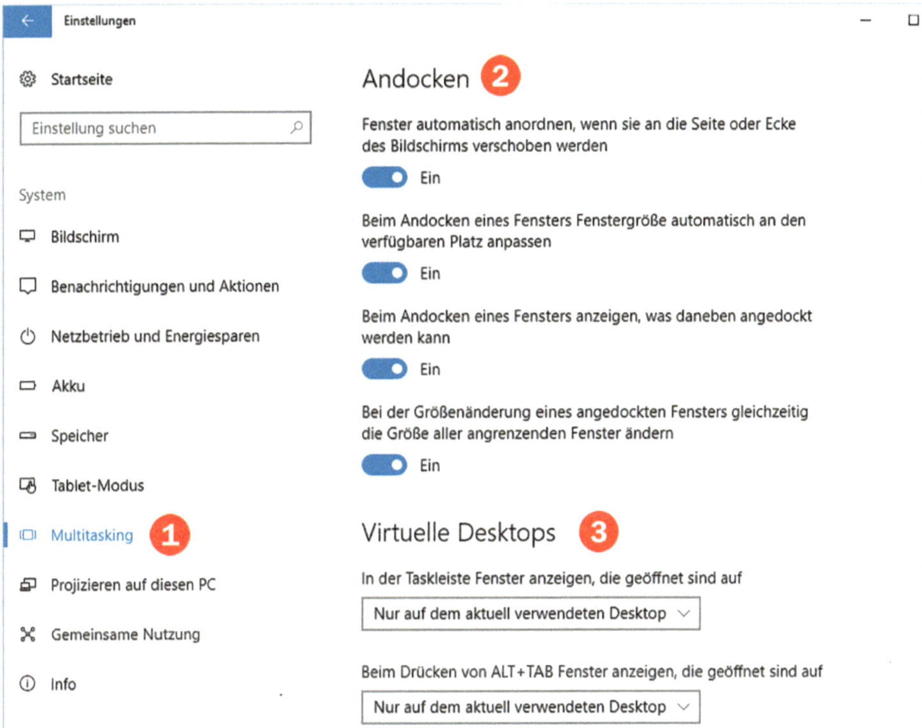

Bild 2.40 Einstellungen, Multitasking: Andockverhalten und virtuelle Desktops

2 Unter *Andocken* ❷ steuern Sie mit vier Schaltern das Verhalten von Fenstern beim Verschieben an den Bildschirmrand bzw. in eine Ecke, das Anpassen der Fenstergröße und die Auswahlmöglichkeit weiterer Fenster beim Andocken. In der Standardeinstellung sind alle diese Schalter auf *Ein* gesetzt.

3 Unter *Virtuelle Desktops* ❸ legen Sie die Anzeige geöffneter Apps in der Taskleiste fest. Klicken Sie bei der Einstellung *In der Taskleiste Fenster anzeigen, die geöffnet sind auf* auf den nach unten weisenden Pfeil und wählen Sie zwischen *Nur auf dem aktuell verwendeten Desktop* und *Allen Desktops*.

Tipp: Mit der Auswahl *Allen Desktops* wechseln Sie durch Anklicken einer geöffneten App in der Taskleiste gleichzeitig zum entsprechenden Desktop.

Tipp: Die Apps aller Desktops in der Taskleiste anzeigen.

Falls Sie mit der Tastenkombination Alt+Tab zwischen geöffneten Apps wechseln möchten, können Sie deren Verhalten gesondert etwas unterhalb ebenfalls steuern.

2.5 Desktop und Sperrbildschirm anpassen

Desktophintergrund

Um Hintergrundbild des Desktops und die Farbe von Taskleiste und Info-Center zu ändern, gehen Sie wie folgt vor:

- Klicken Sie im Startmenü auf *Einstellungen* und hier auf *Personalisierung*.
- Alternativ klicken Sie mit der rechten Maustaste auf eine beliebige freie Stelle des Desktophintergrunds und im Kontextmenü auf *Anpassen*.

Klicken Sie links auf *Hintergrund* ❶. Rechts erhalten Sie eine Vorschau auf Ihren gegenwärtigen Desktop. Standardmäßig ist im Feld *Hintergrund* ❷ die Auswahl *Bild*, also ein einzelnes Hintergrundbild, aktiv und Sie können per Mausklick unterhalb ein eines der mitgelieferten Motive als Hintergrundbild festlegen (Bild 2.41) .

Möchten Sie lieber eines Ihrer eigenen Fotos als Hintergrundbild verwenden, so klicken Sie unterhalb der Auswahl auf die Schaltfläche *Durchsuchen* ❸. Das Fenster *Öffnen* erscheint und Sie können zum Ordner mit dem gewünschten Bild navigieren. Markieren Sie dann das Foto und übernehmen Sie es mit Klick auf die Schaltfläche *Bild auswählen*. Unterhalb können Sie über das Feld *Anpassung auswählen* ❹ optional angeben, wie das Bild den Hintergrund ausfüllen soll.

Bild 2.41 Einstellungen: Hintergrund

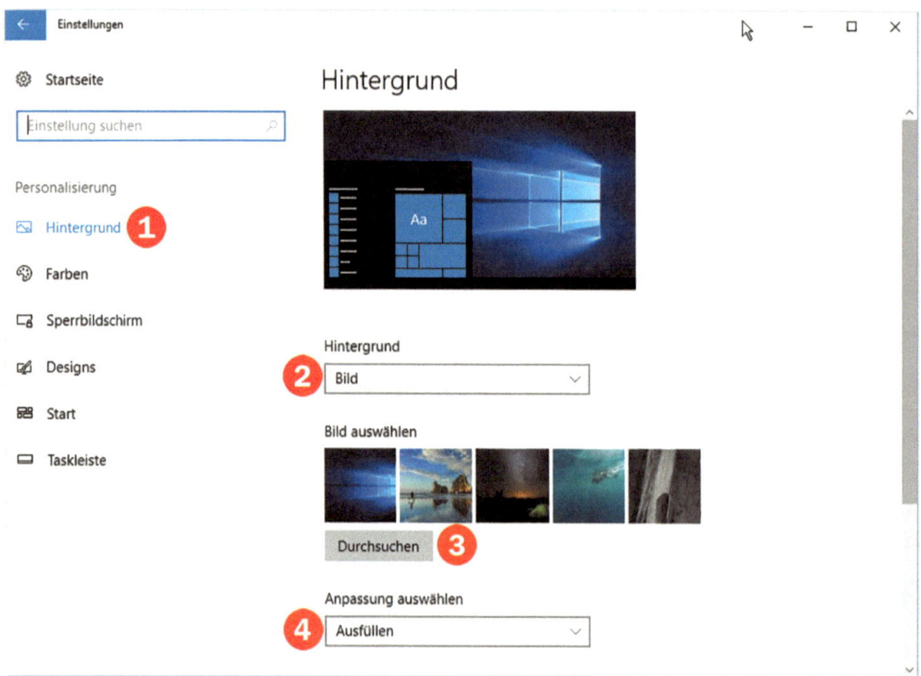

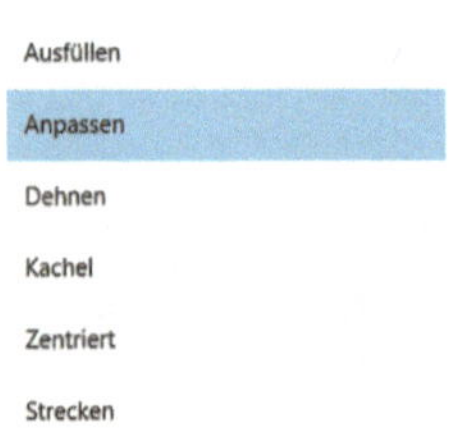

Wünschen Sie anstelle eines Bildes lieber einen einfarbigen Desktop-Hintergrund oder sollen hier nacheinander verschiedene Bilder erscheinen, so klicken Sie auf den Dropdown-Pfeil *Hintergrund* und wählen zwischen *Volltonfarbe* und *Diashow*. Bei der Auswahl *Diashow* legen Sie anschließend unter *Alben für die Diashow auswählen* mit Klick auf die Schaltfläche *Durchsuchen* fest, welcher Ordner die gewünschten Bilder enthält.

Windows 10 erlaubt für Diashows nur noch die Angabe eines Ordners, nicht aber die Auswahl einzelner Bilddateien wie unter Windows 7. Sie müssen also unter Umständen erst alle gewünschten Fotos in einem Ordner zusammenstellen.

Bild 2.42 Wählen Sie einen Ordner für die Diashow aus

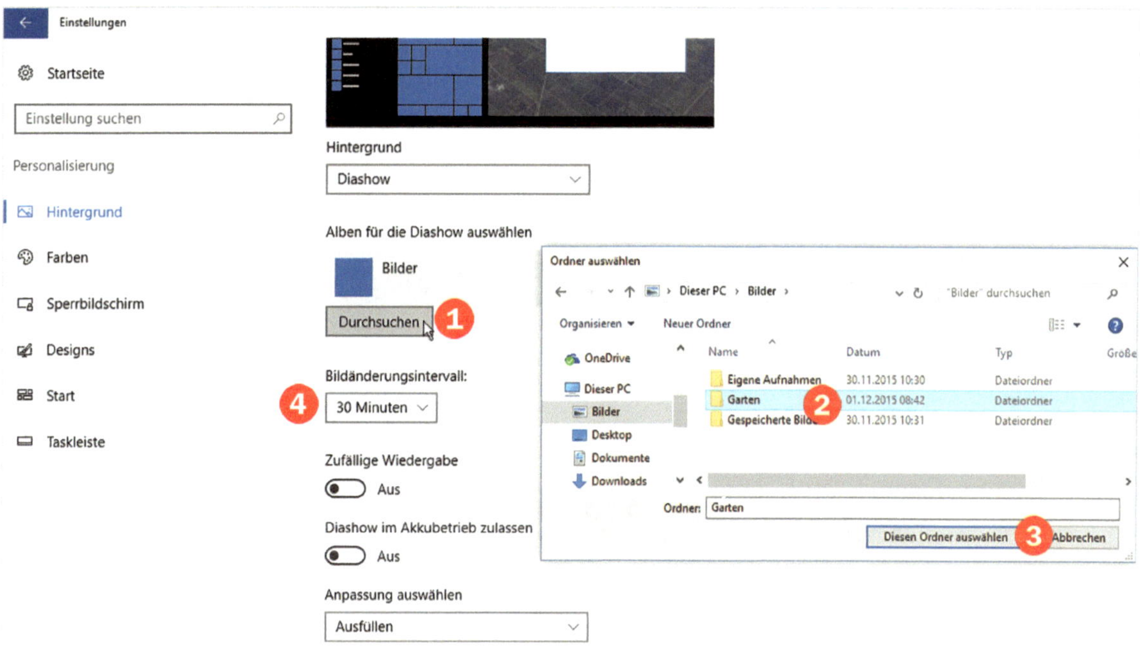

Wählen Sie die Farbe von Startmenü, Info-Center und Taskleiste

Die Farbe von Startmenü, Taskleiste, Info-Center und Titelleiste der Fenster kann frei gewählt werden. Klicken Sie dazu in den Einstellungen auf *Personalisierung* und auf *Farben* ❶.

In der Standardeinstellung wird die Akzentfarbe zum Hervorheben automatisch aus dem Hintergrundbild gewählt. Zum Ändern klicken Sie einfach auf die gewünschte Farbe ❷. Anhand der Vorschau können Sie sofort die Wirkung testen. Falls die Farbwahl wieder automatisch erfolgen soll, brauchen Sie nur das Kontrollkästchen *Automatisch eine Farbe aus meinem Hintergrund auswählen* aktivieren ❸.

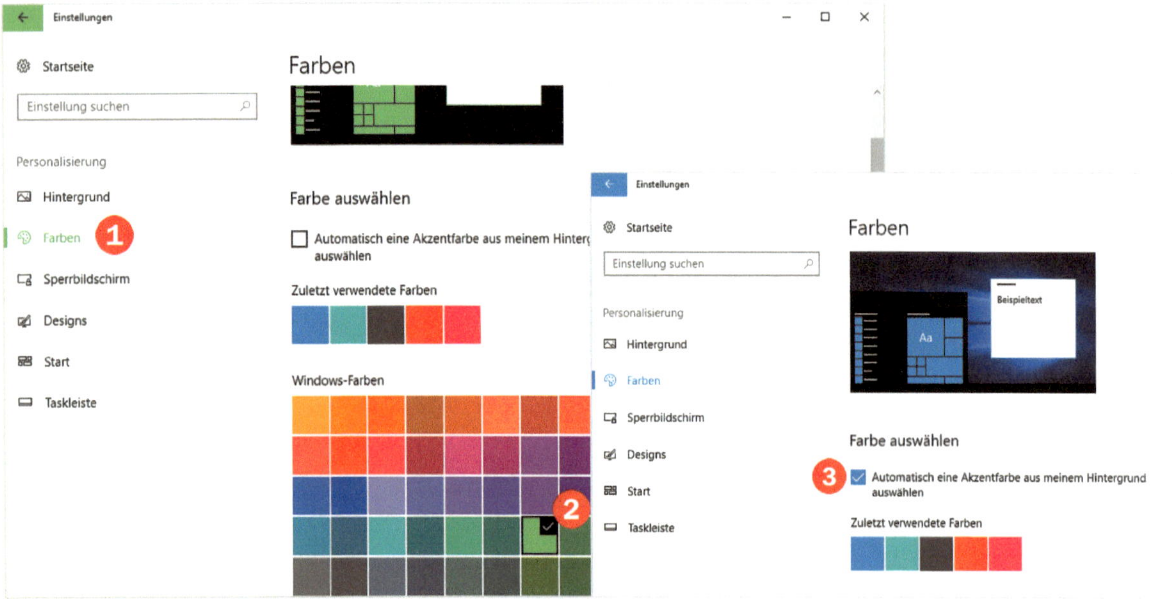

Bild 2.43 Eine Akzentfarbe auswählen

Mit Klick auf *Benutzerdefinierte Farbe* 4 lässt sich auch eine individuelle Akzentfarbe zusammenstellen. Ob Startmenü, Taskleiste, Info-Center und die Titelleisten der Fenster transparent erscheinen, steuern Sie mit dem Schalter *Transparenzeffekte* 5, über Kontrollkästchen 6 können Sie diesen Elementen auch die Akzentfarbe zuweisen.

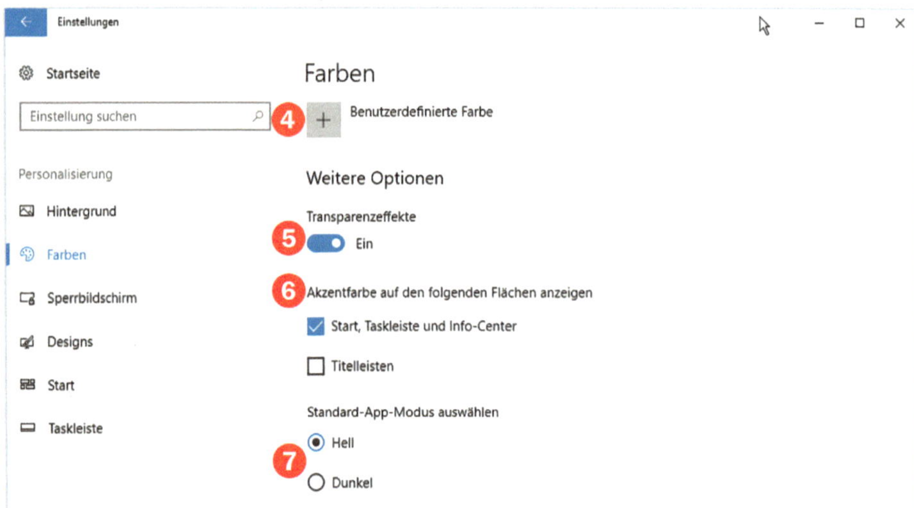

Bild 2.44 Startmenü, Taskleiste und Info-Center in der Akzentfarbe darstellen

Nutzer mit eingeschränktem Sehvermögen gelangen zudem über den Link *Einstellungen für hohen Kontrast* in den Bereich für erleichterte Bedienung und können hier zwischen verschiedenen Möglichkeiten wählen.

Tipp: Dunkler Hintergrund von Apps
Standardmäßig werden alle Apps, also auch die Einstellungen, mit weißem Hintergrund dargestellt. Falls Sie schwarzen Hintergrund mit weißer Schrift bevorzugen, dann wählen Sie den App-Modus *Dunkel* 7.

Designs verwenden

Auch die Designs, Zusammenstellungen aus Bildmotiven, Farben und Soundeffekten, sind in den Einstellungen verfügbar. Klicken Sie links auf *Designs* ❶. Standardmäßig verwendet Windows 10 das Design Windows, Sie können jedoch entweder eines der vorgeschlagenen Designs unter *Design anwenden* ❷ auswählen oder weitere Designs über den gleichnamigen Link ❸ aus dem Store beziehen.

Näheres zum Thema Microsoft Store lesen Sie in Kapitel 7.7.

Hinweis: Über die Schaltflächen *Hintergrund* und *Farbe* ❹ können Sie ebenfalls zur oben beschriebenen Auswahl von Hintergrundbild und Farben wechseln. *Sounds* und *Mauszeiger* öffnen dagegen die, aus Windows 7 bekannten Fenster, über die Sie bei Bedarf ein anderes Soundschema wählen oder Aussehen und Verhalten des Mauszeigers ändern.

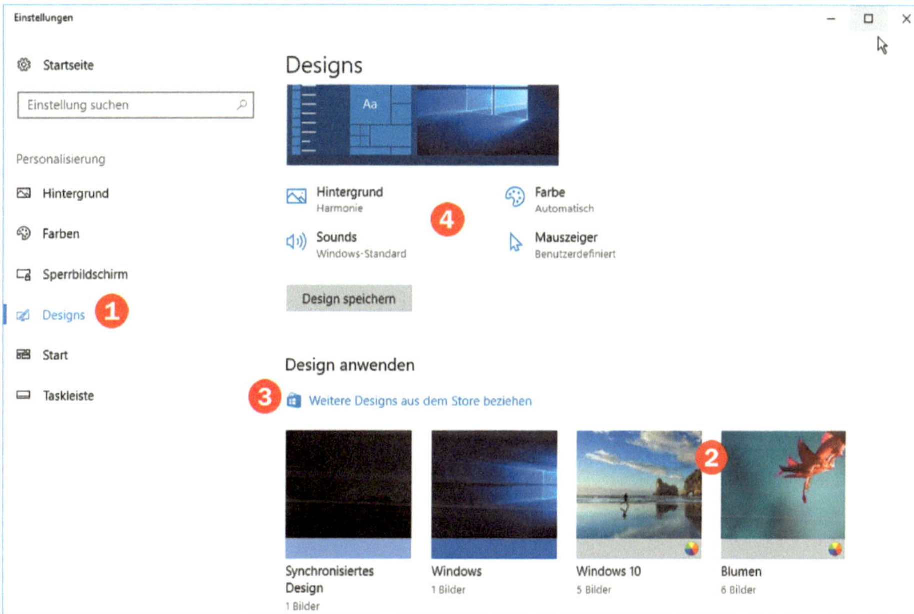

Bild 2.45 Wählen Sie ein Design

Anzeigeeinstellungen des Sperrbildschirms

Genau wie beim Desktop können Sie auch beim Sperrbildschirm das Bild und die hier sichtbaren Statusinformationen bearbeiten. Öffnen Sie dazu die Einstellungen, klicken Sie auf *Personalisierung* und dann auf *Sperrbildschirm* ❶.

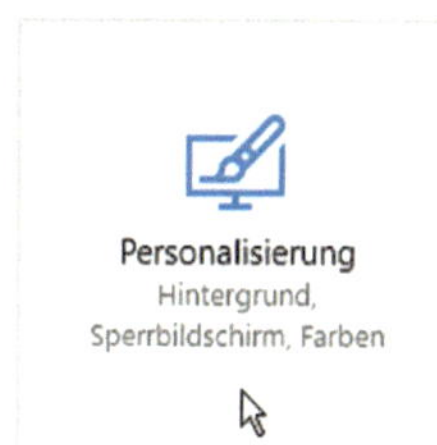

Wie beim Desktop wählen Sie im Feld *Hintergrund* ❷ zwischen *Bild*, wechselnden Bildern in Form einer Diashow und *Windows-Blickpunkt*. Letztere Auswahl bewirkt, dass der Sperrbildschirm automatisch ein täglich wechselndes Bild anzeigt.

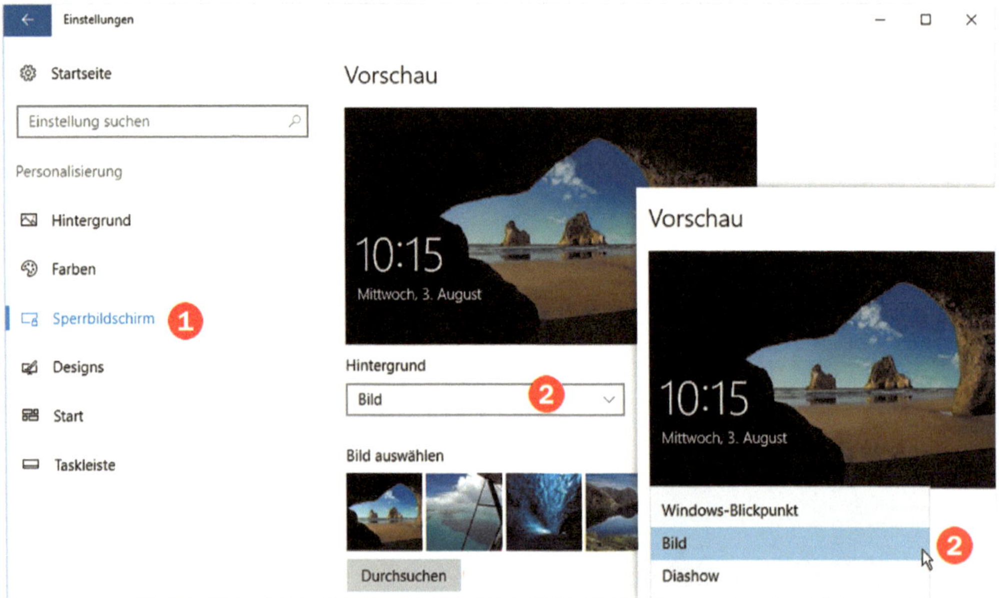

Bild 2.46 Sperrbildschirm

Bild 2.47 Apps und Benachrichtigungen auf dem Sperrbildschirm anzeigen

- Unterhalb der Bildauswahl finden Sie den Schalter *Unterhaltung, Tipps und mehr von Windows und Cortana auf dem Sperrbildschirm anzeigen* ❶. Steht dieser Schalter auf *Ein*, so bedeutet dies, auf dem Sperrbildschirm erscheint auch Werbung für Apps. Sie können den Schalter also jederzeit deaktivieren.

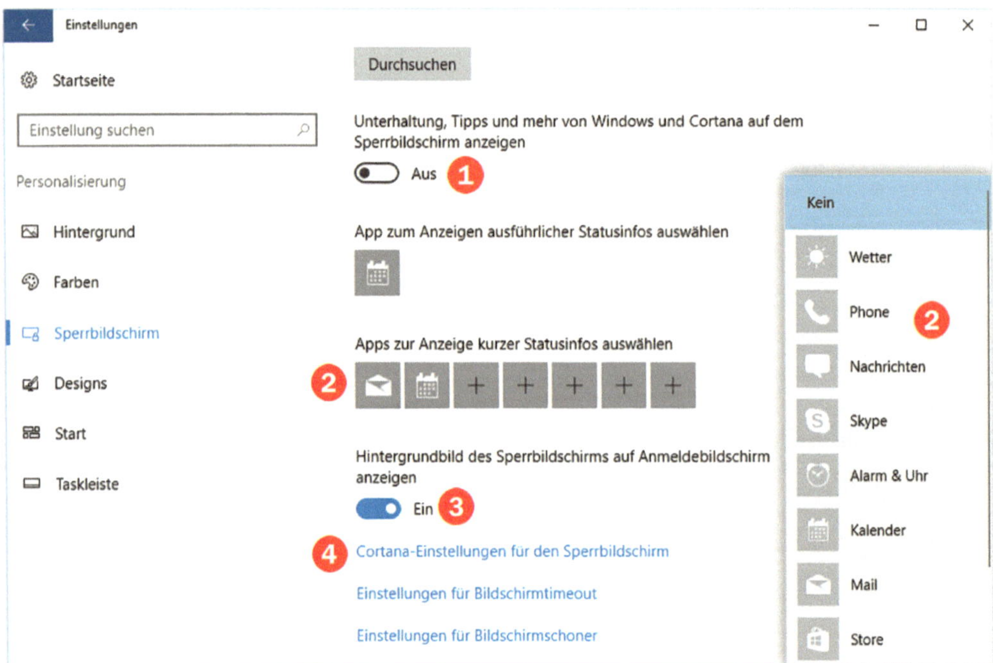

- Ferner können Sie angeben, welche Apps Statusinfos auf dem Sperrbildschirm anzeigen ❷, standardmäßig *Kalender* und *Mail*. Zum Hinzufügen weiterer Apps klicken Sie auf die + Schaltflächen.
- Ein weiterer Schalter ❸ gibt an, ob das Hintergrundbild des Sperrbildschirms auch auf dem Anmeldebildschirm angezeigt soll. Alternativ erscheint ein einfarbiger Hintergrund zur Anmeldung.
- Wenn Cortana auch bei gesperrtem Gerät verfügbar sein soll, dann klicken Sie auf *Cortana-Einstellungen für den Sperrbildschirm* ❹ und setzen unter *Sperrbildschirm* den Schalter *Cortana verwenden, auch wenn mein Gerät gesperrt ist* auf *Ein*.
- An dieser Stelle können Sie auch noch festlegen, wann bei Abwesenheit, bzw. wenn längere Zeit keine Eingabe erfolgt, der Bildschirm ausgeschaltet werden soll und der PC in den Energiesparmodus wechselt. Klicken Sie dazu auf *Einstellungen für Bildschirmtimeout*, Details hierzu im nächsten Punkt. Auch der Bildschirmschoner ist über einen Link zwar vorhanden, bei modernen Geräten aber überflüssig, da dessen Aufgabe unter Windows 10 vom Sperrbildschirm und dem automatischen Abschalten des Bildschirms übernommen wird.

Energieeinstellungen kontrollieren bzw. ändern

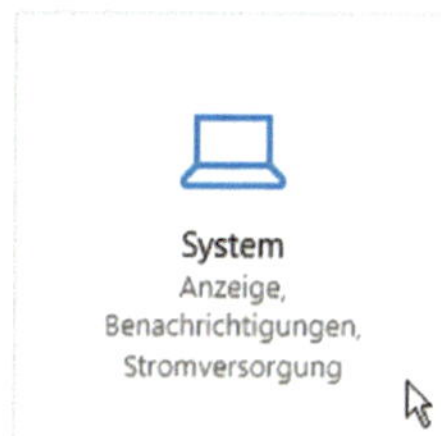

Wenn Sie die Energieeinstellungen Ihres Geräts einsehen und ändern möchten, dann öffnen Sie die Einstellungen und klicken auf *System*. Wählen Sie dann links *Netzbetrieb und Energiesparen* ❶.

Windows unterscheidet bei den Energiespareinstellungen zwischen Akkumodus und Netzbetrieb, Sie können also die Einstellungen für die beiden Betriebsarten unabhängig voneinander vornehmen.

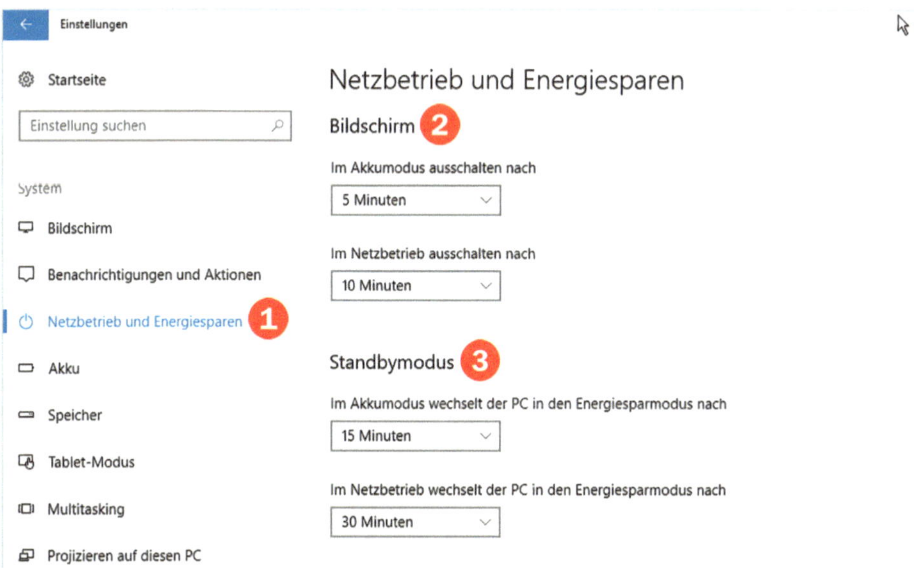

Bild 2.48 Bildschirm ausschalten und Standbymodus

Achtung: Die Bildschirm- und Energiespareinstellungen funktionieren nicht, wenn Sie für die Sperrbildschirmanzeige Diashow festgelegt haben. In diesem Fall erscheint ein entsprechender Hinweis zusammen mit einem Link auf die Diashoweinstellungen. Dort können Sie dann die Diashow deaktivieren.

- Unter *Bildschirm* ❷ legen Sie jeweils für Akkumodus und Netzbetrieb den Zeitraum fest, nach dem sich der Bildschirm automatisch ausschalten soll.
- Unter *Standbymodus* ❸ geben Sie für Akkumodus und Netzbetrieb an, wann der PC in den Energiesparmodus wechseln soll.
- Die Energiesparpläne öffnen Sie über den Link *Zusätzliche Energieeinstellungen*.

Achtung, der Stromsparmodus ist während des Aufladens automatisch deaktiviert.

Stromsparmodus

Auf mobilen Geräten finden Sie in den Einstellungen, Kategorie *System* unter *Akku* den Stromsparmodus. Dieser ist nicht zu verwechseln mit dem Energiesparmodus und wird automatisch aktiviert, wenn der Akkuladestand unter einen bestimmten Wert, standardmäßig 20%, sinkt. Im Stromsparmodus wird die Bildschirmhelligkeit verringert und Hintergrundaktivitäten und Benachrichtigungen von Apps werden abgeschaltet. Den Schwellenwert von 20% ändern Sie über den Regler. Um die Nutzung durch Apps zu kontrollieren, klicken Sie auf *Akkunutzung nach App*.

Bild 2.49 Akku und Stromsparmodus

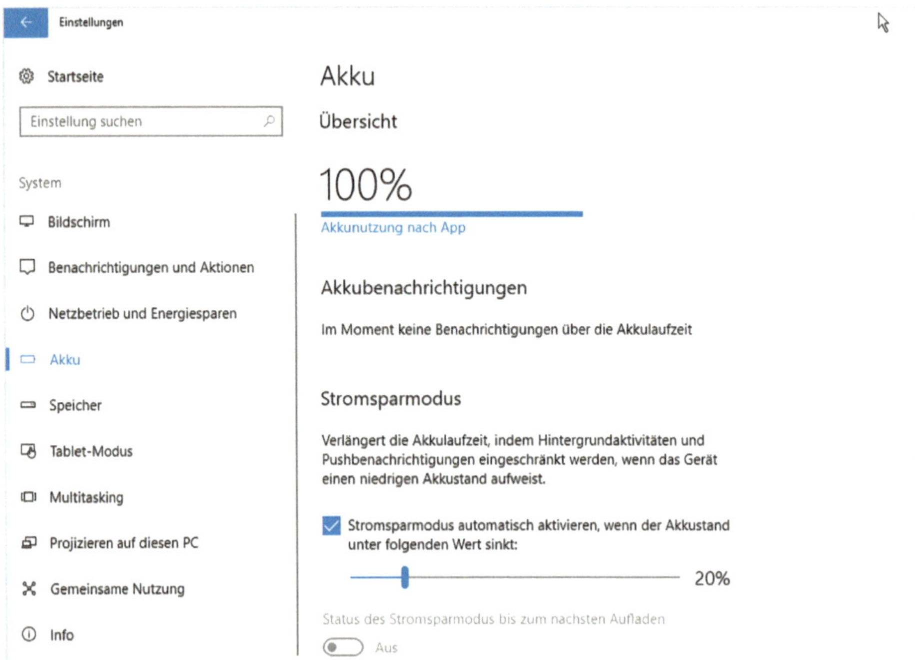

Etwas weiter unten finden Sie noch weitere Akkueinstellungen. Zudem erhalten Sie über den Link *Tipps für sparsame Akkunutzung* praktische Hinweise, wie Sie die Akkulaufzeit Ihres Geräts verlängern.

Akkunutzung und Stromsparmodus

Bei mobilen Geräten können Sie zusätzlich die Akkunutzung überwachen. Dazu klicken Sie rechts im Infobereich der Taskleiste auf das Symbol *Akku*.

Ein Regler erlaubt die Wahl zwischen maximaler Akkulaufzeit und bester Leistung ❶. Die Einstellung sind davon abhängig, ob das sich Gerät im Netzbetrieb oder Akkubetrieb befindet. Mit Klick auf *Akkueinstellungen* ❷ öffnen sich ebenfalls die dazugehörigen Einstellungen, siehe Bild 2.49 oben.

Bild 2.50 Ladezustand und Energieeinstellungen eines Laptops

2.6 Einstellungen für Bildschirm, Maus und Touchpad

Schriftgröße und Bildschirmhelligkeit

Im Browser und in einzelnen Apps, z. B. WordPad oder den Microsoft Office-Anwendungen können Sie die Anzeige vergrößern (Zoomen), indem Sie das Mausrädchen mit gleichzeitig gedrückter Strg-Taste drehen. Manchmal ist zu diesem Zweck auch in der Statusleiste ein Schieberegler vorhanden. Dieser Zoom bezieht sich allerdings nur auf den Arbeitsbereich, nicht aber auf Menüs und Symbole.

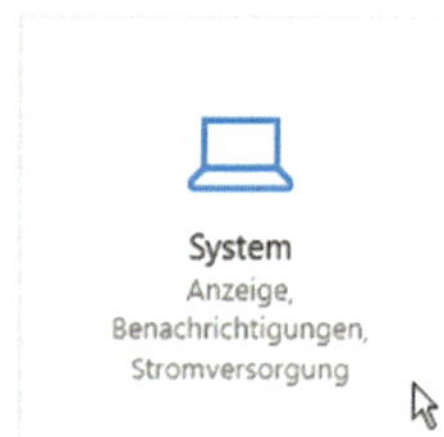

Für diese ändern Sie die Anzeigegröße in den Einstellungen. Gleichzeitig können Sie auch die Bildschirmhelligkeit und die Farbtemperatur für den Nachtmodus festlegen. Dazu öffnen Sie die Einstellungen, klicken auf *System* und hier auf *Anzeigen*.

Wichtig, falls mehrere Personen dasselbe Gerät nutzen: Die Änderung gilt nur für den jeweiligen Benutzer.

- **Bildschirmhelligkeit und Nachtmodus**
  Die Bildschirmhelligkeit von mobilen Geräten steuern Sie über einen Schieberegler ❶. Die Farbtemperatur des Nachtmodus können Sie über den Link *Einstellungen für Nachtmodus* ❷ festlegen, das Umschalten in den Nachtmodus erfolgt dagegen am bequemsten über die gleichnamige Schaltfläche im Info-Center.

- **Anzeige vergrößern**
  Zum Vergrößern der Anzeige klicken Sie auf den Dropdown-Pfeil ❸ und wählen 125% statt 100% aus. Mit Klick auf *Benutzerdefinierte Skalierung* können Sie auch einen beliebigen Wert zwischen 100 und 500 eingeben. Die Auflösung des Bildschirms ❹ sollte dagegen nicht oder nur in Ausnahmefällen geändert werden, da Windows ohnehin meist die, für Ihren Bildschirm empfohlene, Einstellung verwendet.

Die hier angebotenen Skalierungen sind abhängig vom Bildschirm und können auf Ihrem Gerät etwas abweichen.

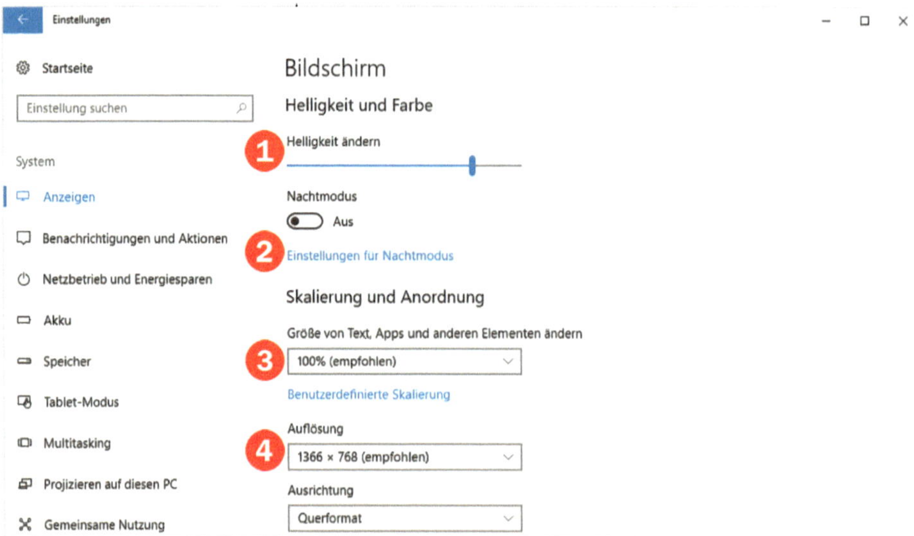

Bild 2.51 Vergrößern Sie die Anzeige per Schieberegler

Achtung: Nach dem Ändern der Anzeigeeinstellungen müssen Sie sich anschließend abmelden und erneut anmelden, damit Ihre Änderungen vollständig übernommen werden!

Verhalten von Maus und Touchpad

Die Maus für Linkshänder

Wenn Sie Linkshänder/in sind und die Funktion der Maustasten vertauschen, also die rechte Maustaste als primäre Taste einsetzen möchten, dann klicken Sie in den Einstellungen auf *Geräte* und hier auf *Maus*. Klicken Sie bei *Primäre Taste auswählen* ❶ auf den Dropdown-Pfeil und wählen Sie *Rechts*.

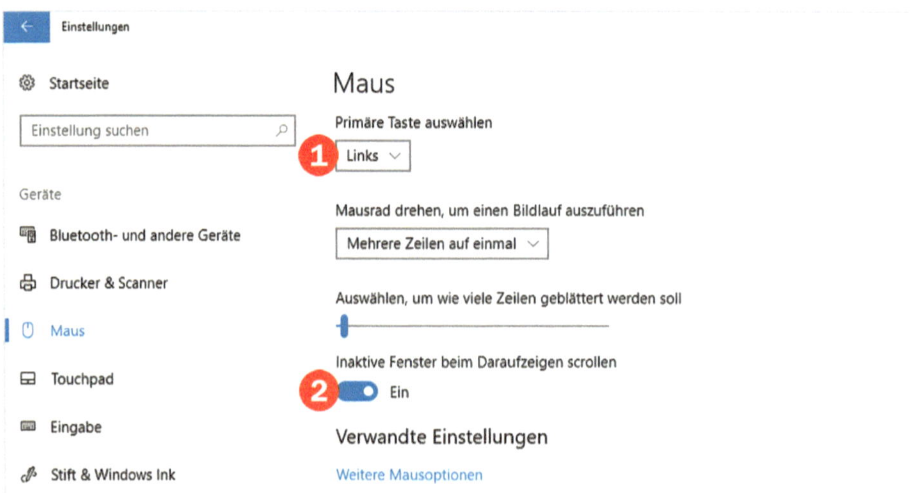

Bild 2.52 Wählen Sie die primäre Maustaste aus

Auch Kleinigkeiten erleichtern die Arbeit: Der Schalter *Inaktive Fenster beim Daraufzeigen scrollen* ❷ ist standardmäßig aktiviert. Er sorgt dafür, dass Sie jetzt auch in einem Fenster scrollen können, wenn auf das Fenster zeigen. Bisher musste dazu zuvor das Fenster durch Anklicken aktiviert werden.

Touchpad

Auf einem Notebook oder Laptop mit Touchpad finden Sie noch zusätzlich die Möglichkeit, dessen Verhalten während der Eingabe zu steuern. Klicken Sie dazu in den *Einstellungen* - *Geräte* auf *Touchpad*.

Bild 2.53 Einstellungen Touchpad

2.7 Besonderheiten im Tabletmodus

Windows 10 erkennt, ob Maus und Tastatur angeschlossen sind oder ob die Eingabe per Touchscreen erfolgt und wechselt automatisch in den entsprechenden Modus. Falls Sie selbst zwischen Desktop- und Tabletmodus wechseln möchten, so klicken oder tippen Sie rechts in der Taskleiste auf das Symbol und aktivieren bzw. deaktivieren im Info-Center die Schaltfläche *Tabletmodus*. Der Tabletmodus vereinfacht und erleichtert die Toucheingabe und weicht daher im Aussehen etwas vom normalen Modus ab.

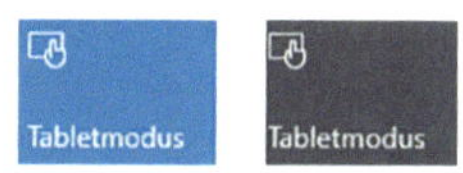

Aussehen und Verhalten von Startmenü und Taskleiste

Das Startmenü füllt im Tabletmodus automatisch des gesamten Bildschirm aus (Vollbild) und bleibt im Hintergrund dauerhaft geöffnet. Bei transparenter Darstellung kann allerdings das Bild des Desktops durchscheinen.

- Zunächst sehen Sie nur die Kacheln der angehefteten Apps (Bild 2.54).
- Die alphabetische Liste aller Apps erscheint, wenn Sie auf das Symbol *Alle Apps* ❷ tippen. Mit dem Symbol *Angeheftete Kacheln* ❶ wechseln Sie wieder zurück.

Bild 2.54 Das Startmenü des Tabletmodus füllt den gesamten Bildschirm aus, hier die angehefteten Kacheln

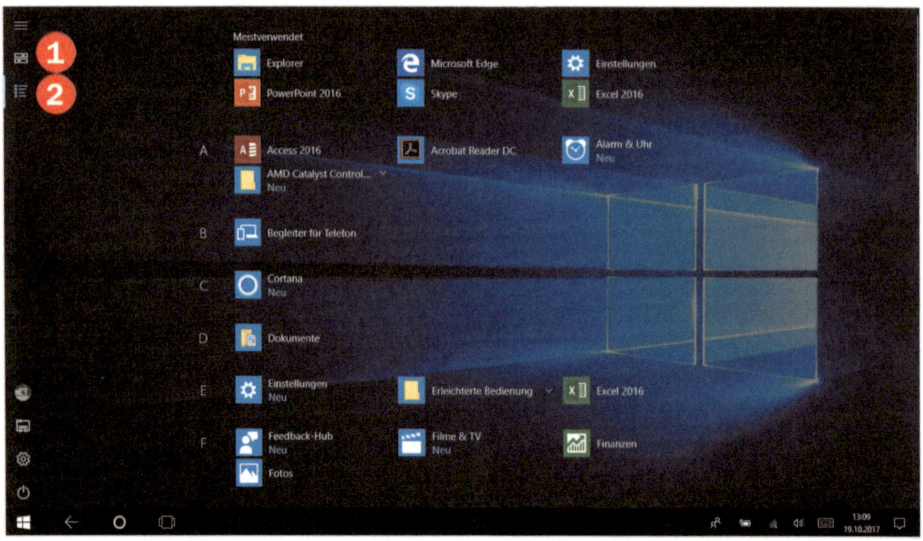

Bild 2.55 Die Anzeige Alle Apps

- Genau wie im Startmenü des Desktopmodus können Sie außerdem mit dem Symbol *Erweitern* ☰ die Beschriftung zu den Symbolen einblenden.

- In der Taskleiste werden die Abstände zwischen den Symbolen vergrößert und anstelle des Suchfeldes erscheint das Symbol für Cortana ❸. Tippen Sie auf das Symbol, um das Suchfeld zu öffnen.
- Geöffnete Apps erscheinen nicht in der Taskleiste, daher müssen Sie zum Wechseln zwischen geöffneten Anwendungen die Taskansicht benutzen. Dazu tippen Sie in der Taskleiste auf das Symbol *Taskansicht* ❹.
- Im Tabletmodus finden Sie in der Taskleiste auch den Pfeil *Zurück*, mit dem Sie, ähnlich wie im Browser, zur letzten verwendeten App zurückkehren.

- Im rechten Bereich der Taskleiste erscheint außerdem automatisch das Symbol *Bildschirmtastatur* ❺, über das Sie die Bildschirmtastatur einblenden können.
- Das *Info-Center* lässt sich im Tabletmodus auch mit einer Wischgeste von rechts einblenden.

Tipp: Wenn geöffnete Apps trotzdem in der Taskleiste angezeigt werden sollen, dann tippen Sie an eine freie Stelle der Taskleiste und verweilen hier kurz (Rechtsklick). Tippen Sie dann im Kontextmenü auf den Befehl *App-Symbole anzeigen*.

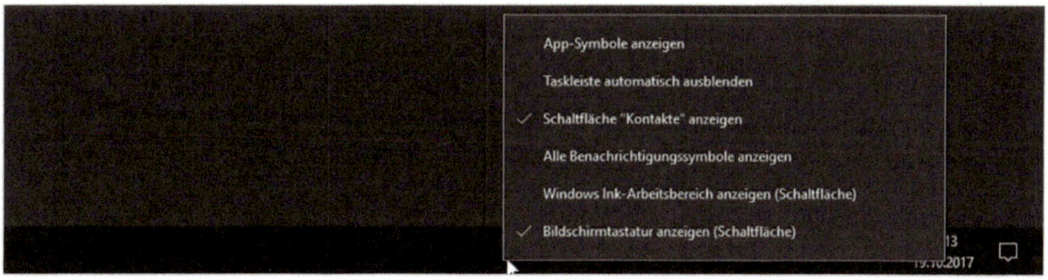

Bild 2.56 Geöffnete Apps in der Taskleiste anzeigen

Darstellung von Apps und Fenstern

- Apps werden ausschließlich im Vollbildmodus geöffnet, dies gilt auch für klassische Anwendungen wie beispielsweise Microsoft Word oder Excel.
- Falls das *Schließen*-Symbol in der rechten oberen Ecke des Fensters nicht angezeigt wird, so zeigen Sie einfach an den oberen Rand des Bildschirms bzw. wischen vom oberen Rand etwas nach unten.
- Die meisten Menüs und Symbole, auch im Infobereich der Taskleiste oder im Kontextmenü der rechten Maustaste, weisen im Tabletmodus zur leichteren Bedienung vergrößerte Abstände auf.

Die Titelleiste mancher Apps enthält zwar alle drei Symbole, *Fenster minimieren*, *Fenster verkleinern* und *Fenster schließen*.

Fenster verkleinern funktioniert allerdings trotzdem nicht.

Der Windows Ink-Arbeitsbereich

Windows 10 unterstützt auch die Eingabe per Stift. Im Tabletmodus bzw. auf Geräten mit einem Touchscreen sollte rechts im Infobereich der Taskleiste das Ink-Symbol sichtbar sein, mit dem Sie am rechten Bildschirmrand den neuen Windows Ink-Arbeitsbereich öffnen. Ist dies nicht der Fall oder möchten Sie diese neue Funktion auch auf einem normalen Gerät ausprobieren, so klicken Sie mit der rechten Maustaste in die Taskleiste und auf *Windows Ink-Arbeitsbereich anzeigen (Schaltfläche)*.

Im Ink-Arbeitsbereich erhalten Sie schnellen Zugriff auf Kurznotizen, Skizzen oder Screenshots.

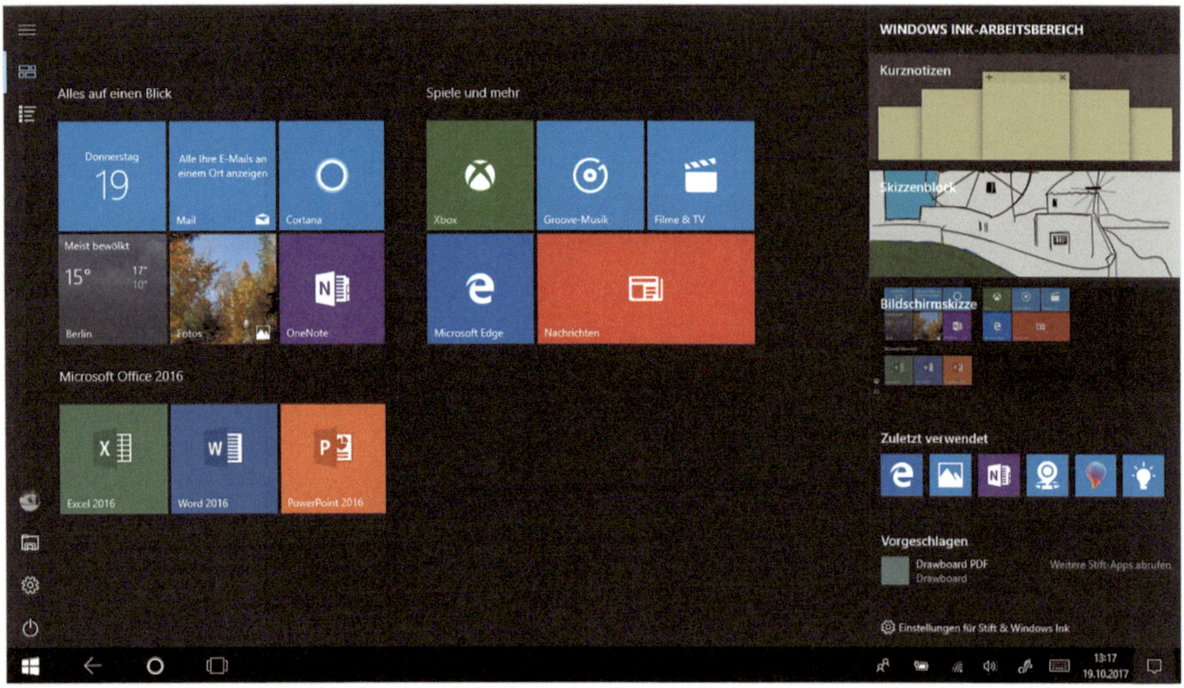

Bild 2.57 Der Ink-Arbeitsbereich

Bildschirmtastatur

Bild 2.58 Tastaturgröße wählen

Wählen Sie eine Tastatur

Die Bildschirmtastatur bietet mit Klick auf das Symbol oben links ❶ verschiedene Größen und Anzeigevarianten an. Sie können beispielsweise auch eine schmale Bildschirmtastatur wählen, vergleichbar einem Smartphone, oder eine vollständige Tastatur einschließlich Zahlenreihe und Cursortasten, im Bild unten einige Beispiele.

Vorschläge übernehmen

Um Tipparbeit zu sparen, erhalten Sie während der Eingabe über die Bildschirmtastatur automatisch verschiedene Wortvorschläge, die Sie durch Antippen übernehmen können. Die dazugehörigen Einstellungen sowie die Behandlung von Rechtschreibfehlern können Sie einsehen und ändern, wenn Sie auf das Symbol *Eingabeeinstellungen* ❷ klicken.

Die wichtigsten Wischgesten

Die Fingergesten zur Bedienung im Touchmodus haben Sie bereits im ersten Kapitel kennengelernt. Hier eine kleine Zusammenfassung, wie Sie wichtige Elemente per Wischgeste anzeigen.

Sie möchten...	Geste
Taskleiste anzeigen (falls nicht sichtbar)	Wischen Sie vom unteren Bildschirmrand
Info-Center öffnen	Wischen Sie vom rechten Bildschirmrand
Alle geöffneten Apps anzeigen (Taskansicht)	Wischen Sie vom linken Bildschirmrand
Titelleiste der aktuellen App einblenden	Wischen Sie von oben
App beenden	Wischen Sie vom oberen Bildschirmrand ganz nach unten

2.8 Abmelden, Herunterfahren

Herunterfahren

Zum Herunterfahren öffnen Sie, wie bisher, mit Klick auf das Windows-Logo in der Taskleiste das Startmenü und klicken auf *Ein/Aus*. Hier finden Sie die Optionen *Energie sparen*, *Herunterfahren* und *Neu starten* (Bild 2.54).

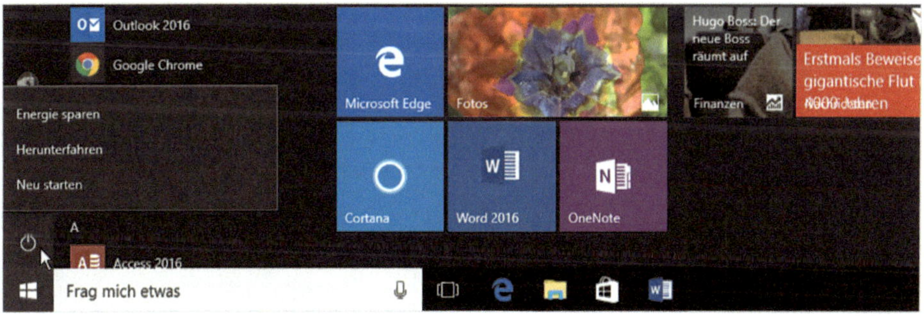

Bild 2.59 Wählen Sie zwischen Energie sparen, Herunterfahren und Neu starten

- Alternativ klicken Sie mit der rechten Maustaste auf das Windows-Logo in der Taskleiste: Im Kontextmenü finden Sie den Befehl *Herunterfahren oder Abmelden*. Hier ist neben den drei oben genannten Optionen auch *Abmelden* verfügbar.
- Auch die Tastenkombination Alt+F4 funktioniert nach wie vor. Es erscheint das Fenster *Windows herunterfahren* und Sie können die gewünschte Aktion auswählen. Beachten Sie aber, dass diese Tastenkombination zuerst die geöffneten Anwendungen der Reihe nach schließt.

Abmelden und Benutzer wechseln

Benutzen mehrere Personen denselben Computer und melden sich mit ihrem jeweiligen Benutzerkonto an, dann kann jederzeit zwischen den verschiedenen Benutzern gewechselt werden.

Dazu klicken Sie links im Startmenü auf Ihr Profilbild ❶. Es erscheint ein kleines Menü zusammen mit einer Liste der vorhandenen Benutzerkonten. Die folgenden Möglichkeiten sind verfügbar:

- Mit der Auswahl *Abmelden* ❷ werden alle zu Ihrem Benutzerkonto gehörenden Einstellungen gespeichert, der Sperrbildschirm erscheint wieder und ein anderer Benutzer kann sich nun anmelden.
- Mit der Option *Sperren* lässt sich der Computer vorübergehend sperren, z. B. während einer Kaffeepause. Der Sperrbildschirm wird angezeigt und erst nach Eingabe Ihres Kennworts finden Sie die Arbeitsoberfläche wieder so vor, wie Sie sie verlassen haben. **Tipp:** Noch schneller sperren Sie den Bildschirm mit der Tastenkombination Windows+L (engl. Lock).
- Durch Anklicken eines anderen Benutzernamens kann schnell zu diesem Benutzerkonto ohne vorheriges Abmelden gewechselt werden. Nachteil: Fährt ein anderer Nutzer den Computer herunter, gehen nicht gespeicherte Daten des Benutzers verloren, allerdings nicht ohne entsprechende Warnung.

Bild 2.60 Klicken Sie im Startmenü auf Ihr Profilbild

Bild 2.61 Klicken Sie auf Abmelden

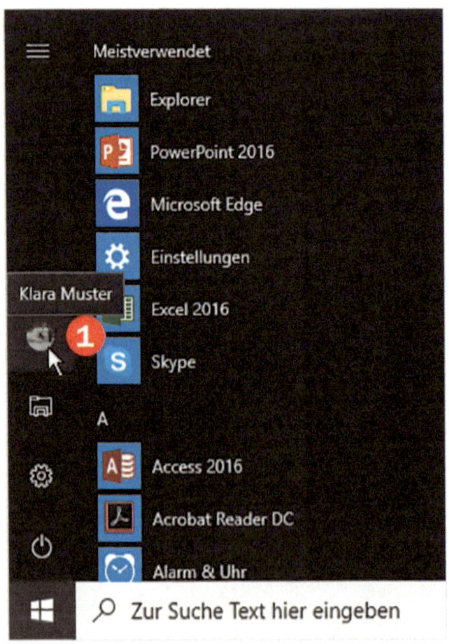

Mit der Auswahl *Kontoeinstellungen ändern* können Sie beispielsweise ein Bild als Profilbild hinzufügen oder die Art der Anmeldung ändern. Näheres dazu lesen Sie in Kapitel 5.1.

3 Desktop Suche und die Assistentin Cortana

3.1 Die Suchfunktion von Windows 10

Das Suchfeld der Taskleiste nutzen

Windows 10 verfügt über eine komfortable und leistungsfähige Suchfunktion, mit der Sie nicht nur nach Apps, Anwendungen und Einstellungen, sondern auch im Web suchen. Ist z. B. eine App nicht auf Anhieb im Startmenü als Kachel verfügbar, so ist die Suche häufig die komfortablere und schnellere Alternative. Praktischerweise befindet sich das Suchfeld jetzt in der Taskleiste (Bild 3.1), sodass Sie jederzeit auch ohne Öffnen des Startmenüs einen Suchbegriff eintippen können.

Über dieses Suchfeld kontaktieren Sie auch Cortana, die neue Sprachassistentin von Windows 10.

Bild 3.1 Das Suchfeld der Taskleiste

- Die Anzeige des Suchfeldes ist abhängig davon, ob Sie im Tablet- oder Desktopmodus arbeiten sowie von individuellen Einstellungen der Taskleiste. Möglicherweise erscheint daher auf Ihrem PC an dieser Stelle der Taskleiste nur das Symbol für Cortana . Dann öffnen Sie das Suchfeld mit Klick auf das Symbol.
- Sollten hier weder Suchfeld noch Symbol angezeigt werden, so klicken Sie mit der rechten Maustaste an eine freie Stelle der Taskleiste, zeigen auf *Cortana* und wählen zwischen *Cortana-Symbol anzeigen* und *Suchfeld anzeigen*.

Die Vorgehensweise bei der Suche unterscheidet sich wenig von Windows 7:

- Klicken Sie in das Suchfeld der Taskleiste und tippen Sie die ersten Zeichen der gesuchten App oder des Dateinamens, beispielsweise „wor" ein ❶, wenn Sie nach Microsoft Word suchen (Bild 3.2).

  Hinweis: Ohne anschließende Eingabe eines Suchbegriffs finden Sie hier zunächst aktuelle Nachrichten aus dem Internet und verschiedene Angebote, z. B. Verkehrsinformationen für Ihren Arbeitsweg.
- Alternativ lässt sich das Suchfeld mit der Tastenkombination Windows+S aktivieren und Sie können den Suchbegriff sofort und ohne vorheriges Anklicken eintippen.
- Ist das Startmenü geöffnet, so befindet sich der Cursor automatisch im Suchfeld und Sie können den Suchbegriff ebenfalls ohne vorheriges Anklicken eintippen.

Im Gegensatz zu Windows 7 ist die Liste der Suchergebnisse nun wesentlich umfangreicher und umfasst installierte Apps und Apps aus dem Microsoft-Store, kürzlich verwendete Ordner und Dateien, deren Name die Zeichenfolge enthält, passende Einstellungen (Windows 7: Systemsteuerung) und Vorschläge zur Suche im Web. Letztere sind am Lupensymbol zu erkennen.

Handelt es sich um eine App, so brauchen Sie diese zum Starten nur anklicken. Wenn Sie auf ein Dokument klicken, so wird dieses mit der dazugehörigen App geöffnet. Beim Klick auf einen Suchvorschlag öffnet sich Ihr Standardbrowser, z. B. Microsoft Edge und listet die Ergebnisse dieser Suche auf. Dazu wird in der Standardeinstellung die Suchmaschine Bing verwendet.

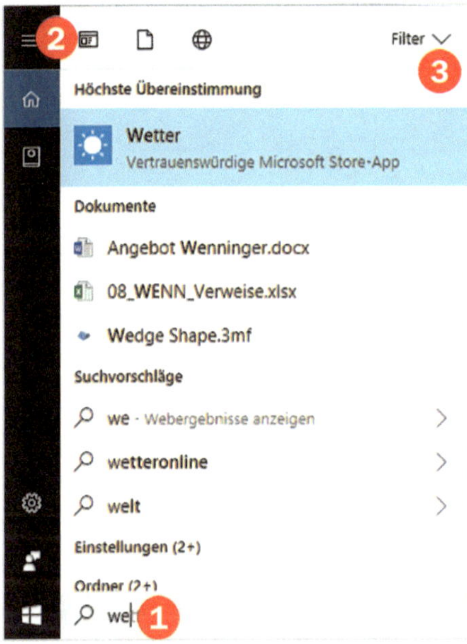

Bild 3.2 Suchbegriff eingeben

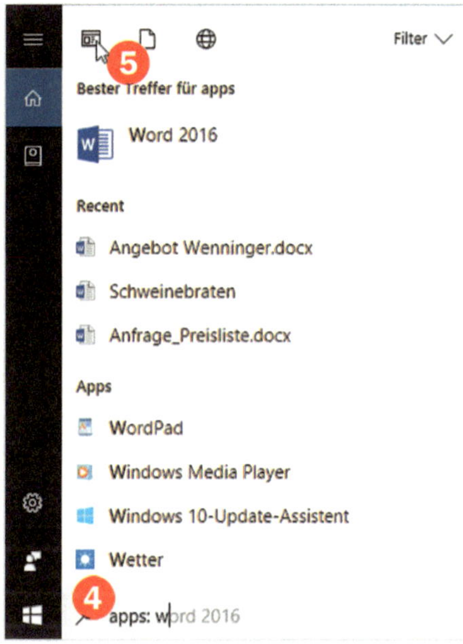

Bild 3.3 Die Suche auf Apps eingrenzen

Die Suche einschränken

Wenn Sie die Suche eingrenzen bzw. die Ergebnisse filtern möchten, z. B. nach Apps, dann klicken Sie während oder nach Eingabe der ersten Zeichen in der Symbolleiste ❷ auf den gewünschten Suchmodus, im Bild oben *Ergebnisse suchen in Apps*. Dieselbe und noch weitere Filtermöglichkeiten erhalten Sie mit Klick auf den Pfeil *Filter* ❸.

Haben Sie die Suche z. B. auf Apps beschränkt, dann erscheinen hier nicht nur Apps, sondern auch mit diesen erstellte oder bearbeitete Dokumente, als Beispiel im Bild oben Word 2016 . Der verwendete Filter ist aus dem Suchfeld ersichtlich, hier wurde dem eingegebenen Begriff oder Zeichen ein *apps:* ❹ vorangestellt. Zum Aufheben des Filters klicken Sie erneut auf das Symbol ❺ oder löschen einfach den Filter aus dem Suchfeld.

Tipp: Umfasst die Ergebnisliste sehr viele Elemente, dann werden diese in Gruppen zusammengefasst, z. B. Dokumente oder Einstellungen, wie in Bild 3.2, und die Zahl der Treffer steht in Klammern dahinter. Ein Klick auf eine solche Gruppe zeigt die Details an und funktioniert ebenfalls wie ein Filter.

Besonderheiten bei der Suche im Web

Die Windows-Suche liefert standardmäßig immer auch Vorschläge zur Suche im Web mit dem Suchdienst Bing. Statt mit einem Klick auf einen Vorschlag die Trefferliste im Browser zu öffnen, können Sie auch zunächst die Vorschau nutzen. Dazu klicken Sie auf den nach rechts weisenden Pfeil ❶. Die Vorschau auf die Suchergebnisse erscheint unmittelbar daneben ❷ und Sie können durch Anklicken eines Links sofort die gewünschte Seite im Browser öffnen.

Bild 3.4 Vorschläge für die Suche im Web und Vorschau anzeigen

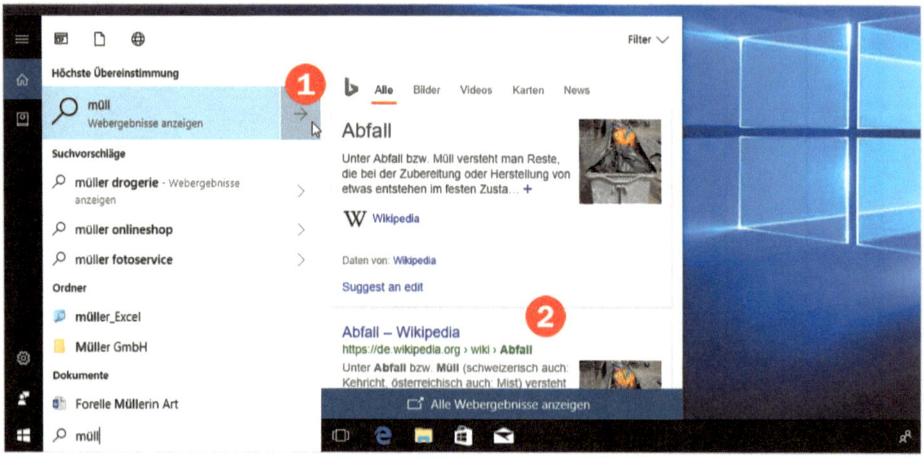

Hintergrundinfos beim Surfen

Falls Sie den Browser Microsoft Edge benutzen und beim Surfen Informationen zu einem Stichwort erfahren möchten, dann markieren Sie dieses Wort, klicken mit der rechten Maustaste darauf und wählen *Cortana fragen*. Daraufhin öffnet sich rechts im Browser eine Spalte mit Zusatzinformationen. Dies können Wikipediainhalte, Fotos, Filme usw. sein.

Tipp: Wenn Sie Cortana eingerichtet haben, dann können Sie sich auch Webseiten vorlesen lassen, dazu klicken Sie mit der rechten Maustaste und wählen *Laut vorlesen*.

Bild 3.5 Hintergrundinfos erhalten

Dateien und Ordner suchen

Wenn Sie das Suchfeld der Taskleiste bzw. Cortana zur gezielten Suche nach Dateien und Ordnern benutzen möchten, dann sollten Sie wissen, dass hier ausschließlich indizierte Orte bei der Suche berücksichtigt werden.

1. Zunächst führt die Trefferliste Dateien und Ordner auf, deren Name den Suchbegriff enthält ❶.
2. Soll auch der Dateiinhalt einbezogen werden, so klicken Sie auf das Symbol *Ergebnisse suchen in Dokumente* ❷. Die nachfolgende Liste zeigt nun alle Dateien und Ordner an, deren Name oder Inhalt den Suchbegriff enthält ❸. Zeigen Sie auf eine Datei, so sehen Sie auch den Dateipfad ❹, sowie das Datum der letzten Änderung.
   - Wenn Sie mit der rechten Maustaste auf eine Datei klicken, erhalten Sie mit dem Befehl *Speicherort öffnen* die Möglichkeit, schnell den Explorer mit dem Speicherort zu öffnen.
   - Wenn Sie gezielt nur nach Ordnern suchen möchten, dann klicken Sie auf den Pfeil *Filter* und wählen hier *Ordner* aus. Hier lässt sich die Suche auch nach Fotos, Videos oder Musik eingrenzen.

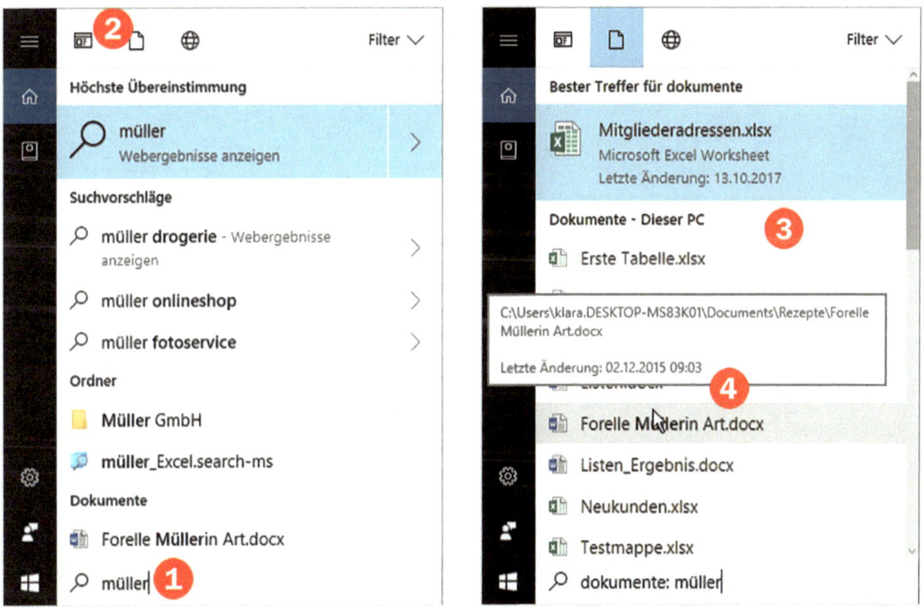

Bild 3.6 Dokumente durchsuchen

Tipp: Zur Suche lassen sich auch die Zeichen ? und * einsetzen. Diese sind auch als Jokerzeichen oder Wildcards bekannt und ersetzen ein Zeichen (?) oder ganze Zeichenfolgen (*). Wenn Sie z. B. nach einem Word Dokument suchen, das mit M beginnt, dann geben Sie den Suchbegriff m*.docx ein.

3.2 Cortana und Spracheingabe nutzen

Wenn Sie beim ersten Start (siehe Kapitel 1) der Sprachassistentin Cortana die Erlaubnis erteilt haben, Sie zu unterstützen, dann können Sie mit Cortana nicht nur mündlich kommunizieren, sondern ihr auch Befehle erteilen, z. B. zum Öffnen einer bestimmten App. Voraussetzung ist natürlich ein eingebautes oder angeschlossenes Mikrofon.

Cortana und die Spracherkennung nachträglich aktivieren

Falls Cortana noch nicht aktiviert wurde, können Sie dies jederzeit auch nachträglich schnell erledigen.

1 Dazu brauchen Sie nur auf das Mikrofonsymbol des Suchfeldes klicken und anschließend die Spracherkennung aktivieren, indem Sie auf *Sicher* klicken (Bild 3.7). Da Sie damit auch die Erlaubnis zum Senden Ihrer Spracheingaben erteilen, können Sie die Datenschutzbestimmungen zuvor über einen Link einsehen.

2 Formulieren Sie dann probeweise eine mündliche Anfrage an Cortana, entweder den angezeigten Vorschlag oder eine beliebige Frage, z. B. „Wie ist das Wetter in München".

Bild 3.7 Aktivieren Sie die Spracherkennung

Bild 3.8 Die Antwort von Cortana

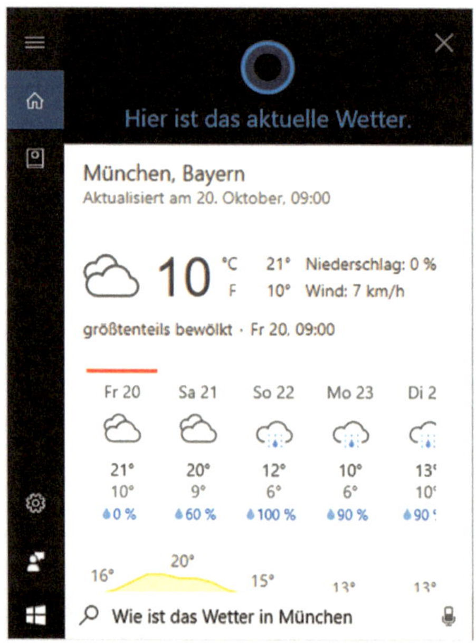

Möglicherweise werden Sie auch zuerst aufgefordert, Ihr Mikrofon einzurichten. Dazu folgen Sie einfach den Anweisungen.

So sprechen Sie mit Cortana

Wenn Sie Cortana per Spracheingabe fragen oder Befehle erteilen möchten, dann müssen Sie zuvor das Zuhören mit einer der folgenden Methoden aktivieren:

- In der Standardeinstellung klicken Sie auf das Mikrofonsymbol des Suchfeldes, bevor Sie Ihre Frage formulieren.
- Oder beginnen Sie Ihre Befehle mit „Hey Cortana".
- Oder betätigen Sie die Tastenkombination Windows+C.

> **Achtung**: Sollten die beiden Methoden Hey Cortana und Windows+C nicht funktionieren, dann müssen Sie diese erst in Cortanas Einstellungen aktivieren. Näheres dazu lesen Sie weiter unten.

Bild 3.9 Klicken Sie auf das Mikrofonsymbol

Wenn Sie mit Cortana mündlich kommunizieren, dann können Sie beispielsweise Apps und Ordner bequem per Spracheingabe öffnen bzw. starten, etwa mit der Anweisung „starte Excel" oder „öffne den Ordner Bilder" oder auch „öffne die Einstellungen für den Sperrbildschirm". Auch Fragen, z. B. nach dem aktuellen Wetter eines beliebigen Ortes, „wie ist das Wetter in München" oder nach Restaurants, etwa „Pizza in Passau" beantwortet Cortana bereitwillig.

Einstellungen und mögliche Probleme beheben

Falls Cortana nicht auf mündliche Aufforderungen reagiert oder wenn Sie Cortana ohne Klick auf das Mikrofonsymbol direkt mit „Hey Cortana" ansprechen möchten, dann klicken Sie in das Suchfeld, um Cortana zu öffnen und anschließend in der linken Symbolleiste auf das Symbol *Einstellungen*.

Die Windows-Einstellungen werden mit der Kategorie *Cortana* in einem gesonderten Fenster geöffnet, links ist die Aufgabe *Mit Cortana sprechen* ❶ ausgewählt (Bild 3.10).

- Sollten Probleme mit dem Mikrofon Ihres Geräts bestehen, so klicken Sie unter *Mikrofon* auf *Mikrofon überprüfen* ❷. Windows sucht anschließend nach eventuellen Problemen und versucht, diese zu beheben.
- Wenn der Schalter *Hey Cortana* ❸ auf *Ein* gesetzt ist, dann reagiert Cortana auch ohne Klick auf das Mikrofonsymbol auf die Worte „Hey Cortana". Wenn Sie Cortana jederzeit ansprechen möchten, dann können Sie hier zusätzlich verhindern, dass Ihr Gerät im Netzbetrieb automatisch in den Ruhezustand wechselt.
- Normalerweise reagiert Cortana auf jede Stimme. Wenn Cortana ausschließlich auf Sie bzw. Ihre Stimme reagieren soll, dann klicken Sie auf *Lerne, wie ich „Hey Cortana" sage* ❹ und folgen den weiteren Anweisungen.
- Damit Zuhören auch mit der Tastenkombination Windows+C aktiviert werden kann, muss der dazugehörige Schalter ❺ auf *Ein* gesetzt sein.

- Scrollen Sie nach unten, um noch weitere Einstellungen zu kontrollieren oder zu ändern. Hier steuern Sie, ob Cortana auch auf dem Sperrbildschirm verwendet werden kann, d.h. wenn das Gerät gesperrt ist, und ob Cortana in diesem Fall auch auf persönliche Informationen, z. B. E-Mails oder Kalender zugreifen darf.

Bild 3.10 Einstellungen: Mit Cortana sprechen

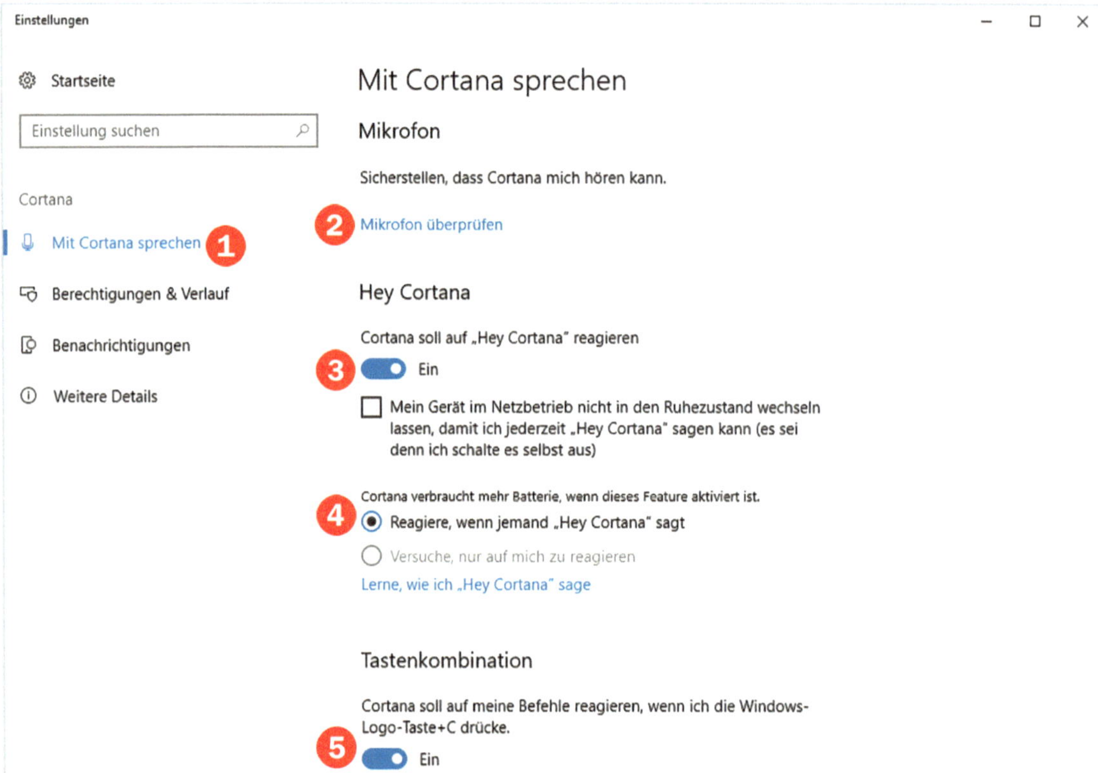

Cortana personalisieren

Wenn Sie Cortana nicht nur zur Suche einsetzen, sondern im vollen Umfang nutzen möchten, z. B. Termine im Kalender eintragen, E-Mails mit der Mail-App schreiben, Erinnerungen oder persönliche Informationen anzeigen, dann müssen Sie Cortana den Zugriff auf Ihr Microsoft-Kontos gestatten bzw. sich anmelden.

1 Klicken Sie in das Suchfeld. Falls hier die Aufforderung *Cortana kann noch viel mehr* ❶ erscheint, so klicken Sie hier. Wenn hier etwas anderes angezeigt wird, dann klicken Sie links zuerst auf das Symbol *Startseite* ❷ und dann auf die Aufforderung.

2 Anschließend benötigt Cortana die Erlaubnis, Ihr Konto zu verwenden, um persönliche Informationen wie Standort, Kontakte, Kalender, Nachrichten und Suchverlauf zu sammeln und zu benutzen. Klicken Sie auf die Schaltfläche *Anmelden* ❸, um Cortana den Zugriff zu erlauben. Die Datenschutzbestimmungen können über einen Link unterhalb eingesehen werden.

3 Wählen Sie anschließend Ihr Microsoft Konto aus und klicken Sie auf *Weiter*.

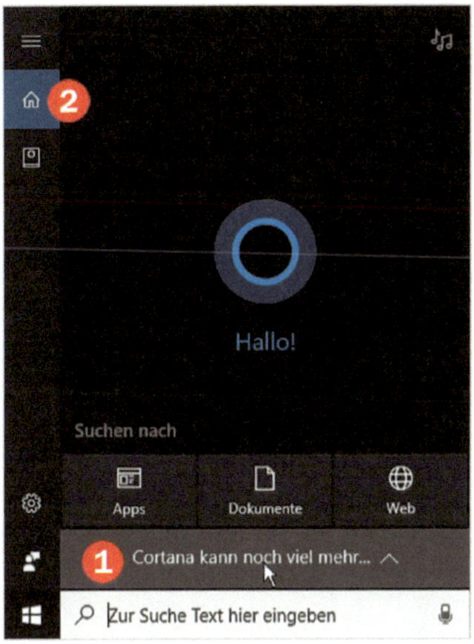

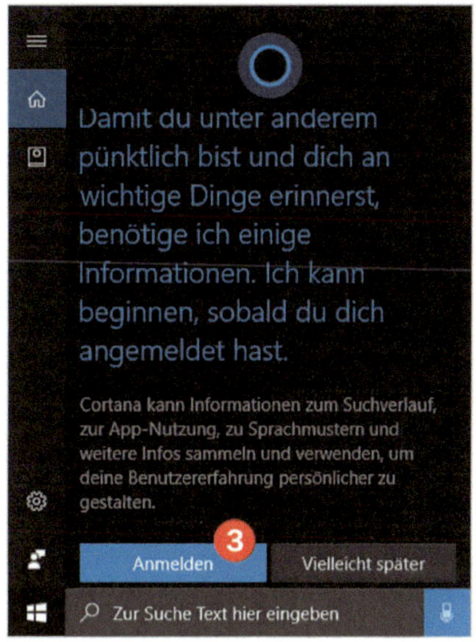

Bild 3.11 Die Startseite

Bild 3.12 Darf Cortana Ihr Konto benutzen?

Cortana startet mit aktuellen Nachrichten und Wetter und bietet Ihnen außerdem aktuelle Verkehrsinformationen für ihren täglichen Weg zur Arbeit an. Wenn Sie diese erhalten möchten, dann können Sie entweder den aktuellen Standort verwenden oder eine Adresse eingeben.

Persönliche Informationen in Cortanas Notizbuch verwalten

Wenn Cortana Sie persönlich mit Namen ansprechen soll, dann öffnen Sie Cortana, klicken auf das Symbol *Notizbuch* ❶ und anschließend auf *Über mich* ❷. Klicken Sie dann auf die Schaltfläche *Meinen Namen ändern* ❸, tippen Sie den gewünschten Namen in das Eingabefeld ein und klicken Sie auf *OK*.

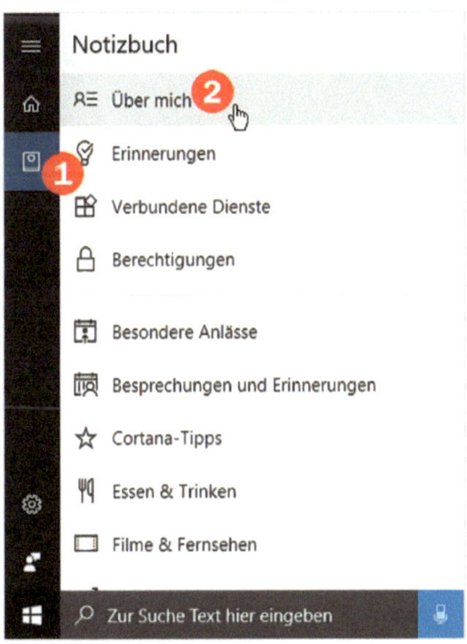

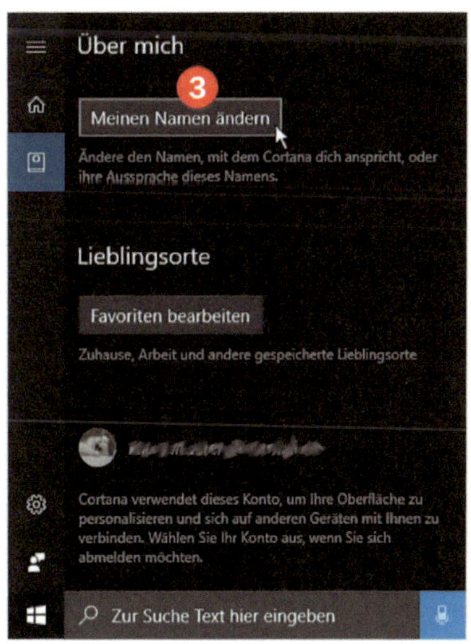

Bild 3.13 Cortanas Notizbuch

Bild 3.14 Geben Sie Ihren Namen ein

In Cortanas Notizbuch können Sie auch Ihre Interessen angeben und uninteressante Themen deaktivieren: Klicken Sie dazu auf ein Thema, z. B. *Finanzen*, benutzen Sie die Schalter und klicken Sie auf *Speichern*. Mit dem Pfeil gelangen Sie wieder zurück zur Übersicht.

Mit Klick auf *Besprechungen und Erinnerungen* steuern Sie die Anzeige von Erinnerungen, dazugehörigen Karten und Dokumenten. In der Standardeinstellung sind alle Schalter aktiviert. Wenn Sie Cortanas Tipps als lästig empfinden, dann klicken Sie im Notizbuch auf *Cortana-Tipps*, deaktivieren hier alle Schalter und klicken auf *Speichern*.

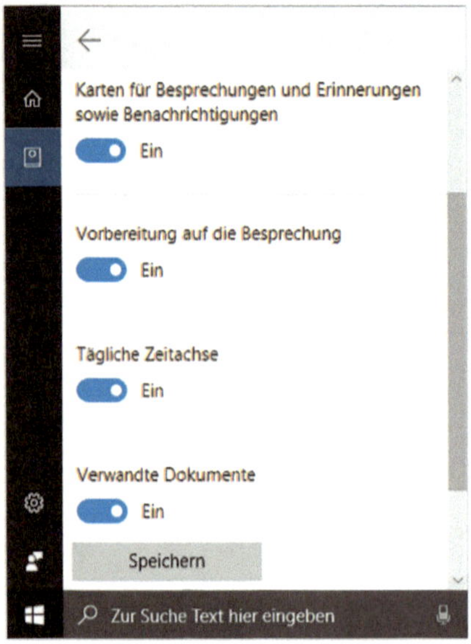

Bild 3.15 Besprechungen und Erinnerungen

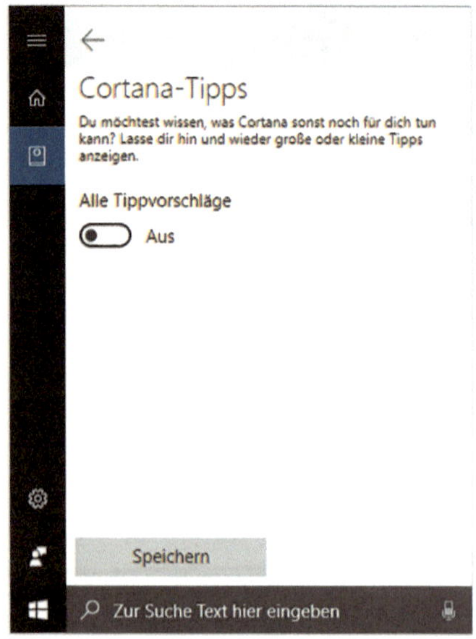

Bild 3.16 Cortana-Tipps

Wie Sie Cortana noch nutzen können

Kalender und E-Mail

Cortana unterstützt Sie auch beim Eintragen von Terminen und Senden von E-Mails mit den Apps *Mail* und *Kalender*. Microsoft Outlook wird derzeit nur mit Office 365 unterstützt, sofern der Zugriff nicht im Admin Center deaktiviert wurde.

- Wenn Sie beispielsweise Ihre Termine nicht selbst eintragen möchten, dann beauftragen Sie einfach Cortana damit. Beginnen Sie z. B. mit „Termin am ...“, so fragt Sie Cortana anschließend nach weiteren Einzelheiten wie Uhrzeit und Betreff und versteht als Datumsangabe auch gebräuchliche Ausdrücke wie „heute“, „morgen“ oder „nächsten Montag“. Sie können also auch beispielsweise sagen „Termin am Montag um 10 Uhr“.
- Die nächsten Termine können Sie einsehen, indem Sie im Startmenü die App Kalender öffnen, noch schneller geht's mit Klick auf das Datum in der Taskleiste. Klicken Sie auf *Agenda anzeigen* und auf den Tag, an dem Sie Ihre Termine einsehen möchten.

- Fragen Sie Cortana nach aktuellen Terminen bzw. „Wann ist mein nächster Termin?" oder fragen Sie nach Terminen an einem bestimmtes Tag, z. B. „was sind meine Termine morgen?".
- Oder fragen Sie „wann ist die nächste Besprechung?".

Bild 3.17 Termin mit Cortana im Kalender eintragen

Erinnerungen

Wenn Sie möchten, können Sie auch Erinnerungen einrichten, geben Sie z. B. ein: „erinnere mich daran, heute um 14 Uhr Eva anzurufen". Erinnerungen werden ebenfalls im Kalender eingetragen, werden aber auch angezeigt, wenn Sie Cortanas Notizbuch öffnen und auf *Erinnerungen* klicken. Die Erinnerungen erscheinen zur vereinbarten Zeit auf dem Desktop und können im Info-Center eingesehen werden.

Bestimmte Einstellungen öffnen

Sie können per Spracheingabe auch bestimmte Einstellungen öffnen, z. B. mit dem Befehl „Öffne die Einstellungen für den Sperrbildschirm" oder „Öffne die Taskleisteneinstellungen".

Auch Einstellungen zur erleichterten Bedienung lassen sich mit Sprachbefehlen ändern, z. B. „Starte die Bildschirmlupe" oder „Aktiviere die Sprachausgabe".

Zugriff auf persönliche Daten einschränken, Personalisierung beenden

Wenn Sie Cortanas Zugriff auf persönliche Daten kontrollieren oder einschränken möchten, dann öffnen Sie die *Einstellungen* und klicken auf *Cortana*. Oder klicken Sie in das Suchfeld und links auf das Symbol *Einstellungen*. Wählen Sie dann *Berechtigungen & Verlauf* ❶.

Informationen und Berechtigungen verwalten

Wenn Sie kontrollieren möchten, welche Informationen Cortana auf Ihrem Gerät sehen und verwenden kann, dann klicken Sie auf *Informationen verwalten, auf die Cortana von diesem Gerät zugreifen darf* ❷. Anschließend können Sie über Schalter den

Zugriff auf Ihre Position, Kontakte, Kalender und E-Mails sowie den Browserverlauf freigeben oder deaktivieren (Bild 3.19).

Hier finden Sie auch zwei Möglichkeiten, die Suchergebnisse einzuschränken: Unter SafeSearch können Sie nicht jugendfreie Suchergebnisse herausfiltern und mit dem Schalter *Windows-Cloudsuche* legen Sie fest, ob auch Ihre Daten auf OneDrive in die Suche einbezogen werden sollen.

Bild 3.18 Berechtigungen kontrollieren

Bild 3.19 Informationen verwalten

Gesammelte und online gespeicherte Informationen löschen

- Um bereits online gespeicherte Informationen zu löschen, klicken Sie auf den Link *Alles, was Cortana über mich weiß, in der Cloud ändern* ❸.
- Sie werden anschließend in einem gesonderten Bereich über die zu löschenden Daten und eventuelle Auswirkungen auf andere Dienste informiert. Über Links können Sie Details dazu anzeigen oder verwalten. Zum Entfernen klicken Sie am Ende der Liste auf *Löschen* ❹ (Bild 3.20).
- Ob Cortana Zugriff auf Ihren, lokal auf der Festplatte gespeicherten Geräteverlauf und Suchverlauf erhält, steuern Sie unter *Verlauf* ❺. Zusätzlich können Sie hier über die Schaltfläche *Meinen Geräteverlauf löschen* und den Link *Einstellungen für den Suchverlauf* bereits gespeicherte Informationen löschen.

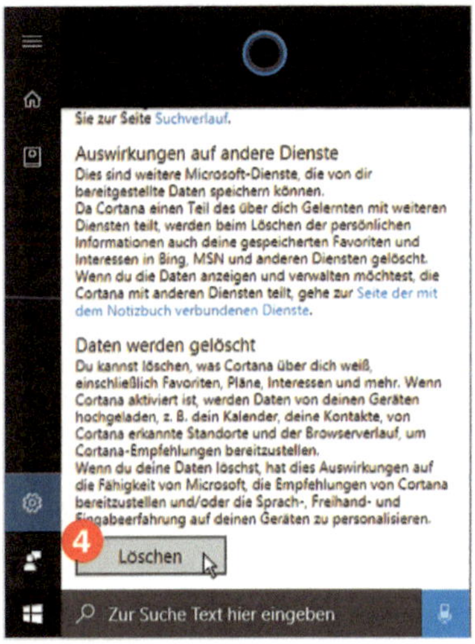

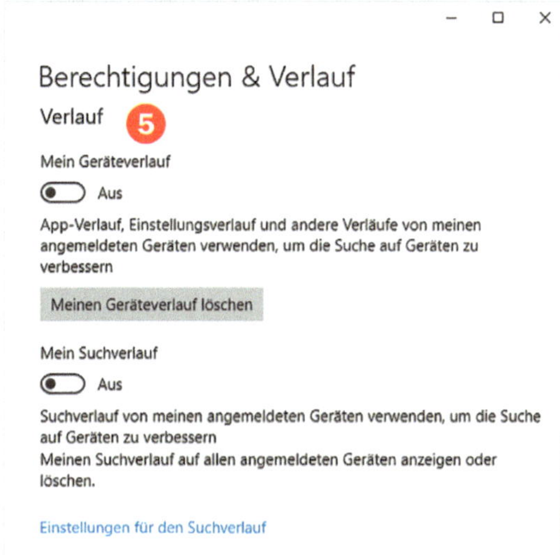

Bild 3.20 In der Cloud gespeicherte Informationen löschen

Bild 3.21 Geräteverlauf und Suchverlauf

Sprachsteuerung für Cortana deaktivieren

Wenn Sie die Sprachsteuerung für Cortana wieder deaktivieren möchten, dann klicken Sie in den Einstellungen auf die Kategorie *Datenschutz* und anschließend auf *Spracherkennung, Freihand und Eingabe*.

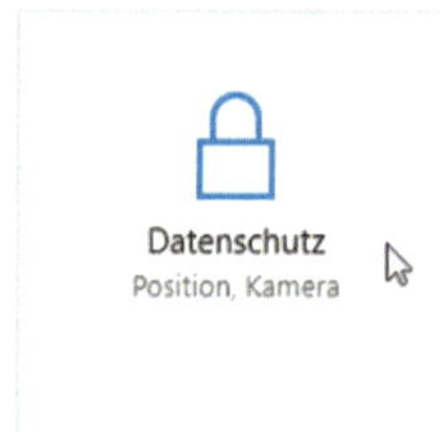

Bild 3.22 Klicken Sie auf Spracherkennungsdienste und Eingabevorschläge deaktivieren

Mit Klick auf die Schaltfläche *Spracherkennungsdienste und Eingabevorschläge deaktivieren* wird der cloudbasierte Spracherkennungsdienst deaktiviert. Bestätigen Sie die nachfolgende Meldung mit *Ausschalten*.

Konto abmelden

Cortana lässt sich ohne Eingriffe in die Registrierungsdatenbank von Windows nicht vollständig deaktivieren, denn dann müssten Sie auch auf die Windows-Suche verzichten. Sie können aber jederzeit Cortana die Erlaubnis zum Benutzen Ihres Kontos wieder entziehen (siehe Seite 80) indem Sie sich mit Ihrem Konto abmelden.

1 Öffnen Sie dazu Cortana, klicken Sie auf *Notizbuch* und wählen Sie *Über mich*.

2 Klicken Sie dann auf Ihr Microsoft-Konto, mit dem Sie angemeldet sind ❶.

3 Im nachfolgenden Fenster klicken Sie nochmals auf Ihr Microsoft-Konto ❷ und dann auf *Abmelden* ❸. Schließen Sie dann das Fenster wieder.

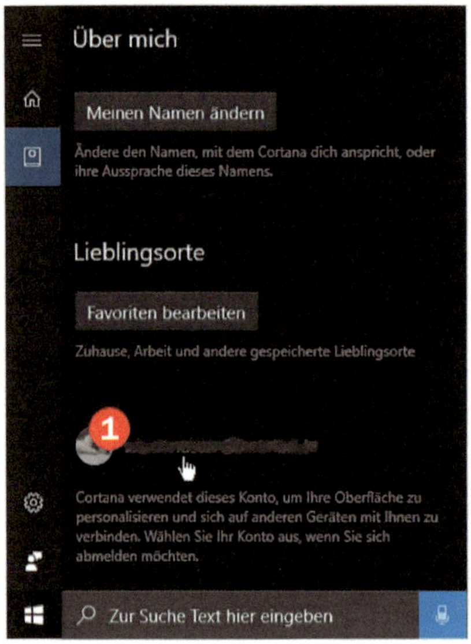

Bild 3.23 Klicken Sie auf Ihr Konto

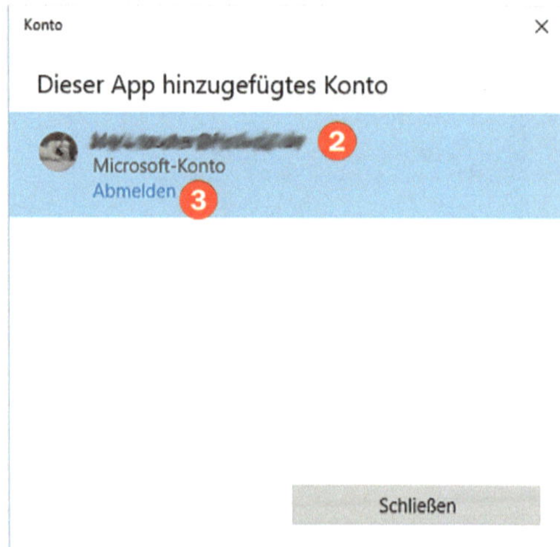

Bild 3.24 … und anschließend auf Abmelden

4 Dateiverwaltung und Datei-Explorer

4.1 Die Bedienoberfläche des Datei-Explorers

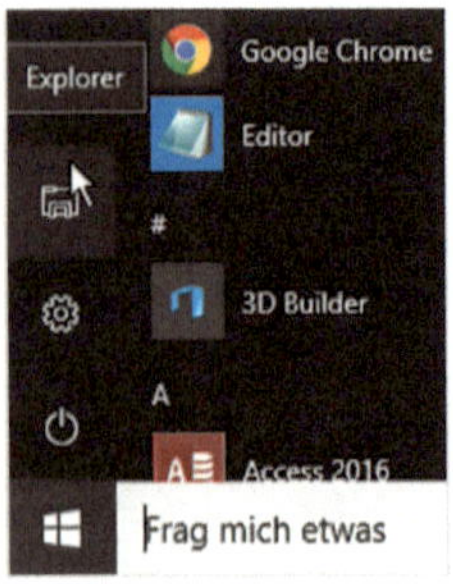

Der Windows-Explorer früherer Versionen wird von Windows 10 nur noch als Explorer oder Datei-Explorer bezeichnet. Zum Öffnen benutzen Sie entweder das Symbol in der Taskleiste oder klicken im Startmenü auf das Symbol *Explorer* oder verwenden die Tastenkombination Windows+E. Alternativ finden Sie den Explorer auch noch im Kontextmenü des Startlogos in der Taskleiste.

Egal wie der Explorer gestartet wurde; nach dem Öffnen erscheint zunächst der *Schnellzugriff*, früher als Favoriten bezeichnet. Es werden die hier fest angehefteten Ordner zusammen mit häufig verwendeten Ordnern angezeigt, unterhalb listet der Explorer die zuletzt verwendeten Dateien auf (Bild 4.1).

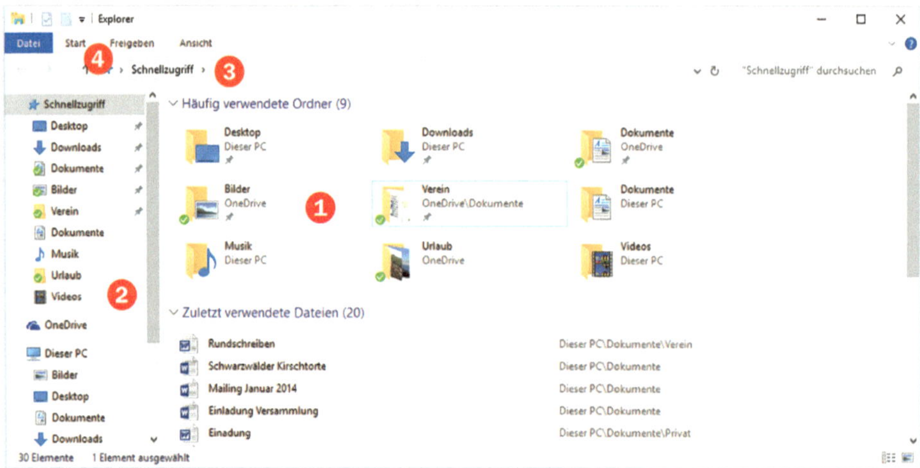

Bild 4.1 Der Datei-Explorer nach dem Start

Sie können auch festlegen, dass nach dem Öffnen Dieser PC angezeigt wird, Näheres hierzu auf Seite 114.

So finden Sie sich im Menüband zurecht

Seit Windows 8.1 hat Explorer ein etwas anderes Aussehen erhalten. Wie in den Microsoft-Office Anwendungen wurden Menü- und Symbolleiste durch ein Menüband (engl. ribbon) ersetzt, das grob vereinfacht auch als Zusammenfassung von klassischen Menüs und Symbolleisten bezeichnet werden kann.

Das Menüband des Explorers fasst wie in den Microsoft Office-Anwendungen, zusammengehörige Befehle in Registern, z. B. *Start* ❶ zusammen. Von diesen sind allerdings in der Standardeinstellung nur die Namen sichtbar. Die dazugehörigen Schaltflächen und Symbole erscheinen erst, wenn Sie auf den Namen eines Registers klicken und verschwinden sofort wieder, nachdem Sie auf eine Schaltfläche oder eine beliebige andere Stelle geklickt haben.

Beachten Sie außerdem, dass die verfügbaren Register des Menübands davon abhängig sind, welcher Speicherort gerade ausgewählt ist. So erscheint beispielsweise ein zusätzliches Register *Bildtools* - *Verwalten*, wenn der Inhalt eines Bilderordners angezeigt wird. Diese Register werden auch als kontextbezogene Register bezeichnet.

Bild 4.2 Das Menüband

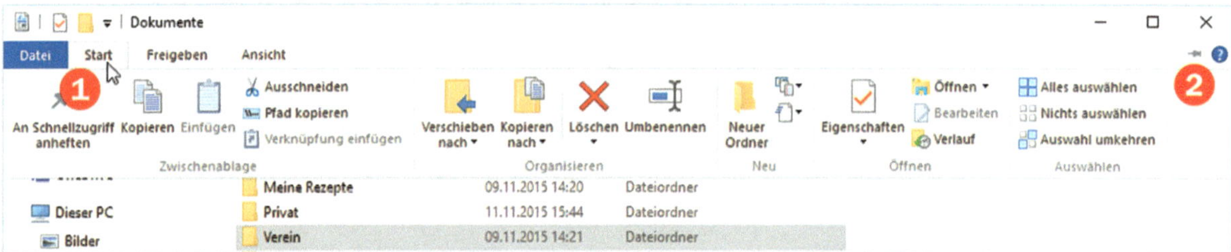

Menüband ein- und ausblenden

Standardmäßig ist das Menüband bis auf die Registerbezeichnungen ausgeblendet. Dann erscheinen die dazugehörigen Befehle und Schaltflächen erst, wenn Sie auf ein Register klicken und verschwinden dann automatisch wieder. Soll das Menüband dauerhaft vollständig angezeigt werden, so klicken Sie auf das kleine Symbol am rechten Rand ❷ (Bild 4.2 und Bild 4.3), je nach Einstellung kann dies ein Pin-Symbol oder ein Pfeil sein. Alternativ genügt auch ein Doppelklick auf ein beliebiges Register, um das Menüband zu erweitern oder zu reduzieren.

Achtung: Auch ein Doppelklick auf einen Reiter blendet das Menüband aus und wieder ein!

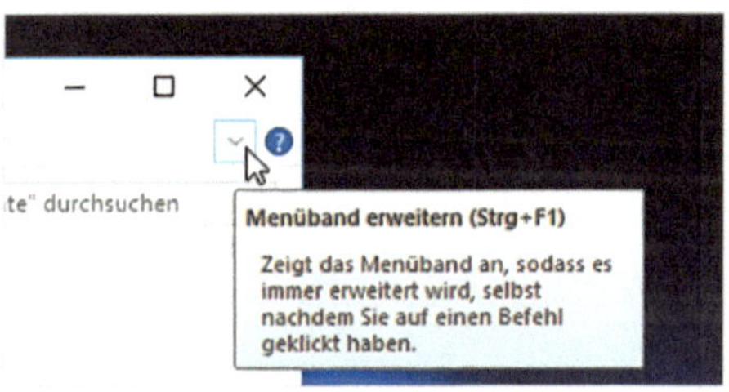

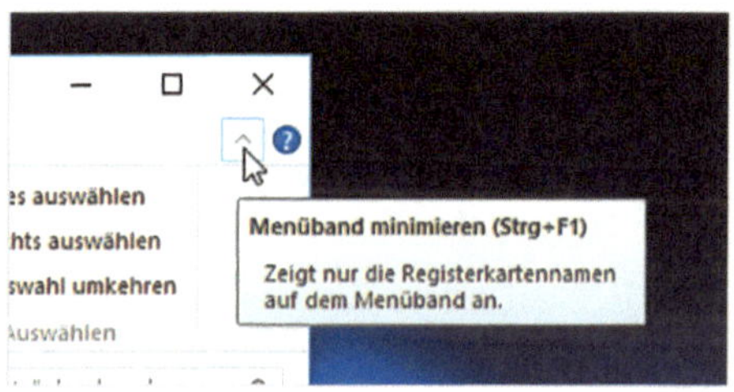

Bild 4.3 Menüband erweitern

Bild 4.4 Menüband minimieren (ausblenden)

Weitere Merkmale des Menübands

- Das Menüband passt sich dynamisch der Fenstergröße an. Reicht diese nicht zur vollständigen Anzeige aller Symbole aus, so verschwindet bei einigen Symbolen die Beschriftung. Bei einigen Gruppen kann auch nur der Gruppenname zusammen mit einem Dropdown-Pfeil sichtbar sein und erst ein Klick auf diesen Pfeil zeigt die dazugehörigen Befehle an.
- Zum Scrollen in Fenstern genügt es in Windows 10, wenn sich der Mauszeiger über dem Fenster befindet. Das bedeutet, wenn Sie mit der Maus auf eine beliebige Stelle des Menübands zeigen, scrollen Sie mit Drehen des Mausrädchens auch zwischen den Registern.

Die wichtigsten Befehle - eine kleine Übersicht

Die nachfolgende Tabelle liefert eine kleine Übersicht, in welchem Register und welcher Gruppe Sie die wichtigsten Befehle finden. Daneben funktioniert natürlich nach wie vor die Befehlseingabe über das Kontextmenü der rechten Maustaste.

Befehl	Register und Gruppe
Neuen Ordner anlegen	Start - Neu
Zwischenablage, Kopieren, Ausschneiden, Verschieben	Start - Zwischenablage und Start - Organisieren
Markiertes Element löschen	Start - Organisieren
Markiertes Element umbenennen	Start - Organisieren
Elemente markieren	Start - Auswählen
Dateinamenerweiterungen ein- und ausblenden (Kontrollkästchen)	Ansicht - Ein-/ausblenden
Kontrollkästchen zum Markieren anzeigen	Ansicht - Ein-/ausblenden (Elementkontrollkästchen)
Vorschaufenster und Detailbereich ein- und ausblenden	Ansicht - Bereiche
Verschiedene Ordneransichten	Ansicht - Layout
Sortieren und Gruppieren	Ansicht - Aktuelle Ansicht
Ordneroptionen	Ansicht - Optionen oder Datei - Ordner und Suchoptionen ändern
CD/DVD brennen	Freigeben - Senden
Dateien komprimieren	Freigeben - Senden
Element als Anlage versenden	Freigeben - Senden

Die Symbolleiste für den Schnellzugriff um Befehle erweitern

Ein weiteres wichtiges Element zur Befehlseingabe stellt die *Symbolleiste für den Schnellzugriff* dar, kurz auch als Schnellzugriffsleiste bezeichnet. Diese lässt sich leicht um weitere Befehle ergänzen, auf diese Weise sind z. B. die Befehle *Neuer Ordner* und *Rückgängig* schnell verfügbar.

Um der Leiste weitere Befehle hinzuzufügen, klicken Sie am Ende der Leiste auf die Pfeilschaltfläche *Symbolleiste für den Schnellzugriff anpassen* (Bild unten). Es öffnet sich eine Liste der verfügbaren Befehle; klicken Sie auf den Befehl, den Sie der Leiste hinzufügen möchten, bereits enthaltene Befehle sind mit einem Häkchen versehen.

Bild 4.5 Symbolleiste für den Schnellzugriff anpassen

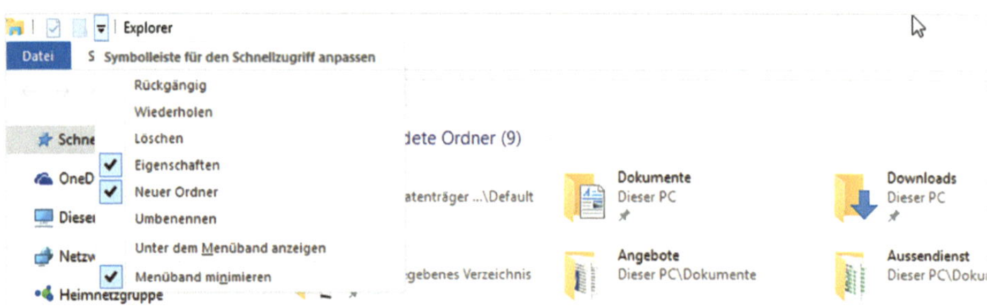

Eine weitere Methode, um der Symbolleiste für den Schnellzugriff weitere Symbole hinzuzufügen: Klicken Sie im Menüband mit der rechten Maustaste auf einen Befehl und wählen Sie im Kontextmenü den Eintrag *Zur Symbolleiste für den Schnellzugriff hinzufügen.*

Navigation im Explorer

Die Adressleiste zeigt den aktuellen Speicherort ❶ an und hat zusätzlich zu den Pfeilen *Zurück* und *Vorwärts* noch einen nach oben weisenden Pfeil ❷ erhalten, der Sie in den übergeordneten Ordner bringt (Bild unten).

Bild 4.6 Navigation in der Adressleiste

Die Navigationsleiste des Explorers weist folgende Bereiche auf:

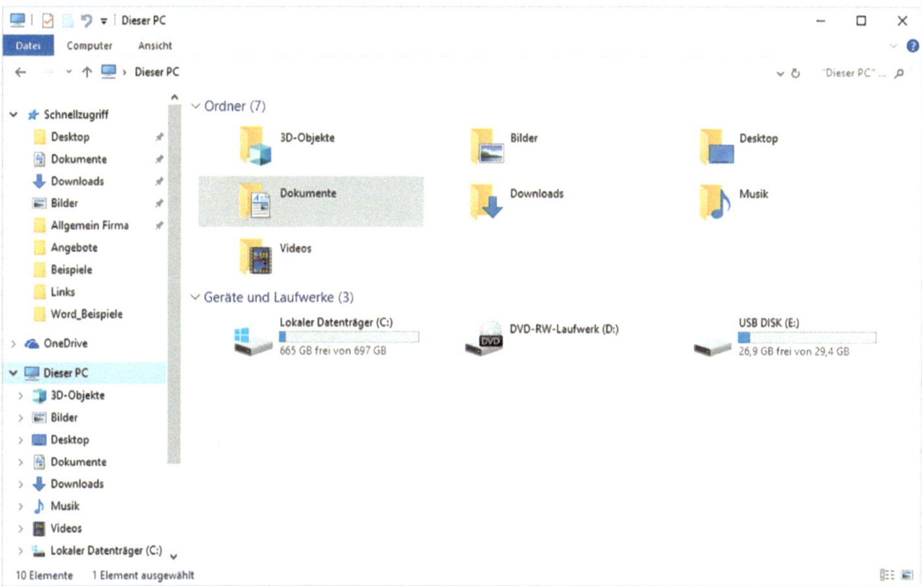

Bild 4.7 Die Bereiche des Explorers in der Navigationsleiste

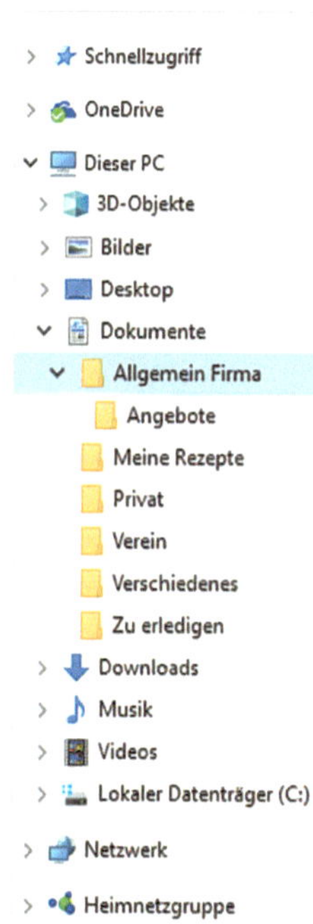

- Im Bereich *Schnellzugriff*, früher *Favoriten*, können Sie häufig benötigte Speicherorte bzw. Ordner anheften, am Pin-Symbol leicht zu erkennen. Standardmäßig sind hier die Ordner *Dokumente*, *Bilder*, *Downloads* sowie *Desktop* bereits vorhanden, außerdem fügt Windows 10 häufig verwendete Ordner automatisch hinzu. Über das Kontextmenü der rechten Maustaste oder durch Ziehen mit der Maus können Sie weitere Ordner an den Schnellzugriff fest anheften oder entfernen.

- Unter *OneDrive* werden Dateien und Ordner angezeigt, die in der Cloud gespeichert sind; vorausgesetzt, Sie sind mit einem Microsoft-Konto angemeldet. Dieser Speicherort ist vollständig in den Explorer integriert und kann wie jedes andere Laufwerk zum Speichern von Dateien benutzt werden, auch Ordner lassen sich hier beliebig anlegen.
- *Dieser PC* (früher Computer oder Arbeitsplatz), fasst jetzt alle Benutzerordner bzw. Standardordner und alle angeschlossenen Laufwerke zusammen, beispielsweise Festplatte, CD/DVD-Laufwerk und USB-Speicherstift.
- *Heimnetzgruppe* und *Netzwerk* sind unverändert geblieben.

Pfadangaben

Standardmäßig zeigt die Adressleiste die Adresse des aktuellen Ordners in der vereinfachten Form an. Zur Anzeige des Dateipfades in der korrekten Schreibweise mit Backslash (\) klicken Sie an eine leere Stelle des Adressfeldes (Bild unten).

Bild 4.8 Die sichtbare Adresse

Bild 4.9 Der vollständige Dateipfad

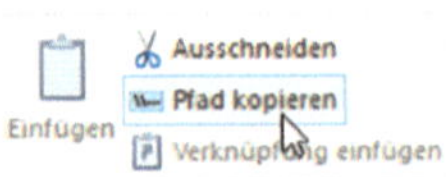

Tipp: Im Register *Start*, Gruppe *Zwischenablage*, finden Sie den Befehl *Pfad kopieren*. Damit wird der Dateipfad des markierten Elements in die Zwischenablage kopiert und kann anschließend in ein Dokument eingefügt werden.

Anzeigeeinstellungen

Die von Windows 7 her bekannte Schaltfläche *Ansicht ändern* wurde ersetzt durch ein Auswahlfeld im Register *Ansicht*, Gruppe *Layout*. Sollten hier nicht alle Ansichten auf Anhieb sichtbar sein, so klicken Sie auf den Pfeil *Mehr* ▾, um das Feld zu verbreitern (Bild unten). Wenn Sie mit der Maus auf eine der Ansichten zeigen, erhalten Sie im Inhaltsbereich eine Vorschau, erst mit einem Mausklick wird die Ansicht übernommen.

Bild 4.10 Ansichten anzeigen

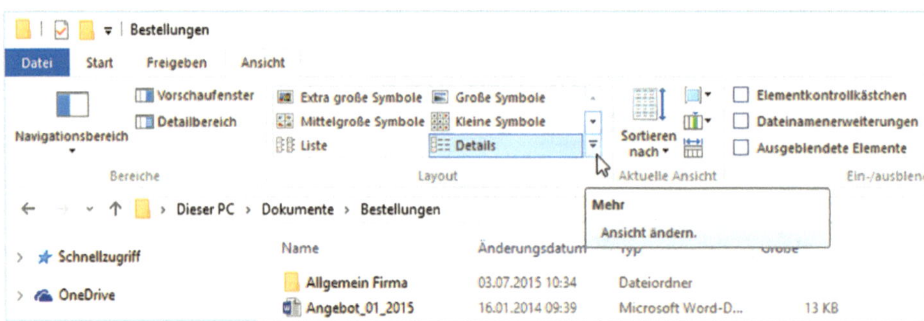

Tipp: Die beiden wichtigsten Ansichten, nämlich *Details* und *Große Symbole*, finden Sie auch in der unteren rechten Ecke des Explorer-Fensters.

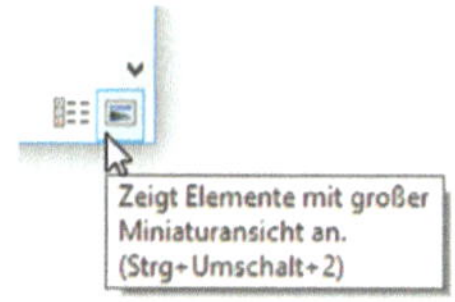

Dateinamenerweiterungen und ausgeblendete Elemente anzeigen

Die Dateinamenerweiterungen lassen sich über das gleichnamige Kontrollkästchen des Registers *Ansicht* schnell ein- und wieder ausblenden. In der gleichen Gruppe finden Sie auch das Kontrollkästchen *Ausgeblendete Elemente*, mit dem Sie die Anzeige standardmäßig nicht sichtbarer Elemente aktivieren und deaktivieren können.

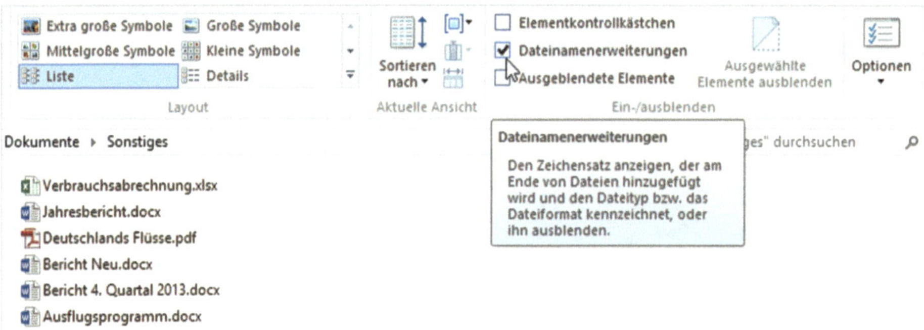

Bild 4.11 Dateinamenerweiterungen anzeigen

Mehrere Elemente mit Elementkontrollkästchen markieren

Mehrere Elemente lassen sich am einfachsten markieren, wenn Sie zuvor im Register *Ansicht* das Kontrollkästchen *Elementkontrollkästchen* aktivieren ❶. Dadurch erscheint beim Zeigen auf ein Dateisymbol links davon ein kleines Kästchen ❷, über das Sie per Mausklick das Element markieren, ein weiterer Klick entfernt das Häkchen wieder. Auf diese Weise lassen sich bequem gleich mehrere Elemente nacheinander markieren.

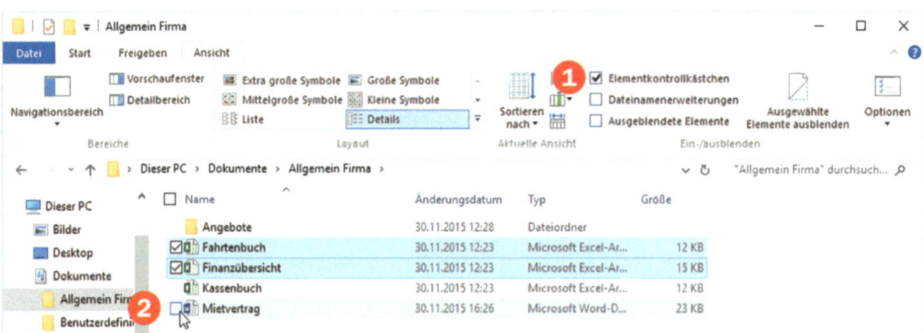

Bild 4.12 Mehrere Elemente mit Hilfe des Elementkontrollkästchens markieren

Dateiinhalt in der Vorschau anzeigen

Eine Vorschau auf den Inhalt erhalten Sie bei Bilddateien in Verbindung mit den Ansichten *Große Symbole* und *Mittelgroße Symbole*. Enthält eine Datei dagegen Text, so vergrößern diese Ansichten nur das Symbol. Dann benutzen Sie das Vorschaufenster: Das Vorschaufenster wird als zusätzliche Spalte am rechten Rand des Explorer-Fensters

geöffnet, und erspart in vielen Fällen das Öffnen der Datei. Leider funktioniert die Vorschau nicht bei allen Dateitypen.

- Klicken Sie im Menüband auf das Register *Ansicht* und hier in der Gruppe *Bereiche* auf *Vorschaufenster*. Mit derselben Schaltfläche schalten Sie das Vorschaufenster auch wieder aus.

Bild 4.13 Beispiel Vorschaufenster

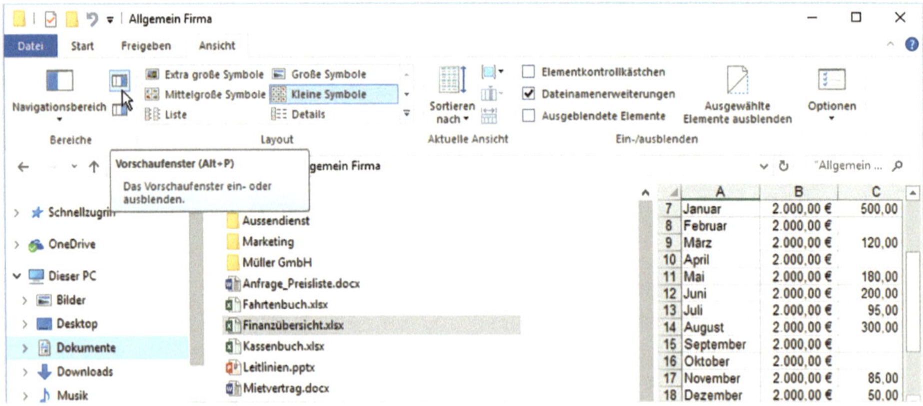

Das Vorschaufenster liefert immer nur eine Vorschau auf die jeweils markierte Datei, vergessen Sie also nicht die Datei mit einem Klick zu markieren!

Wo sind die Bibliotheken?

Falls Sie zuvor mit Windows 7 gearbeitet haben, werden Sie möglicherweise die Bibliotheken vermissen. Diese existieren auch in Windows 10, sind aber standardmäßig nicht sichtbar und werden auch nicht zwingend benötigt.

Falls Sie mit den Bibliotheken arbeiten möchten: Klicken Sie zum Einblenden im Menüband auf das Register *Ansicht* und auf die Schaltfläche *Navigationsbereich* (Bild unten). Aktivieren Sie hier die Einstellung *Bibliotheken anzeigen* (Häkchen).

Bild 4.14 Bibliotheken anzeigen

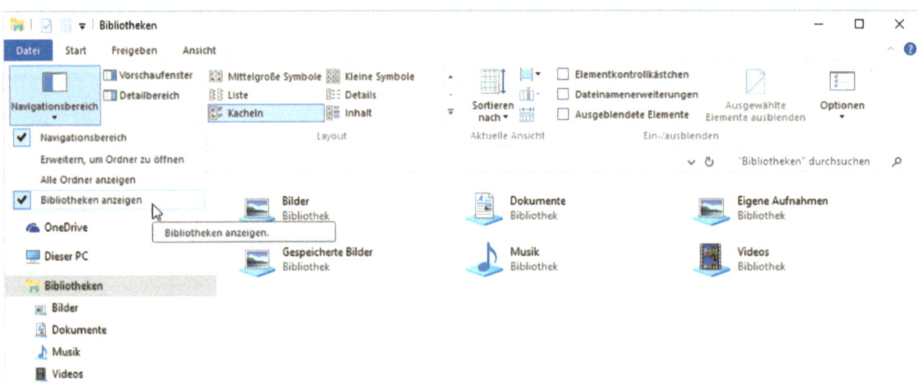

Der Bereich *Bibliotheken* mit den bekannten Standardbibliotheken erscheint in der Navigationsleiste unterhalb von *Dieser PC*. Die Befehle zum Verwalten der Bibliotheken erhalten Sie im Menüband in Form eines weiteren Registers sobald eine Bibliothek markiert ist.

- Zum Hinzufügen eines Ordners klicken Sie hier auf *Bibliothek verwalten*.
- Um eine neue Bibliothek zu erstellen, klicken Sie in der Navigationsleiste auf Bibliotheken und verwenden im Register *Start*, Gruppe *Neu*, die Schaltfläche *Neues Element*.

Anstatt wie bisher die persönlichen und öffentlichen Ordner fassen die Standardbibliotheken von Windows 10 jetzt zusammengehörende Ordner auf Festplatte und OneDrive zusammen. So enthält beispielsweise die Bibliothek *Dokumente* nun standardmäßig die Ordner *Dokumente* (Festplatte) und *Dokumente* (OneDrive), wie das Beispiel im Bild unten zeigt.

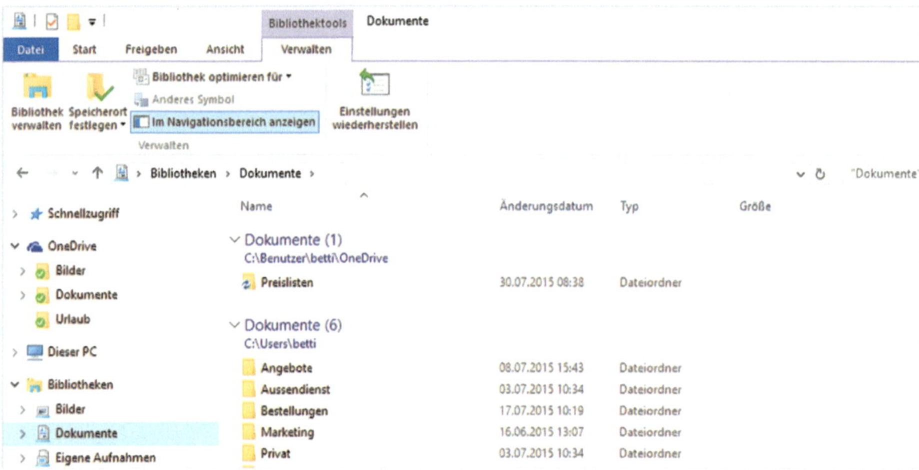

Bild 4.15 Beispiel: Die Bibliothek Dokumente

Löschbestätigung anfordern

Auch Windows 10 verschiebt gelöschte Elemente zunächst in den Papierkorb. Allerdings wird in der Standardeinstellung keine zusätzliche Löschbestätigung mehr angefordert. Wenn Sie diese aktivieren möchten, dann klicken Sie im Menüband, Register *Start* auf den Dropdown-Pfeil der Schaltfläche *Löschen* und aktivieren die Einstellung *Recycelbestätigung anzeigen*.

Bild 4.16 Löschbestätigung anzeigen

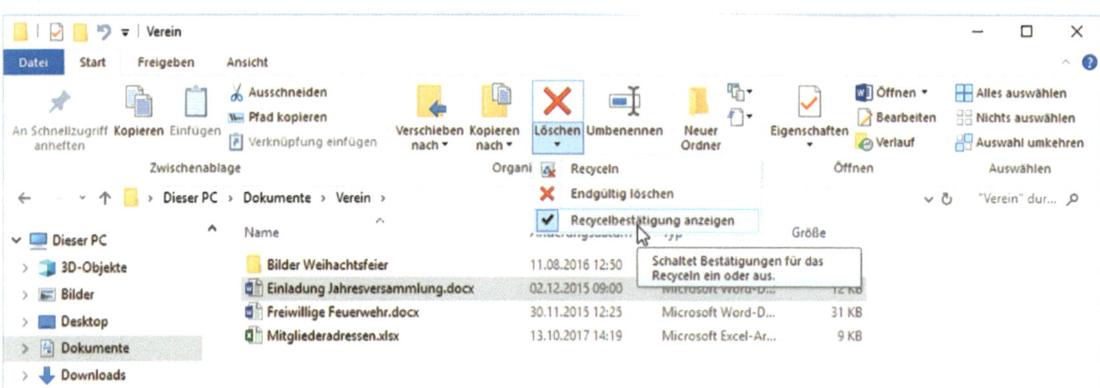

4.2 Apps zum Öffnen von Dateien festlegen

App beim Öffnen wählen

Falls Sie im Explorer eine Datei nicht mit der Standard-App per Doppelklick, sondern mit einer bestimmten App öffnen möchten, so klicken Sie mit der rechten Maustaste auf die Datei, zeigen im Kontextmenü auf *Öffnen mit* und wählen eine App.

Oder klicken Sie im Menüband, Register *Start*, auf den Dropdown-Pfeil der Schaltfläche *Öffnen* und klicken auf die gewünschte App. Befindet sich die gewünschte App nicht in der Liste, so klicken Sie auf *Andere App auswählen*.

Bild 4.17 App zum Öffnen auswählen

Wenn die gewünschte App zwar auf Ihrem PC vorhanden ist, in der Liste aber nicht erscheint, dann klicken Sie auf *Andere App auswählen* ❶. Es öffnet sich ein Fenster mit der Frage *Wie soll diese Datei geöffnet werden*? Klicken Sie auf den Link *Weitere Apps* ❷. Nun erscheint eine erweiterte Liste. Klicken Sie zum Öffnen wieder auf die gewünschte App und anschließend auf *OK*.

Bild 4.18 Andere App suchen

Näheres zum Microsoft-Store und zur Installation von Apps lesen Sie in Kapitel 7.6 dieses Buches.

Im Microsoft Store nach einer App suchen

Sollte keine geeignete App auf Ihrem Computer vorhanden sein, dann klicken Sie auf *Store durchsuchen* bzw. *Im Store nach einer App suchen*. Nun können Sie den Microsoft

Store nach einer entsprechenden App durchsuchen. Beachten Sie aber, dass die ausgewählte App zunächst installiert werden muss und einige Apps kostenpflichtig sind.

Standard-App im Datei-Explorer festlegen

Soll ein bestimmter Dateityp ab sofort immer mit der gewünschten App geöffnet werden, dann müssen Sie diese als Standard-App festlegen. So werden z. B. in der Standardeinstellung pdf-Dateien mit dem Browser Microsoft Edge geöffnet. Wenn Sie diese stattdessen mit Adobe Acrobat Reader öffnen möchten, dann gehen Sie so vor:

In den Einstellungen existiert noch eine weitere Möglichkeit, Standard-Apps für einzelne Dateitypen einzusehen bzw. zu ändern. Näheres hierzu lesen Sie in Kapitel 7.7.

1. Markieren Sie eine Datei dieses Typs und klicken Sie, wie oben beschrieben, auf den Dropdown-Pfeil der Schaltfläche *Öffnen*. Klicken Sie dann auf *Andere App auswählen*.
2. Das Fenster *Wie soll diese Datei geöffnet werden*? erscheint. Unter *Diese App weiterhin verwenden* sehen Sie die bisherige Standard-App. Klicken Sie auf die gewünschte App und aktivieren Sie das Kontrollkästchen *Immer diese App zum Öffnen von ... Dateien verwenden*.
3. Klicken Sie auf *OK*, um die Änderung zu übernehmen.

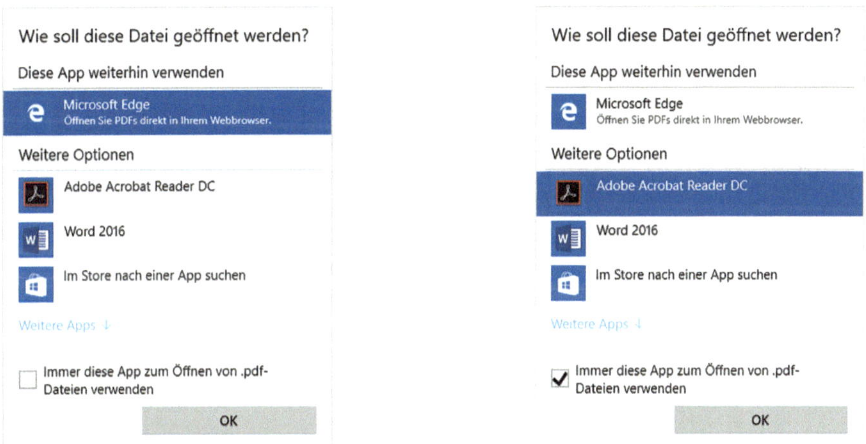

Bild 4.19 Beispiel: Adobe Reader als Standard-App zum Öffnen von PDF-Dateien auswählen

Mit der Standard-App ändert sich natürlich auch das Symbol für diesen Dateityp!

4.3 Nach Dateien und Ordnern suchen

Ganz rechts in der Adresszeile des Datei-Explorers befindet sich ein Suchfeld, mit dem Sie den aktuellen Speicherort nach Dateien und Ordnern durchsuchen können. Standardmäßig bezieht die Suche den Datei- bzw. Ordnernamen, den Dateiinhalt, sowie die Dateieigenschaften ein. Windows unterscheidet beim Suchbegriff nicht zwischen Groß- und Kleinschreibung!

Ordner im Explorer durchsuchen

Beispiel: Sie suchen nach Dateien, die den Namen „Müller" enthalten, Dateiname und der genaue Speicherort sind Ihnen nicht bekannt. Bei den gesuchten Dateien handelt es sich um Textinhalte, daher dürften sie sich im Ordner *Dokumente* oder einem Unterordner dieses Ordners befinden. Da Windows standardmäßig auch alle Unterordner eines Speicherortes durchsucht, beginnen Sie mit der Suche im Ordner *Dokumente*.

1. Sorgen Sie dafür, dass der Inhalt des Ordners *Dokumente* im Anzeigebereich sichtbar ist ❶.
2. Klicken Sie in das Suchfeld und tippen Sie den gesuchten Begriff ein ❷. Bereits während der Eingabe erscheinen entsprechende Treffer im Anzeigebereich, daher genügt manchmal auch schon die Eingabe der ersten Zeichen.
3. Die gefundenen Ordner und Dateien werden in der Ansicht *Inhalt* aufgelistet, der Suchbegriff ist hervorgehoben und Sie können die gewünschte Datei bzw. den Ordner mit Doppelklick öffnen

Bild 4.20 Beispiel: Den Ordner Dokumente und Unterordner durchsuchen

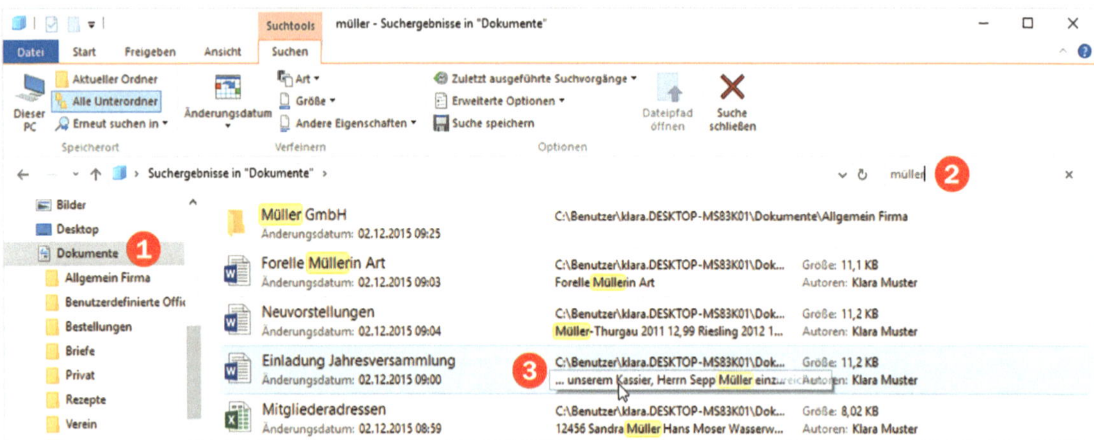

Tipp: In der zweiten Spalte wird zusammen mit dem Dateipfad auch der entsprechende Auszug aus dem Dateiinhalt angezeigt. Mehr Informationen erhalten Sie, wenn Sie mit der Maus auf diese Stelle zeigen ❸.

Suche bzw. Suchkriterium löschen

Die Suche funktioniert wie ein Filter: Um das Suchkriterium zu löschen und wieder den gesamten Inhalt des Ordners *Dokumente* anzuzeigen, klicken Sie auf das kleine x-Symbol rechts neben dem Suchfeld ❶. Oder klicken Sie im Menüband, Register *Suchtools* - *Suchen* auf die Schaltfläche *Suche schließen* ❷.

Bild 4.21 Suchkriterium löschen

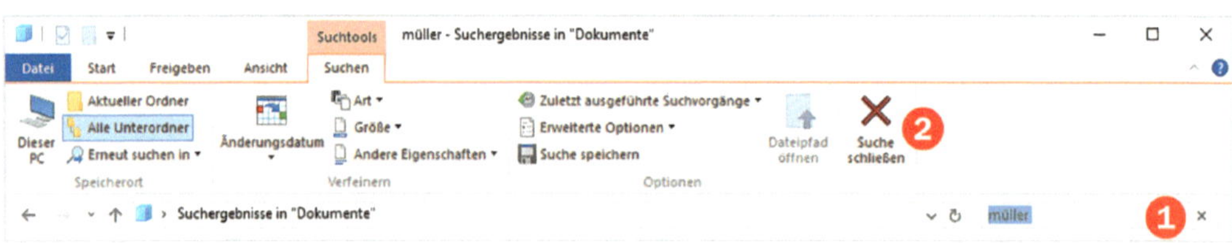

Weitere Suchkriterien einbeziehen

Die Suchfunktion von Windows kann noch mehr, die Optionen dazu finden Sie im Menüband, Register *Suchtools - Suchen*. Dieses Register erscheint automatisch zusammen mit den Suchergebnissen.

Welche Speicherorte sollen durchsucht werden?

Welche Speicherorte in die Suche einbezogen werden, können Sie über die Schaltflächen der Gruppe *Speicherort* ❶ festlegen.

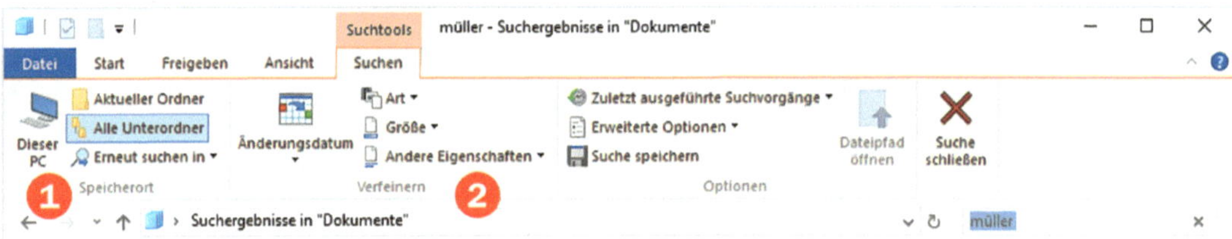

Bild 4.22 Im Register Suchtools die Suche verfeinern

- *Alle Unterordner*: Der aktuelle Ordners und alle darin befindlichen Unterordner werden durchsucht, dies ist die Standardeinstellung.
- *Aktueller Ordner*: Mit dieser Option wird ausschließlich der aktuell ausgewählte Ordner durchsucht, Unterordner werden ignoriert.
- *Erneut suchen in*: Erlaubt die Auswahl eines anderen Speicherortes, der Suchbegriff wird beibehalten.
- *Dieser PC*: Durchsucht die gesamte Festplatte und sämtliche angeschlossenen Speichermedien, z. B. externe Festplatte.

Änderungsdatum und Dateityp

Um die Suchergebnisse nach Dateityp und/oder Änderungsdatum weiter einzugrenzen verwenden Sie die Schaltflächen *Art* und *Änderungsdatum* der Gruppe *Verfeinern* ❷. *Art* erlaubt z. B. die Eingrenzung auf Kalenderelemente, Dokumente, Bilder oder E-Mails. Mit der Schaltfläche *Änderungsdatum* können Sie *Heute*, *Gestern*, *Diese Woche*, *Letzte Woche* oder einen noch weiter zurück liegenden Zeitraum angeben.

Größe und Eigenschaften einer Datei, z. B. Autor und Titel sind nur selten bekannt und die Schaltflächen werden entsprechend selten genutzt.

Nach Dateityp/Dateinamenerweiterung filtern

Wenn Sie nach einem bestimmten Dateityp suchen, z. B. einer Excel-Arbeitsmappe, dann liefert die Auswahl *Dokument* nicht immer befriedigende Ergebnisse, da sämtliche Dokumenttypen mit einbezogen werden, also Word-Dokumente, Excel-Arbeitsmappen, PowerPoint-Präsentationen, sowie Dateien im RichText Format, die z. B. mit WordPad erstellt wurden. Ist Ihnen der genaue Dateityp bzw. die Dateinamenerweiterung bekannt, können Sie auch diese bei der Suche heranziehen.

Ein Beispiel: Sie suchen nach einer Excel-Arbeitsmappe (.xlsx), die den Namen „Müller" enthält. Geben Sie diesen Begriff im Suchfeld ein.

1 Klicken Sie dann im Register *Suchen*, Gruppe *Verfeinern*, auf *Andere Eigenschaften* und wählen Sie *Typ* ❶.

2 Im Suchfeld erscheint nun rechts vom Suchbegriff der Zusatz *Typ:*. Tippen Sie dahinter die gesuchte Dateinamenserweiterung, in unserem Beispiel xlsx ein ❷.

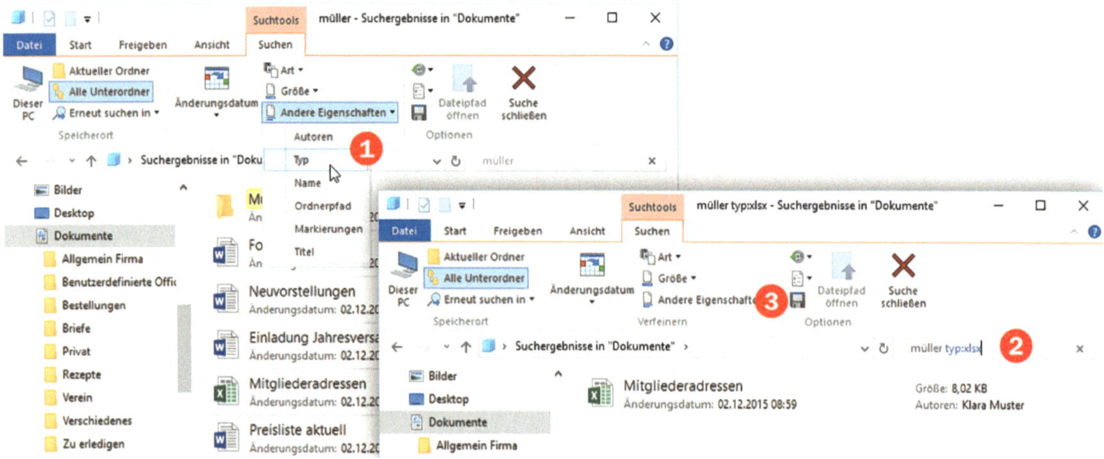

Bild 4.23 Suchen nach Dateinamenerweiterung

Suche speichern

Die aktuelle Suche lässt sich bei Bedarf speichern und später erneut ausführen. Hierzu klicken Sie im Register *Suchen*, Gruppe *Optionen* ❸ auf *Suche speichern*. Diese wird standardmäßig im persönlichen Ordner *Suchvorgänge* gespeichert. Wenn Sie später auf eine gespeicherte Suche zurückgreifen möchten, dann brauchen Sie einfach nur den Namen in das Suchfeld der Taskleiste eintippen.

Datei am Speicherort anzeigen

Diesen Befehl im Kontextmenü der rechten Maustaste erhalten Sie auch bei allen Verknüpfungen, z. B. auf dem Desktop oder im Startmenü über den Befehl *Mehr*.

Häufig genügt es nicht, eine Datei zu finden, sondern Sie möchten auch wissen, wo sich diese befindet. Die Ansicht *Inhalte* zeigt zwar den Dateipfad der gefundenen Dateien mit an, allerdings meist abgeschnitten. Um eine Datei an ihrem Speicherort anzuzeigen, markieren Sie die Datei und klicken im Register *Suchen* auf *Dateipfad öffnen*. Anschließend wird der Ordner geöffnet und die Datei markiert. Denselben Befehl erhalten Sie auch im Kontextmenü der rechten Maustaste.

Bild 4.24 Dateipfad öffnen

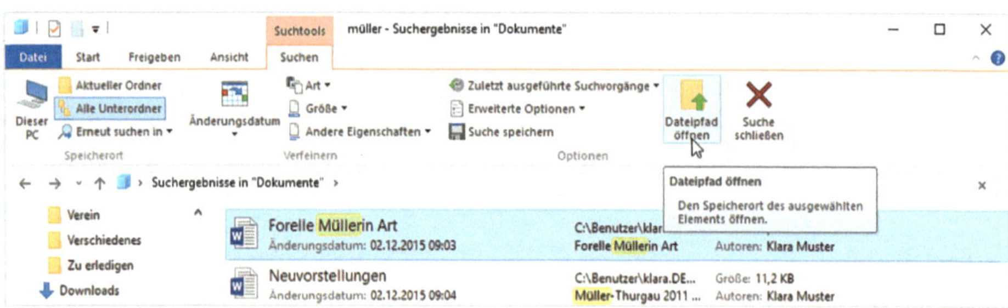

Such- und Indizierungseinstellungen

Ein Index beschleunigt die Suche erheblich, insbesondere bei einer Vielzahl gespeicherter Daten. Die Inhalte der wichtigsten Speicherorte werden von Windows automatisch indiziert, dazu zählen alle persönlichen Ordner (*Dokumente*, *Bilder*, *Downloads*, usw.) sowie alle offline verfügbaren Dateien von *OneDrive*. Falls Microsoft Outlook genutzt wird, werden auch alle Outlook-Elemente, z. B. E-Mails und Termine, indiziert. Da die Suche an nicht indizierten Speicherorten entsprechend länger dauert, verwendet Windows 10 die folgenden Standardeinstellungen:

Standardeinstellungen bei der Suche nach Dateien.

- An indizierten Speicherorten wird neben dem Dateinamen auch der Dateiinhalt einbezogen.
- An nicht indizierten Speicherorten wird nur der Dateiname berücksichtigt.
- Komprimierte Ordner werden nicht in die Suche einbezogen.

Sucheinstellungen ändern

Um die Sucheinstellungen zu kontrollieren und ggf. zu ändern, klicken Sie im Menüband, Register *Suchen*, auf *Erweiterte Optionen* (Bild 4.25). Hier können Sie unter *An nicht indizierten Orten* ❶ festlegen, ob auch *Dateiinhalte*, *Systemdateien* und *Gezippte (komprimierte) Ordner* durchsucht werden sollen (Häkchen). Beachten Sie aber, dass die Suche nach Dateiinhalten an nicht indizierten Orten länger dauert.

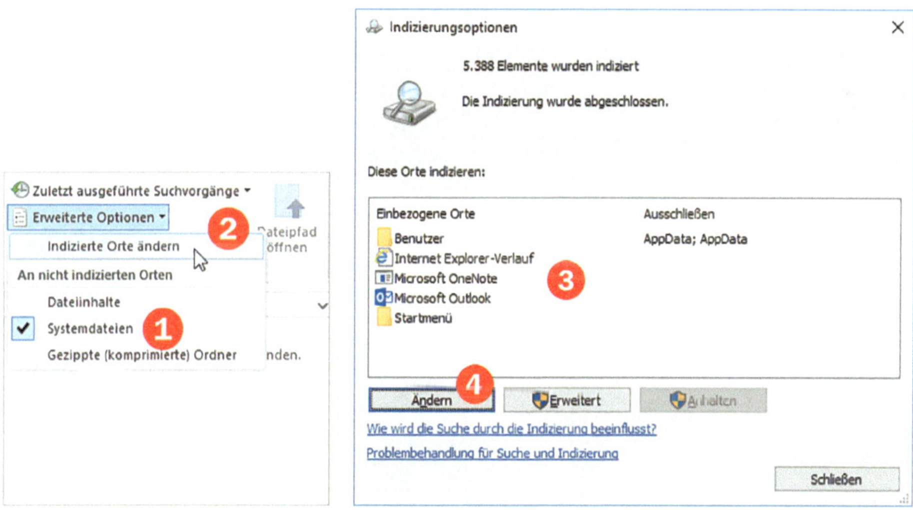

Bild 4.25 Indizierte Orte anzeigen

Falls Sie noch andere Speicherorte in die Indizierung mit einbeziehen möchten, dann klicken Sie auf *Erweiterte Optionen* und auf *Indizierte Orte ändern* ❷. Das Fenster *Indizierungsoptionen* öffnet sich und zeigt die Orte an, die bereits indiziert werden ❸. Der Ordner *Benutzer* bedeutet, alle persönlichen Ordner, sowie deren Unterordner werden indiziert (Standardeinstellung). Über die Schaltfläche *Ändern* ❹ können Sie Orte ausschließen oder weitere hinzufügen. Bedenken Sie aber, dass ein umfangreicher Index erhebliche Rechnerressourcen zum Erstellen und Aktualisieren beanspruchen kann.

4.4 Verknüpfungen

Verknüpfungen im Schnellgriff des Explorers erstellen

Im Explorer finden Sie im Navigationsbereich den Abschnitt *Schnellzugriff* mit Verknüpfungen zu verschiedenen Speicherorten. Dies können fest angeheftete Verknüpfungen oder Verknüpfungen zu häufig benutzten Ordnern sein. Angeheftete Verknüpfungen sind am Pin-Symbol leicht zu erkennen ❶, standardmäßig sind dies die Ordner *Downloads*, *Dokumente* und *Bilder*, sowie *Desktop*.

Sie brauchen im Schnellzugriff nur auf eine Verknüpfung klicken, um den Inhalt des Ordners anzuzeigen. Das erspart langwieriges Suchen nach Unterordnern. Weitere Verknüpfungen lassen sich schnell hinzufügen:

- Markieren Sie den betreffenden Ordner ❷ und klicken Sie im Menüband, Register *Start*, auf *An Schnellzugriff anheften* ❸. Den selben Befehl erhalten Sie auch im Kontextmenü, wenn Sie mit der rechten Maustaste auf einen Ordner klicken.
- Oder ziehen Sie den Ordner einfach mit gedrückter linker Maustaste in die Navigationsleiste und auf *Schnellzugriff*. Das Element wird in diesem Fall nicht verschoben oder kopiert, sondern Windows erstellt eine Verknüpfung. Während des Ziehens erscheint der Hinweistext *An Schnellzugriff anheften*.

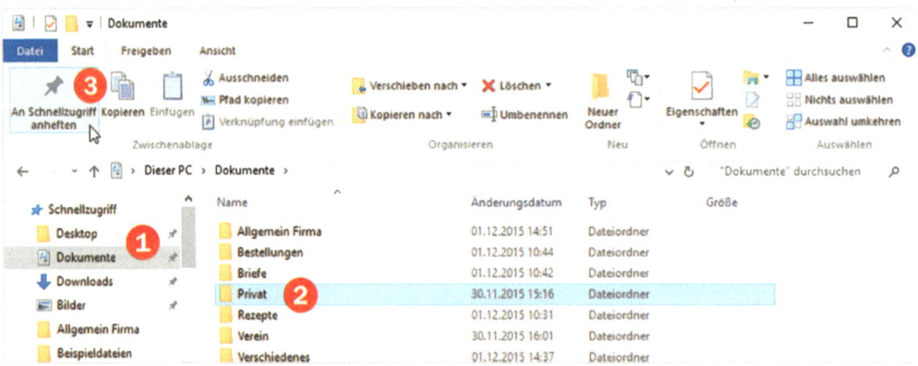

Bild 4.26 Markierten Ordner an Schnellzugriff anheften

> An den Schnellzugriff können nur Speicherorte, also Ordner oder Laufwerke, aber keine Dateien angeheftet werden. Allerdings erscheint im Anzeigebereich zusammen mit den Ordnern auch eine Liste zuletzt verwendeter Dateien, wenn Sie in der Navigationsleiste auf *Schnellzugriff* klicken.

Verknüpfung aus Schnellzugriff entfernen

Um eine Verknüpfung aus dem Schnellzugriff zu entfernen, klicken Sie hier mit der rechten Maustaste auf die Verknüpfung und im Kontextmenü auf den Befehl *Von Schnellzugriff lösen*. Dies funktioniert auch bei einer nicht angehefteten, zuletzt verwendeten Verknüpfung, dann lautet der Befehl *Aus Schnellzugriff entfernen*. In beiden Fällen löscht Windows nur die Verknüpfung, nicht jedoch den Ort, auf den die Verknüpfung verweist.

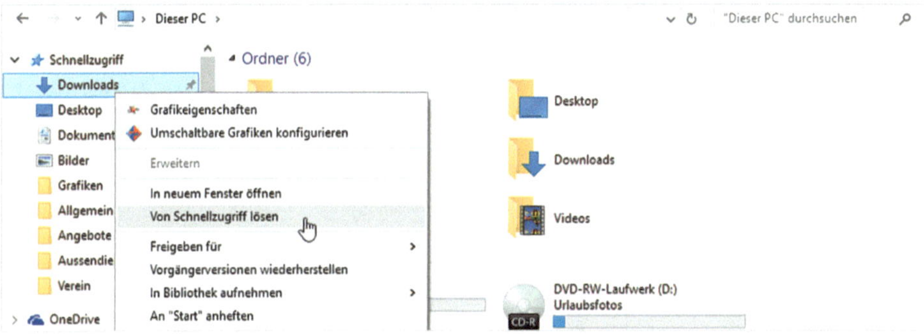

Bild 4.27 Ordner von Schnellzugriff lösen

Verknüpfungen an anderen Orten erstellen

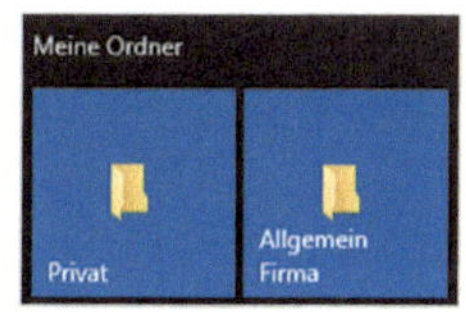

Verknüpfung zu Ordnern im Startmenü

Wenn Sie im Explorer mit der rechten Maustaste auf einen Ordner klicken, dann erhalten Sie mit dem Befehl *An „Start" anheften* auch die Möglichkeit, eine Verknüpfung zu diesem Ordner als Kachel im Startmenü erstellen.

Desktop

Auch auf dem Desktop können Verknüpfungen zu Dateien und Ordnern erstellt werden. Dazu klicken Sie mit der rechten Maustaste auf die Datei oder den Ordner, zeigen im Kontextmenü auf *Senden an* und klicken auf die Option *Desktop (Verknüpfung erstellen)*. Dies ist im Gegensatz zum Schnellzugriff des Explorers auch bei Dateien möglich!

Bild 4.28 Zeigen Sie im Kontextmenü auf Senden an

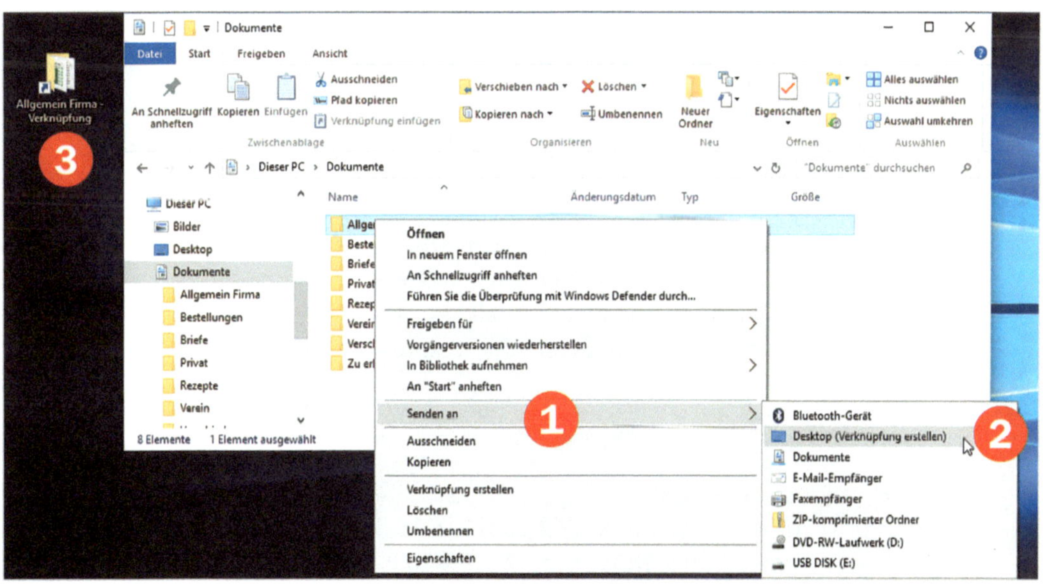

Weitere Möglichkeiten, eine Verknüpfung zu erstellen

- Ziehen Sie ein Element mit gedrückter rechter Maustaste an den gewünschten Ort. Nachdem Sie die Maustaste losgelassen haben, erscheint ein Kontextmenü, klicken Sie auf den Befehl *Verknüpfung hier erstellen*.
- Oder kopieren Sie das Element in die Zwischenablage; entweder mit der rechten Maustaste und dem Befehl *Kopieren* oder mit der Tastenkombination Strg+C. Klicken Sie dann mit der rechten Maustaste auf den Zielort und verwenden Sie im Kontextmenü den Befehl *Verknüpfung erstellen*.
- Um eine Verknüpfung im selben Ordner zu erstellen, klicken Sie mit der rechten Maustaste auf das Element und wählen im Kontextmenü *Verknüpfung erstellen*. Diese Verknüpfung lässt sich dann kopieren oder ausschneiden und an anderer Stelle einfügen.

4.5 Der Cloudspeicher OneDrive

Nur in Verbindung mit einem Microsoft-Konto!

OneDrive funktioniert wie eine zusätzliche Festplatte und ist als kostenloser Speicher mit einer Kapazität von derzeit 5 GB in der Cloud verfügbar. Der Vorteil: Sie können von jedem PC mit Internet-Anschluss auf Ihre hier gespeicherten Dateien zugreifen und bei Bedarf auch Daten für andere Personen freigeben. Nachteil: Ihre Daten sind in der Cloud auf einem Microsoft-Server gespeichert.

Wie Sie in diesem Kapitel bereits gesehen haben, ist *OneDrive* vollständig in den Datei-Explorer von Windows 10 integriert und wird, z. B. beim Speichern und Öffnen, wie jedes andere Laufwerk behandelt. Auch das Öffnen und Bearbeiten von Dateien unterscheidet sich nicht von lokal gespeicherten Dateien.

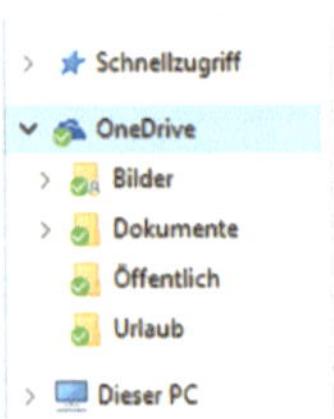

Die Verfügbarkeit und Anzeige von OneDrive-Dateien und Ordnern hängt davon ab, ob die Funktion *Dateien bei Bedarf* aktiviert ist. Wenn diese nicht verwendet wird bzw. deaktiviert ist, dann werden alle auf OneDrive gespeicherten Dateien automatisch auch auf der Festplatte Ihres PCs gespeichert und sind somit auch offline verfügbar, d. h. wenn gerade keine Verbindung zum Internet besteht (Bild links). Die Dateien und Ordner werden in diesem Fall automatisch und im Hintergrund synchronisiert, sodass die Inhalte an beiden Orten immer aktuell sind. Allerdings belegen offline verfügbare Ordner und Dateien zusätzlichen Speicherplatz auf der Festplatte Ihres Geräts!

Dateien nur bei Bedarf herunterladen

Diese Funktion ist neu seit dem Herbst Update von Windows 10.

Dateien bei Bedarf aktivieren

Die Funktion *Dateien bei Bedarf* hilft Speicherplatz sparen, da Sie dann für jede Datei und jeden Ordner festlegen können, ob diese auch ohne Internet-Verbindung verfügbar sein sollen. Allerdings müssen Sie dies auf Ihrem Computer erst aktivieren, dazu geben Sie wie folgt vor:

1. Klicken Sie im Infobereich der Taskleiste auf das Symbol für *OneDrive* ❶ und klicken Sie dann hier auf das Symbol *Einstellungen* (Rädchen) ❷.
2. Wählen Sie im Fenster *Microsoft OneDrive* das Register *Einstellungen* ❸ und aktivieren Sie das Kontrollkästchen unter *Dateien bei Bedarf* ❹.

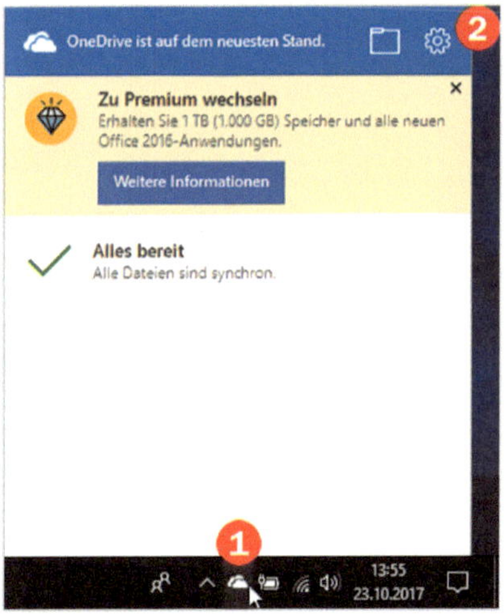

Bild 4.29 Klicken Sie auf das OneDrive-Symbol und auf Einstellungen

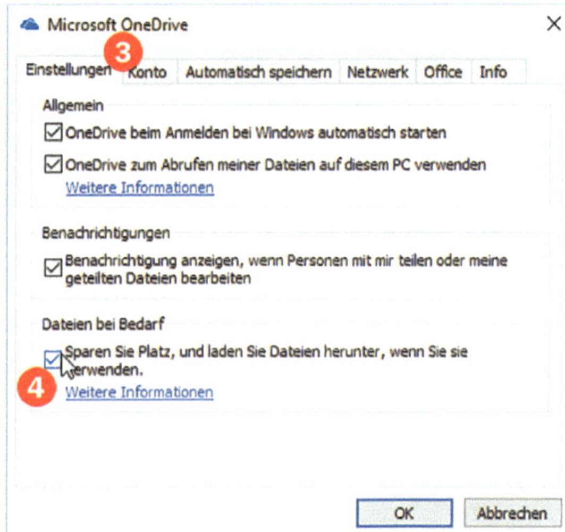

Bild 4.30 Dateien bei Bedarf aktivieren

Wenn Sie mehr Speicherplatz benötigen, dann können Sie zur, allerdings kostenpflichtigen, Premiumversion wechseln. Andernfalls können Sie diesen Hinweis ignorieren.

Statusanzeige

Wenn *Dateien bei Bedarf* aktiviert ist und eine Internet-Verbindung besteht, dann zeigt der Datei-Explorer alle Dateien und Ordner auf OneDrive an, egal ob diese offline oder nur online verfügbar sind. Die Verfügbarkeit wird durch Symbole dargestellt, als Beispiel im Bild unten die Ansicht *Details* mit der zusätzlichen Spalte *Status*.

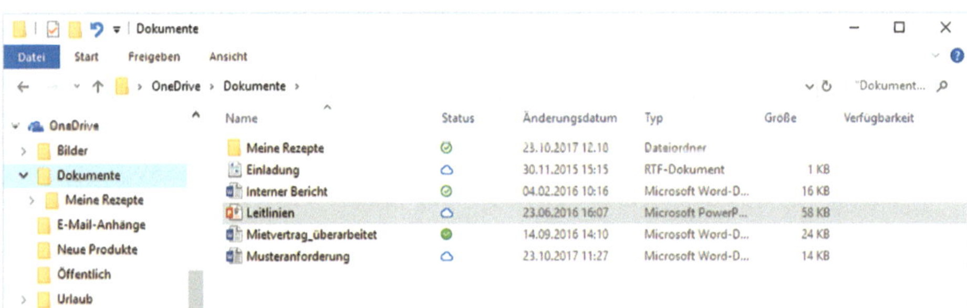

Bild 4.31 Statusanzeige von OneDrive-Dateien

- Dieses Symbol bedeutet, die Datei ist nur online gespeichert, belegt also keinen Speicherplatz auf Ihrer Festplatte. Wenn Sie eine solche Datei öffnen, wird diese heruntergeladen und ist ab sofort auch lokal verfügbar. Nur online verfügbare Dateien können natürlich nur geöffnet werden, wenn Ihr Gerät mit dem Internet verbunden ist.

Hinweis: Die Suche berücksichtigt von nur online verfügbaren Dateien ausschließlich die Dateinamen, nicht aber deren Inhalte.

- Wurde eine nur online verfügbare Datei geöffnet und somit automatisch heruntergeladen, dann ist sie an diesem Symbol zu erkennen. Diese Datei ist nun auch offline, d. h. ohne Internet-Verbindung verfügbar.
- Dateien, die sowohl auf OneDrive als auch auf Ihrem Gerät gespeichert sind, erkennen Sie an diesem Symbol . Solche Dateien sind immer verfügbar, also auch ohne Verbindung zum Internet.

Status ändern

Wenn Sie den Status einer Datei ändern, z. B. eine nur online gespeicherte Datei unabhängig vom Internet immer verfügbar machen möchten, dann klicken Sie im Datei-Explorer mit der rechten Maustaste auf diese Datei und wählen *Immer behalten auf diesem Gerät* (Bild 4.32).

Damit umgekehrt eine offline verfügbare Datei wieder ausschließlich online gespeichert wird, klicken Sie ebenfalls mit der rechten Maustaste auf diese Datei und wählen den Befehl *Speicherplatz freigeben* (Bild 4.33).

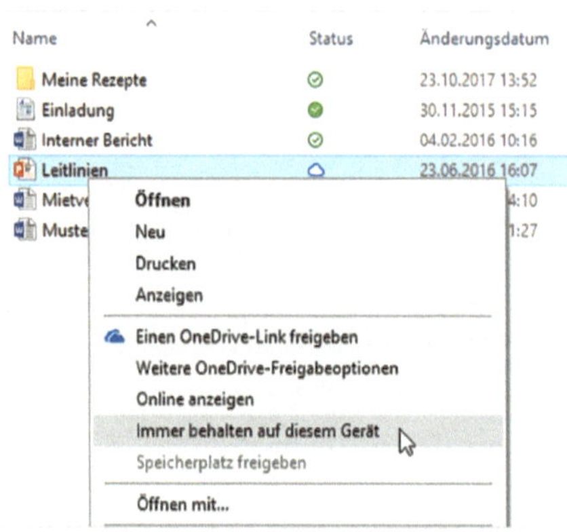

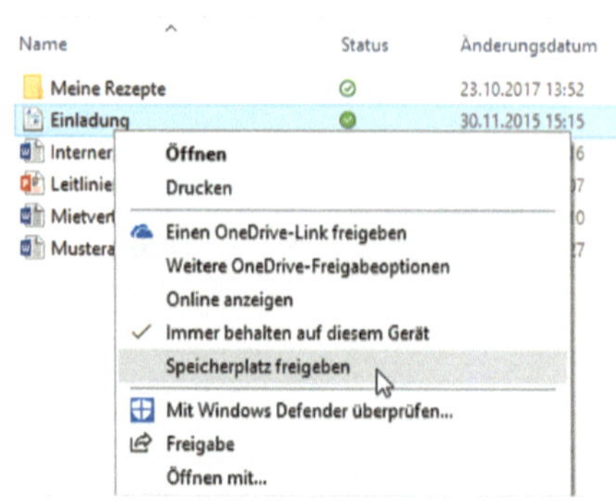

Bild 4.32 Datei auch offline verfügbar machen

Bild 4.33 Speicherplatz freigeben und nur online speichern

Dieselbe Vorgehensweise gilt auch für Ordner: Wenn Sie für einen Ordner *Immer behalten auf diesem Gerät* festlegen, dann werden auch alle Dateien in diesem Ordner automatisch auf die Festplatte heruntergeladen. Wenn ein Ordner nur online verfügbar ist, dann können trotzdem einzelne Dateien dieses Ordners als *Immer behalten auf diesem Gerät* gekennzeichnet werden.

Ordner ausblenden

Möglicherweise möchten Sie einzelne OneDrive-Ordner auf einem Gerät ausblenden, z. B. einen privaten Ordner nicht auf dem Arbeitsplatzrechner anzeigen. Dann gehen Sie so vor:

1. Klicken Sie im Infobereich der Taskleiste auf das *OneDrive*-Symbol und anschließend auf das Symbol *Einstellungen* (Bild 4.29).
2. Klicken Sie dann im Register *Konto* auf die Schaltfläche *Ordner wählen* ❶.

3 Das unten abgebildete Fenster öffnet sich. Deaktivieren Sie hier links vom jeweiligen Ordner das Kontrollkästchen ❷ und schließen Sie das Fenster mit *OK* ❸.

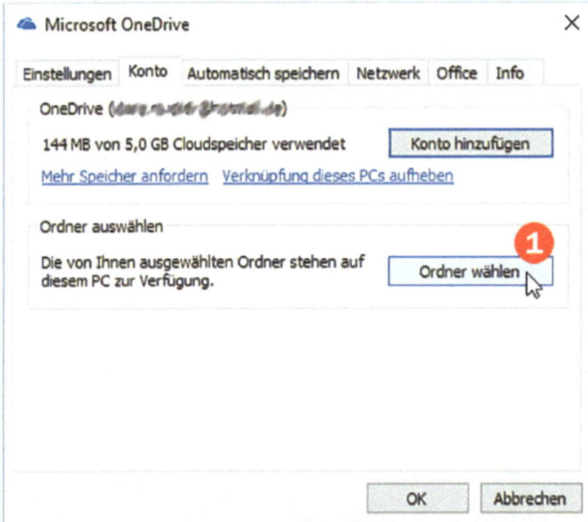

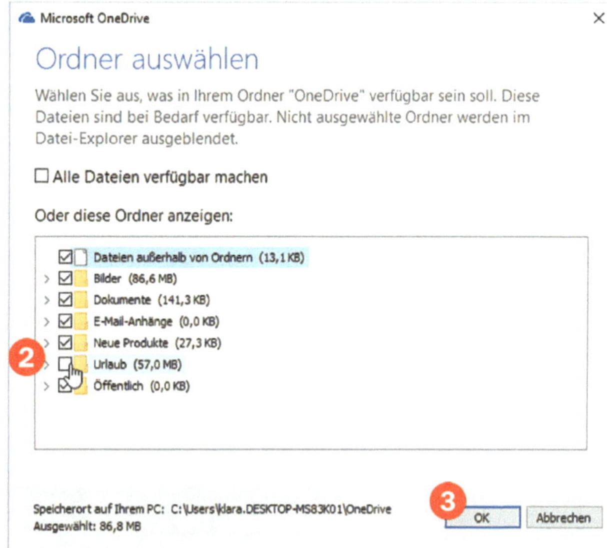

Bild 4.34 Konto : Klicken Sie auf Ordner wählen

Bild 4.35 Ordner deaktivieren

OneDrive beenden, Synchronisierung unterbrechen

Wenn Sie die Synchronisierung offline verfügbarer Dateien unterbrechen oder aus irgendeinem Grund OneDrive beenden möchten, dann klicken Sie in der Taskleiste mit der rechten Maustaste auf das *OneDrive*-Symbol ☁.

- Zur vorübergehenden Unterbrechung klicken Sie auf den Befehl *Synchronisierung anhalten* und wählen eine Zeitspanne, maximal 24 Stunden.
- *OneDrive* wird automatisch mit der Anmeldung am PC gestartet. Falls Sie *OneDrive* beenden möchten, so klicken Sie auf *Beenden* und bestätigen die anschließende Rückfrage mit Klick auf die Schaltfläche *OneDrive schließen*. Dies bedeutet, dass Sie anschließend nur noch offline verfügbare Dateien öffnen können.

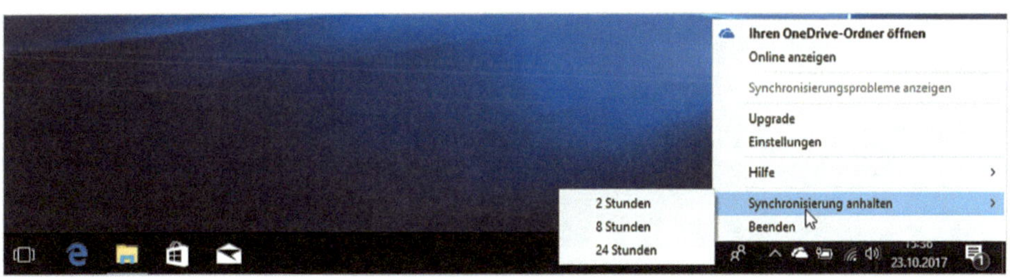

Bild 4.36 Synchronisierung beenden / anhalten

OneDrive starten

Wenn Sie *OneDrive* beendet haben und anschließend erneut starten möchten, dann klicken Sie im Startmenü auf die App *OneDrive*. Sollte hier auch *OneDrive for Business* angezeigt werden, so handelt es sich um eine Version für Nutzer von Office 365 und SharePoint.

OneDrive im Webbrowser

Einer der Vorteile von *OneDrive* besteht darin, dass Sie von jedem beliebigen Computer auf Ihre Daten zugreifen können, vorausgesetzt das Gerät ist mit dem Internet verbunden. In diesem Fall werden Ihre Dateien und Ordner im Browser angezeigt, z. B. Microsoft Edge oder Mozilla Firefox.

www.onedrive.live.com

- Wenn Sie am Computer nicht mit Ihrem Microsoft-Konto angemeldet sind, dann starten Sie den Browser und geben folgende Adresse ein: onedrive.live.com. Klicken Sie auf der Startseite auf *Anmelden* und geben Sie anschließend E-Mail Adresse und Kennwort Ihres Microsoft-Kontos ein.
- Sind Sie auf einem Gerät mit Ihrem Microsoft-Konto angemeldet, dann klicken Sie mit der rechten Maustaste im Infobereich der Taskleiste auf das *OneDrive*-Symbol und auf *Online anzeigen* oder klicken Sie im Datei-Explorer mit der rechten Maustaste auf *OneDrive* und auf *Online anzeigen*.

Bild 4.37 OneDrive Online anzeigen

Übersicht

- In der rechten oberen Ecke sehen Sie Ihr Profilbild ❶, bzw. den Platzhalter für das Bild. Klicken Sie auf dieses Bild, wenn Sie sich abmelden oder Ihr Microsoft-Konto bearbeiten möchten.

Bild 4.38 OneDrive im Browser

- Links befindet sich eine Navigationsspalte. Sollte diese nicht sichtbar sein, so klicken Sie zum Einblenden auf dieses Symbol ❷. Sie finden hier folgende Kategorien: *Dateien* zeigt rechts im Anzeigebereich alle auf *OneDrive* vorhandenen Ordner an, *Zuletzt verwendet* die zuletzt verwendeten Dateien und *Geteilt* die freigegebenen Elemente. Außerdem finden Sie hier noch den Papierkorb und mit *Fotos* eine spezielle Ansicht zur Anzeige von Bildern.

- Oberhalb des Anzeigebereichs befindet sich eine Befehlsleiste, über die Sie beispielsweise neue Dokumente erstellen oder bestehende hochladen können. Die übrigen hier verfügbaren Befehle sind abhängig vom Inhalt des Anzeigebereichs.
- Rechts in der Befehlsleiste finden Sie drei Symbole: Mit *Sortieren* ❸ können Sie den Inhalt eines Ordners nach Name oder Änderungsdatum sortieren. Die Schaltfläche rechts daneben ❹ wechselt zwischen den Ansichten *Liste*, *Kacheln* und *Foto* und die dritte Schaltfläche *i* blendet in einer Informationsspalte Details zur markierten Datei ein und aus.

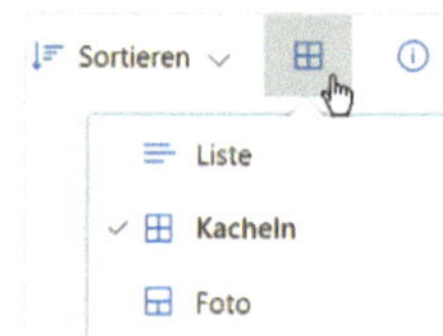

Navigation

- Im Gegensatz zum Datei-Explorer öffnen Sie hier einen Ordner oder eine Datei mit einem einfachen Mausklick. Die Adressleiste oberhalb zeigt den aktuellen Dateipfad an. Klicken Sie entweder hier auf einen der übergeordneten Ordner oder in der linken Navigationsleiste auf *Dateien*.

Ein einfacher Mausklick genügt zum Öffnen bzw. Anzeigen von Inhalten!

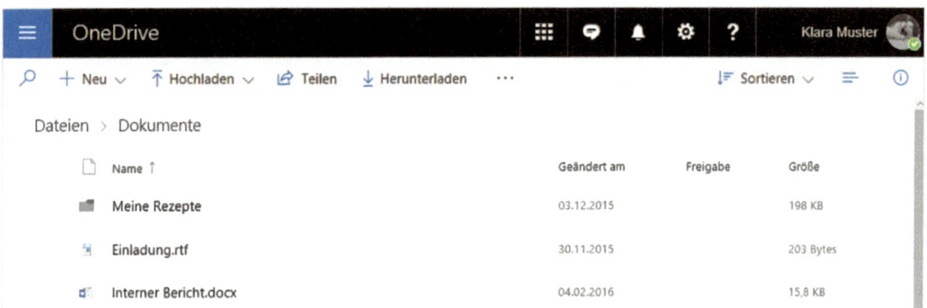

Bild 4.39 Navigation zum übergeordneten Ordner

- Zum Markieren von Dateien und Ordnern benutzen Sie eine gesonderte Schaltfläche, ähnlich einem Kontrollkästchen. Dieses erscheint, wenn Sie auf das betreffende Element zeigen, je nach Ansicht rechts oben oder links vom Namen.

Bild 4.40 Benutzen Sie zum Markieren die Schaltflächen

Dateien und Ordner organisieren

Die wichtigsten Befehle zur Verwaltung von Dateien und Ordnern finden Sie in der Befehlsleiste oberhalb des Dateipfades. Sollten nicht alle Befehle angezeigt werden, so klicken Sie auf das Symbol mit den drei Punkten ... am Ende der Leiste. Die Anzeige mancher Befehle hängt auch davon ab, ob ein Objekt markiert ist. Dieselben Befehle stehen auch über das Kontextmenü der rechten Maustaste zum jeweiligen Objekt zur Verfügung.

Bild 4.41 Befehlsleiste

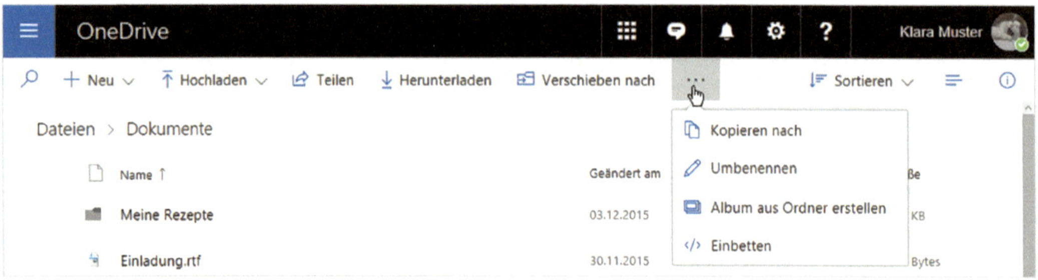

- **Neuen Ordner anlegen**
  Klicken Sie auf die Schaltfläche *Neu*.
- **Eine Datei von der lokalen Festplatte hinzufügen**
  Klicken Sie auf *Hochladen*. Es öffnet sich das bekannte Dialogfenster *Öffnen* und Sie können eine oder mehrere Dateien auswählen.
- **Markierte Dateien und/oder Ordner auf der lokalen Festplatte speichern**
  Klicken Sie auf *Herunterladen*, die Elemente werden automatisch im Ordner *Downloads* gespeichert.
- Die Vorgehensweise bei den Befehlen, *Löschen*, *Verschieben nach*, *Kopieren nach* und *Umbenennen* unterscheidet sich nicht vom Datei-Explorer.

Dateien im Browser öffnen

Microsoft-Office Dokumente, beispielsweise Excel-Arbeitsmappen oder Word-Dokumente können Sie im Browser öffnen und auch bearbeiten. Das Dokument wird in einem neuen Tab des Browsers mit *Word Online* ❶ geöffnet. Wenn Sie es mit Word bearbeiten möchten, dann klicken Sie auf die Schaltfläche *In Word bearbeiten* ❷.

Bild 4.42 Beispiel: Word-Dokument mit Word Online bearbeiten

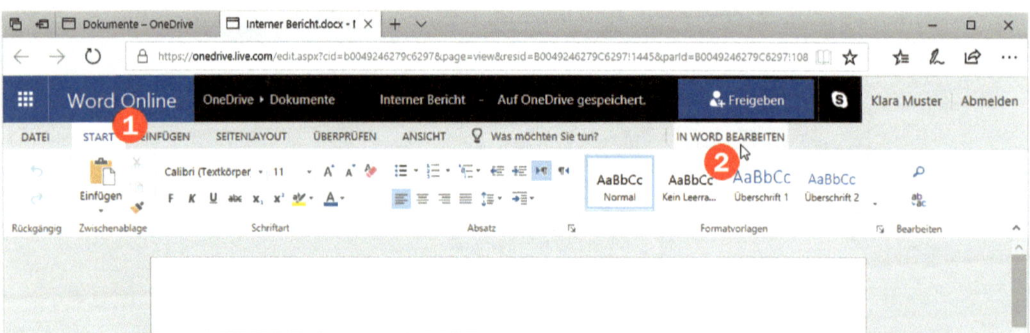

Zum Schließen der Datei brauchen Sie nur den Tab des Browsers schließen.

Sollte ein Öffnen im Browser nicht möglich sein, dann wird die Datei beim Anklicken heruntergeladen und im Ordner *Downloads* gespeichert. Klicken Sie anschließend auf *Öffnen*, um sie mit der Standard-App zu öffnen und zu bearbeiten.

Dateien und Ordner mit anderen Personen teilen

Sie können auf *OneDrive* gespeicherte Dateien und Ordner mit anderen Personen teilen, indem Sie einen Link per E-Mail senden.

Im Browser teilen

Im Webbrowser markieren Sie dazu die Dateien oder den Ordner und klicken in der Befehlsleiste auf *Teilen*; denselben Befehl erhalten Sie auch, wenn Sie mit der rechten Maustaste auf das betreffende Element klicken.

1 Das Fenster *Teilen* (Bild unten) wird geöffnet, wählen Sie zwischen *Link abrufen* und *E-Mail* ❶. Wenn das Kontrollkästchen *Bearbeiten zulassen* ❷ aktiviert ist, können die freigegebenen Elemente auch bearbeitet werden. Deaktivieren Sie diese Einstellung, wenn Sie nur zur Anzeige freigeben möchten.

Mit Klick auf *Mehr* erhalten Sie auch die Möglichkeit, einen Facebook- oder Twitter-Link zu erstellen.

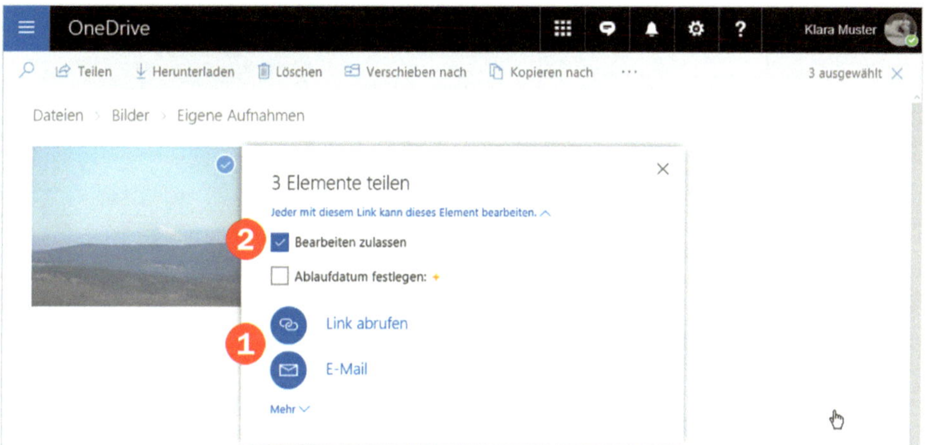

Bild 4.43 Die markierten Elemente teilen: Wählen Sie zwischen Link und E-Mail

2 Wenn Sie *E-Mail* gewählt haben, dann tragen Sie im Feld *An* ❸ die E-Mail Adressen der Personen ein, die Zugriff erhalten sollen. Im Feld unterhalb können Sie eine kurze Notiz hinzufügen. Klicken Sie dann auf *Teilen* ❹.

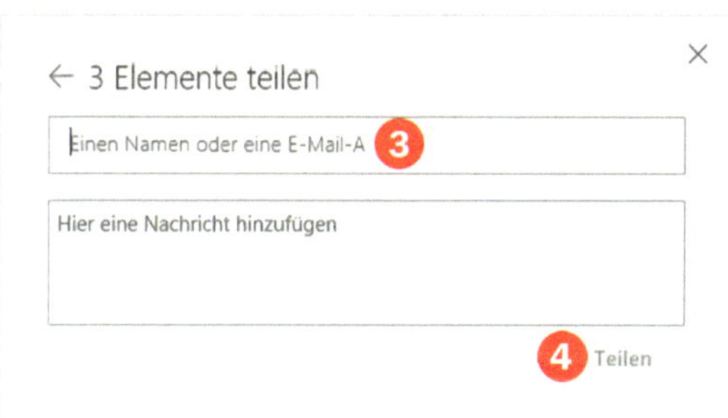

Bild 4.44 E-Mail Adressen eingeben

Bild 4.45 Oder Freigabelink erzeugen

3 Wenn Sie stattdessen einen Link erzeugen und weitergeben möchten, dann klicken Sie auf *Link abrufen*. Der Link ❺ wird erstellt und erscheint in einem Feld.

Mit Klick auf die Schaltfläche *Kopieren* können Sie diesen anschließend in die Zwischenablage kopieren und in die Nachricht eines beliebigen E-Mail Programms, z. B. Outlook, einfügen.

Bild 4.46 Freigabe aufheben

Freigabe aufheben

1 Geteilte bzw. freigegebene Ordner erkennen Sie am Symbol. Markieren Sie den Ordner, dessen Freigabe Sie aufheben möchten und klicken Sie oben rechts auf das Symbol *Info* ❶.

2 Rechts öffnet sich der Infobereich und Sie sehen, mit wem der Ordner geteilt wurde. Klicken Sie auf *Zugriff verwalten* ❷ um die Personen mit Berechtigung anzuzeigen.

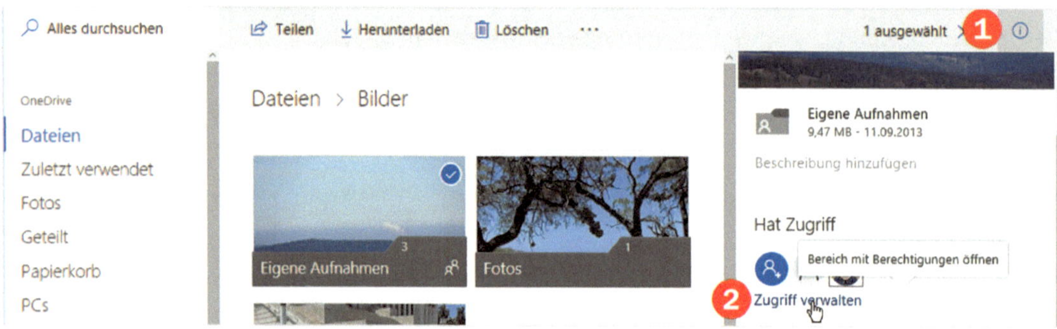

3 Es öffnet sich der Bereich *Zugriff verwalten*. Klicken Sie bei der betreffenden Person auf die Berechtigung ❸ und wählen Sie *Nicht mehr teilen*.

Haben Sie dagegen einen Freigabelink erzeugt, so erscheint stattdessen der Link im Infobereich. Klicken Sie auf das Symbol *Link deaktivieren* bzw. *x* und bestätigen Sie erneut mit Klick auf die Schaltfläche *Link entfernen*.

Bild 4.47 Ändern Sie die Berechtigung oder klicken Sie auf Nicht mehr teilen

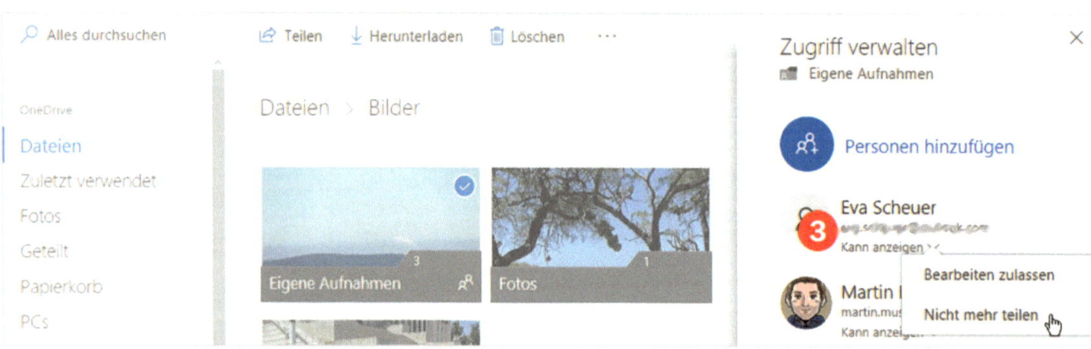

Im Datei-Explorer teilen

Im Datei-Explorer können Sie für *OneDrive*-Dateien und Ordner ebenfalls einen Freigabelink erzeugen und diesen anschließend aus der Zwischenablage in ein beliebiges Dokument oder eine E-Mail einfügen.

1 Dazu klicken Sie im Anzeigebereich des Explorers mit der rechten Maustaste auf die betreffende Datei oder den Ordner und auf *Einen OneDrive Link freigeben*.

2 Der Link wird automatisch in der Zwischenablage erzeugt und kann anschließend sofort beliebig eingefügt werden, z. B. mit der Tastenkombination Strg+V. Im Info-Center bzw. in der rechten unteren Ecke des Bildschirms erscheint eine entsprechende Meldung.

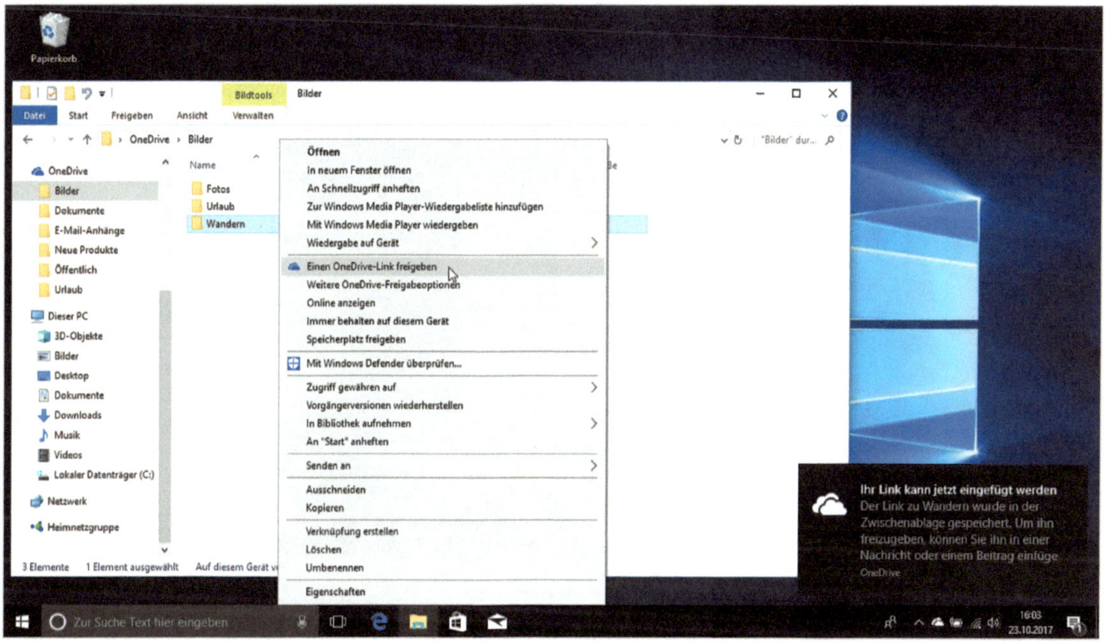

Bild 4.48 Einen Freigabelink im Datei-Explorer erzeugen

Klicken Sie dagegen im Kontextmenü auf *Weitere OneDrive-Freigabeoptionen*, so öffnet sich Ihr Standardbrowser mit *OneDrive* und Sie können die oben beschriebenen Freigabemethoden benutzen.

Tipp: Wenn *Dateien bei Bedarf* aktiviert ist, dann erkennen Sie auch im Datei-Explorer schnell an einem Symbol, ob eine Datei oder ein Ordner geteilt wurde.

Bild 4.49 Geteilte Ordner im Datei-Explorer

Schnelles Teilen mit angehefteten Kontakten

Wenn Sie im Infobereich der Taskleiste Kontakte angeheftet haben, dann ist auch schnelles Teilen durch Ziehen möglich: Ziehen Sie einfach die Datei ❶ mit gedrückter Maustaste aus dem Datei-Explorer heraus und auf den angehefteten Kontakt ❷. Es öffnet sich das Fenster *Teilen mit ...*, wählen Sie eventuell ein E-Mail Konto, geben Sie bei Bedarf einen Nachrichtentext ein und klicken Sie auf *Senden*. Die Datei wird in diesem Fall als Anlage angefügt. Dieser Weg eignet sich daher nicht nur für OneDrive-Dateien, sondern für jede beliebige Datei.

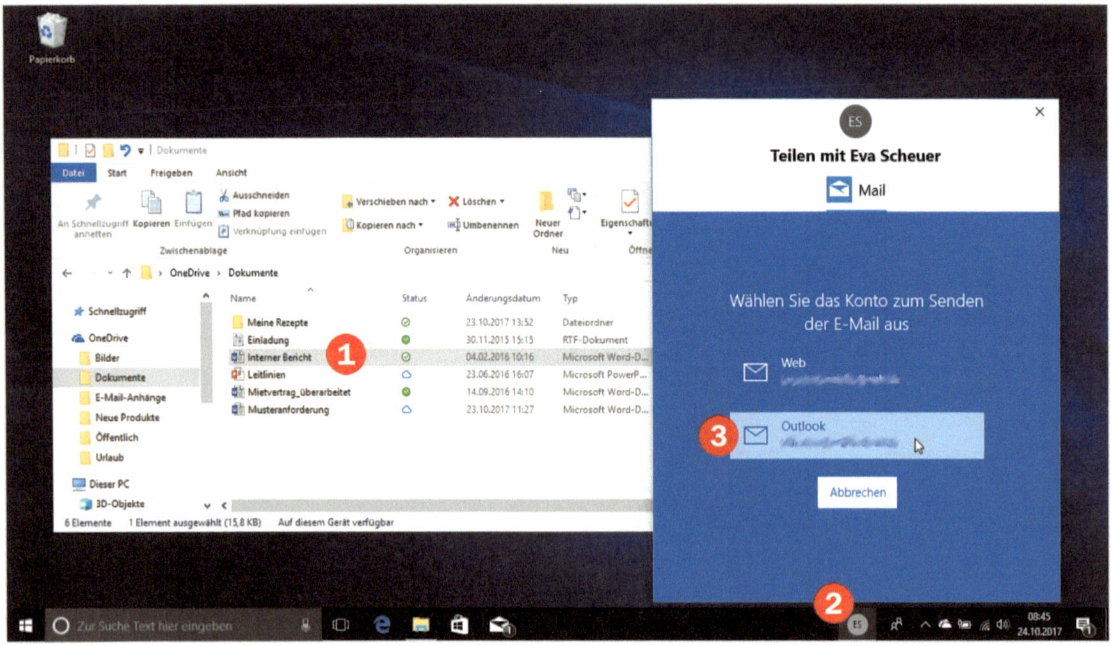

4.6 Startverhalten und Schnellzugriff des Explorers steuern

Aussehen und Verhalten des Datei-Explorers können Sie an Ihre Bedürfnisse anpassen, insbesondere die Anzeige von Ordnerinhalten und den Schnellzugriff.

Beim Öffnen Dieser PC anzeigen

Standardmäßig werden beim Öffnen des Explorers im Anzeigebereich alle, unter *Schnellzugriff* vorhandenen Ordner, sowie die zuletzt verwendeten Dateien angezeigt. Wenn stattdessen, wie z. B. bei Windows 7 *Dieser PC* angezeigt werden soll, dann gehen Sie so vor:

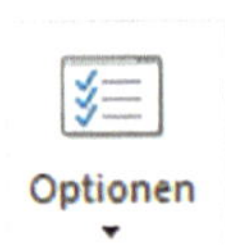

1 Klicken Sie im Menüband des Explorers auf das Register *Ansicht* und hier auf die Schaltfläche *Optionen* ❶ oder im Register *Datei* auf *Ordner- und Suchoptionen ändern*. In beiden Fällen öffnet sich das Dialogfenster *Ordneroptionen*, zunächst mit dem Register *Allgemein*.

2 Klicken Sie bei *Datei-Explorer öffnen für* auf den Dropdown-Pfeil und wählen Sie anstelle *Schnellzugriff* (Standardeinstellung) *Dieser PC* aus ❷.

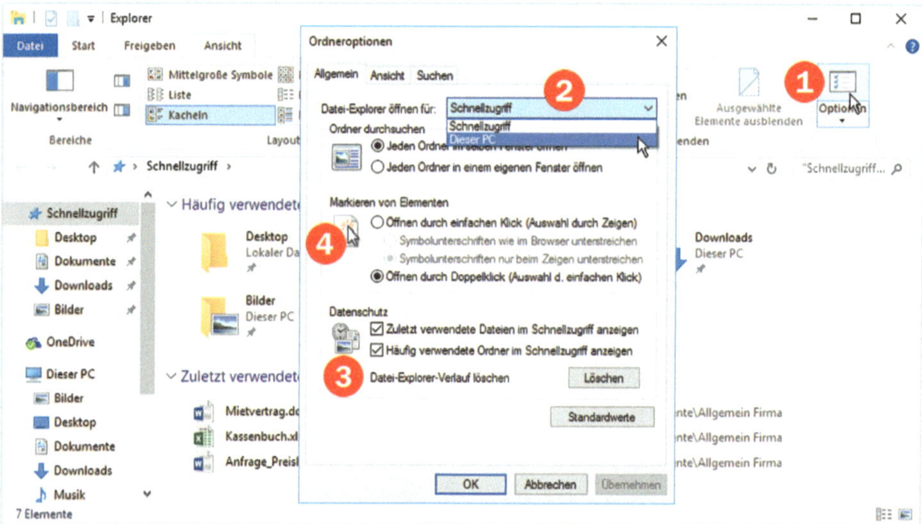

Bild 4.50 Beim Öffnen des Explorers Dieser PC anzeigen

3 Unter *Datenschutz* ❸ können Sie die Anzeige zuletzt verwendeter Dateien in der Schnellzugriffsliste und häufig verwendeter (nicht angehefteter) Ordner über die jeweiligen Kontrollkästchen deaktivieren.

Zusätzlich kann bei *Datei-Explorer-Verlauf löschen* über die Schaltfläche *Löschen*, ähnlich den Browsereinstellungen, die Liste zuletzt besuchter Speicherorte gelöscht werden.

Tipp: Die Schaltfläche *Standardwerte* setzt alle geänderten Einstellungen auf die ursprünglichen Werte zurück.

Objekte mit einfachem Mausklick öffnen

Standardmäßig öffnen Sie Elemente mit einem Doppelklick auf das Symbol, beispielsweise auf dem Desktop. Diese Einstellung können Sie in den Ordneroptionen unter *Markieren von Flementen* ❹ so ändern, dass dazu ein einfacher Mausklick genügt.

Erweiterte Anzeigeeinstellungen

- Weitere Möglichkeiten finden Sie im Register *Ansicht* des Fensters *Ordneroptionen*. Hier können Sie, falls gewünscht, die aktuell verwendete Ansicht, z. B. *Details*, als Standardansicht für alle Ordner desselben Typs verwenden. Klicken Sie dazu auf die Schaltfläche *Für Ordner übernehmen*.
- In der Liste *Erweiterte Einstellungen* sind wie bisher detaillierte Einstellungen zur Anzeige von Dateien und Ordnern möglich, so lassen sich hier beispielsweise geschützte Systemdateien, also wichtige Dateien von Windows, ein- oder ausblenden.

4.7 Laufwerke und Speicherplatz verwalten

Die automatische Wiedergabe steuern

Unmittelbar nach dem Anschließen eines externen Datenträgers bzw. dem Einlegen einer CD/DVD erscheint in der unteren rechten Ecke des Bildschirms ein kurzer Hinweis ❶ und nach einem Klick auf die Meldung können Sie wählen, welche Aktion mit dem Datenträger ausgeführt werden soll. Klicken Sie auf die Meldung, abhängig vom Datenträgertyp schlägt Windows anschließend verschiedene Aktionen vor ❷.

Egal, welche Auswahl Sie treffen, Windows speichert Ihre Wahl und führt diese beim nächsten Mal nach dem Anschließen bzw. Einlegen eines Datenträgers dieses Typs automatisch aus.

Bild 4.51 Meldung nach dem Anschließen eines USB-Sticks

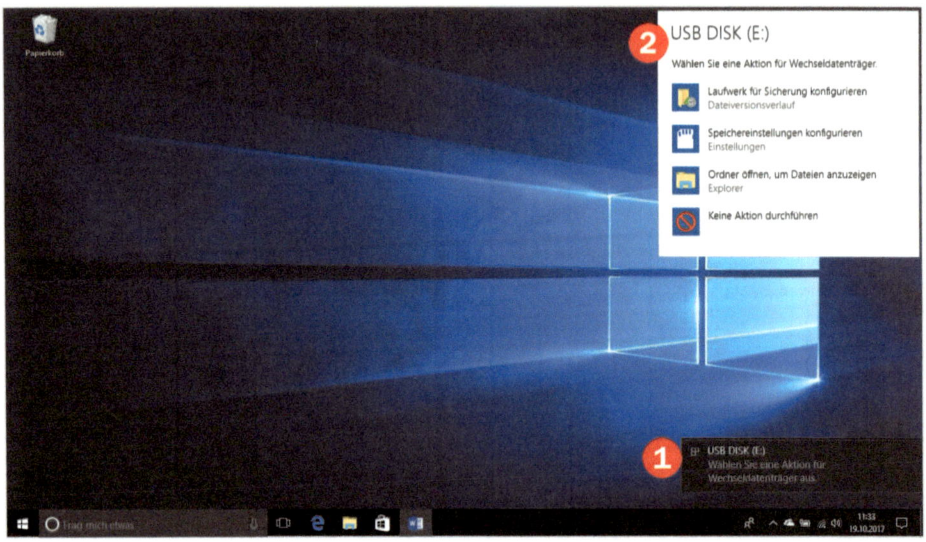

Achtung: Beide Meldungen verschwinden nach einigen Sekunden wieder. Dann öffnen Sie zum Anzeigen des Inhalts einfach den Datei-Explorer.

- Mit Klick auf *Ordner öffnen, um Dateien anzuzeigen* wird der Explorer gestartet und zeigt den Inhalt des Datenträgers an. Er erscheint unter *Dieser PC* mit dem automatisch zugewiesenen Laufwerksbuchstaben.
- Beim Anschließen einer externen Festplatte oder eines USB-Sticks bietet Windows eine weitere Option an: *Laufwerk für Sicherung konfigurieren (Dateiversionsverlauf)*. Damit können Sie das Laufwerk als Sicherungslaufwerk zur Datensicherung konfigurieren. Näheres hierzu weiter unten auf Seite 120.
- Die Auswahl *Speichereinstellungen konfigurieren* öffnet die Einstellungen (*System*) von Windows, Sie erhalten eine Übersicht über den genutzten Speicherplatz und können bei Bedarf Speicherplatz freigeben (siehe Seite 117).

Einstellungen zur automatischen Wiedergabe

Die Aufforderung, eine Aktion für den Wechseldatenträger auszuwählen, erscheint nur beim ersten Mal: Windows speichert die getroffene Auswahl und führt diese beim nächsten Anschließen des Datenträgers automatisch aus. Wenn Sie die Einstellungen für die automatische Wiedergabe kontrollieren und ggf. ändern möchten, dann gehen Sie so vor:

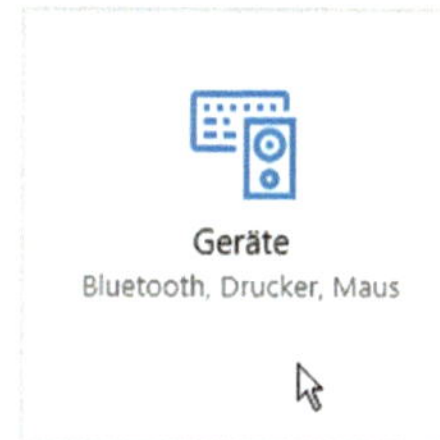

1 Öffnen Sie die *Einstellungen* und klicken Sie auf *Geräte*. Wählen Sie dann links *Automatische Wiedergabe*. Alternativ können Sie auch im Suchfeld der Taskleiste den Begriff „Wiedergabe" eintippen.

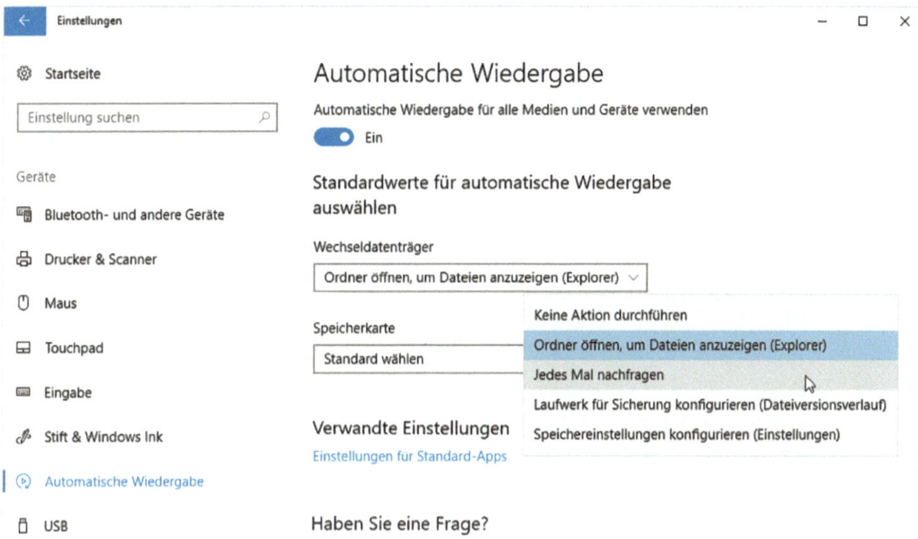

Bild 4.52 Einstellungen zur Automatischen Wiedergabe

2 Nun können Sie Wechseldatenträgern eine Aktion zuweisen: Klicken Sie auf den Dropdown-Pfeil *Wechseldatenträger* und wählen Sie eine Aktion aus. Unterhalb können Sie auch noch eine Aktion für das Einlegen bzw. Anschließen einer Speicherkarte auswählen. Bei Bedarf lässt sich mit dem Schalter *Automatische Wiedergabe für alle Medien und Geräte verwenden* die automatische Wiedergabe auch komplett deaktivieren.

Falls Sie wie bisher, jedem Medientyp eine gesondert Aktion zuweisen möchten, so finden Sie dies nach wie vor in der Systemsteuerung, Kategorie *Hardware und Sound*. Klicken Sie hier auf *Automatische Wiedergabe*.

Speichernutzung kontrollieren

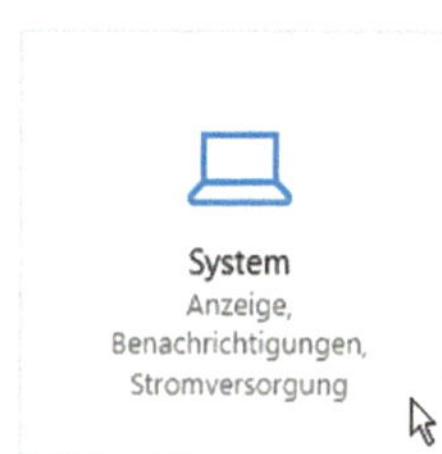

Um eine Übersicht über den belegten Speicherplatz zu erhalten, klicken Sie in den Einstellungen auf *System* und hier auf *Speicher* ❶. Rechts erscheinen alle angeschlossenen Datenträger, also auch externe Festplatte und USB-Speicherstift. Für weitere Details klicken Sie auf das Laufwerk, z. B. *Dieser PC (C:)*, also die Festplatte ❷.

Einzelheiten zum belegten Speicherplatz werden ermittelt, daher kann es einige Sekunden dauern, bis die Anzeige erscheint. Anschließend sehen Sie, wie viel Speicherplatz jeweils von den Standardordnern, Apps und Spielen und von temporären Dateien, z. B. im Papierkorb, belegt werden.

Achtung: CD/DVD werden hier nicht aufgeführt.

- Mit einem Klick auf eine Kategorie, z. B. *Apps und Spiele* ❸ listet Windows alle installierten Apps dieser Kategorie samt belegtem Speicherplatz auf und Sie erhalten die Möglichkeit, eine nicht mehr benötigte App zu deinstallieren.
- Klicken Sie dagegen auf einen Dateityp, z. B. *Bilder*, so können Sie mit anschließendem Klick auf die Schaltfläche *Anzeigen* den Datei-Explorer mit dem entsprechenden persönlichen Ordner öffnen und hier Ihre Bilder verwalten.

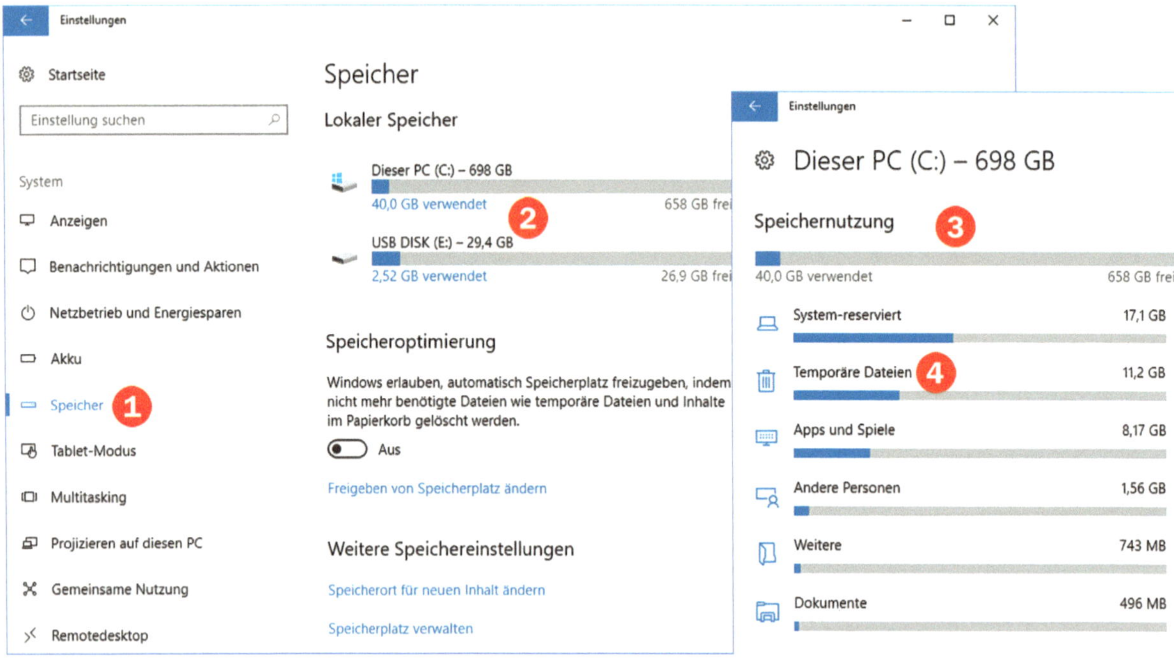

Bild 4.53 Speicherplatzbelegung der Laufwerke anzeigen

Temporäre Dateien entfernen

In der Übersicht finden Sie auch die sogenannten temporären Dateien ❹. Diese belegen meist unnötig Speicherplatz, da sie in der Regel nicht mehr benötigt werden. Um Einzelheiten anzuzeigen, klicken Sie auf *Temporäre Dateien*. Anschließend können Sie über Kontrollkästchen den Papierkorb leeren oder den Ordner *Downloads* auswählen und mit der Schaltfläche *Dateien entfernen* von der Festplatte entfernen. Nach größeren Updates (Upgrade) können Sie hier die vorherige Windows-Version entfernen.

Achtung: Eine Wiederherstellung der alten Version ist dann selbstverständlich nicht mehr möglich!

Speicheroptimierung, Speicherplatz freigeben

Unter *Speicheroptimierung* bietet Windows an, die oben genannten Dateien automatisch von der Festplatte zu entfernen. Welche Elemente im Einzelnen entfernt werden, das legen Sie mit Klick auf *Freigeben von Speicherplatz ändern* ❶ fest.

Einigen Anwendern dürfte dies aus früheren Windows-Versionen unter der Bezeichnung Datenträgerbereinigung bekannt sein.

- Aktivieren Sie den Schalter *Speicheroptimierung* ❷, wenn diese automatisch ausgeführt werden soll, sobald der Speicherplatz knapp wird, z. B. bei der Neuinstallation umfangreicher Anwendungen.
- Welche temporären Dateien gelöscht werden sollen, legen Sie über Kontrollkästchen fest ❸. Zusätzlich können Sie auch die vorherige Windows-Version zum Löschen freigeben, falls vorhanden.
- Mit einem Klick auf die Schaltfläche *Jetzt bereinigen* ❹ können Sie anschließend die ausgewählten Dateien sofort löschen und den Speicherplatz freigeben.

Bild 4.54 Speicherplatz automatisch freigeben

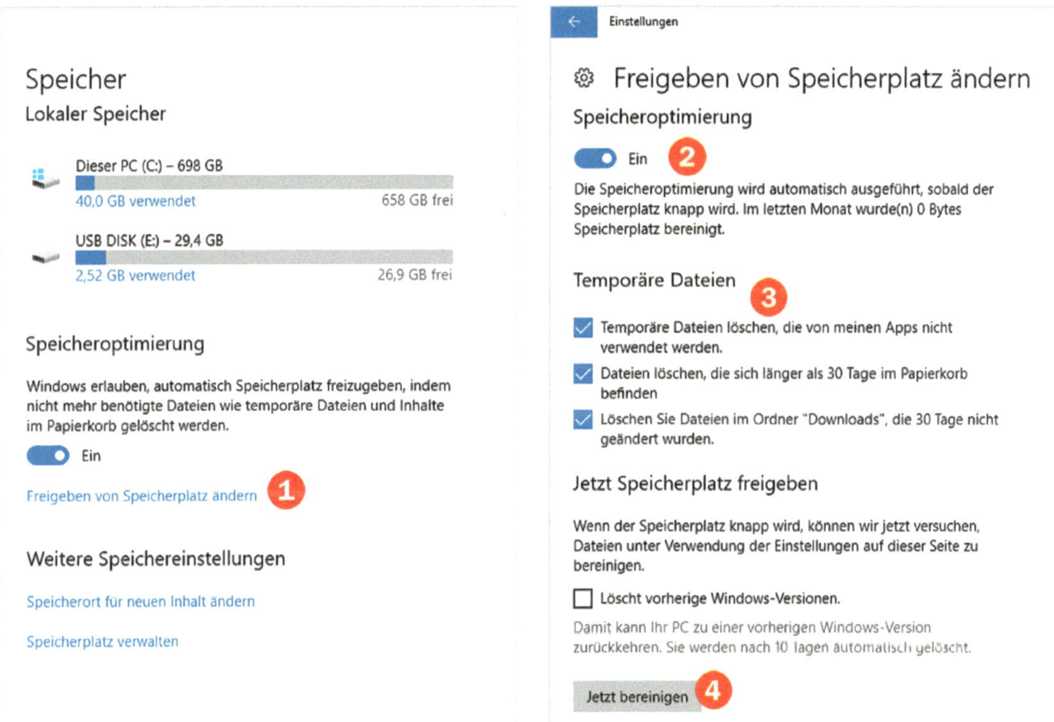

Standardspeicherorte festlegen

Verfügt Ihr PC über mehrere Festplatten bzw. Festplattenpartitionen oder ist eine externe Festplatte angeschlossen, dann können Sie eine davon als Standardspeicherort z. B. für neue Apps, Dokumente oder Videos festlegen. Nützlich ist diese Einstellung auch, wenn Sie Windows 10 auf einem Smartphone nutzen und beispielsweise heruntergeladene Musik standardmäßig auf der SD-Speicherkarte speichern möchten.

Dazu klicken Sie in den Einstellungen auf *System* und hier auf *Speicher*. Klicken Sie dann auf den Link *Speicherort für neuen Inhalt ändern* ❶. Anschließend können Sie jedem Typ ein Laufwerk zuweisen ❷ bzw. das Standardlaufwerk ändern.

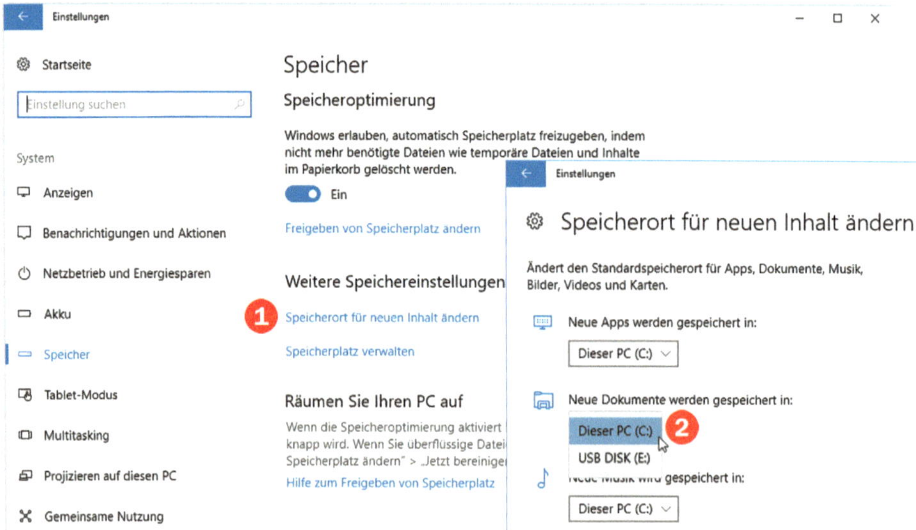

Bild 4.55 Den Standardspeicherort festlegen

4.8 Datensicherung mit dem Dateiversionsverlauf

Sicherungen erstellen

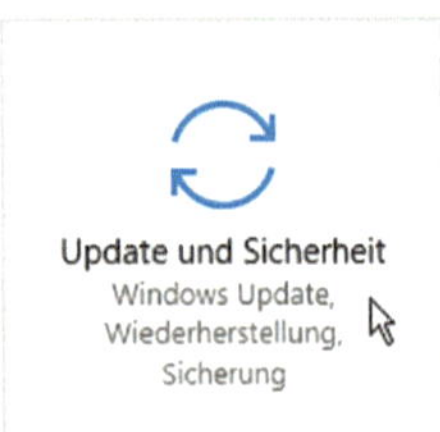

Wichtige Daten sollten regelmäßig auf einem externen Datenträger gesichert werden, um Datenverlust bei eventuellen Defekten, z. B. der Festplatte oder bei Virenbefall, z. B. Verschlüsselungstrojanern, zu vermeiden. Windows 10 unterstützt unter der Bezeichnung Dateiversionsverlauf regelmäßige und umfassende Sicherungen Ihrer Dateien im Hintergrund. Öffnen Sie dazu die *Einstellungen*, klicken Sie auf *Update und Sicherheit* und auf *Sicherung* ❶.

1 Im ersten Schritt müssen Sie ein geeignetes Laufwerk festlegen, klicken Sie dazu unter *Mit Dateiversionsverlauf sichern* auf *Laufwerk hinzufügen* ❷. Windows sucht nach geeigneten Laufwerken, dies kann einige Sekunden dauern, und zeigt diese anschließend an.

2 Klicken Sie auf das Laufwerk, auf dem die Datensicherung erfolgen soll ❸. Über *Alle Netzwerkadressen anzeigen* können Sie in einem Netzwerk auch verbundene Netzlaufwerke zur Datensicherung auswählen.

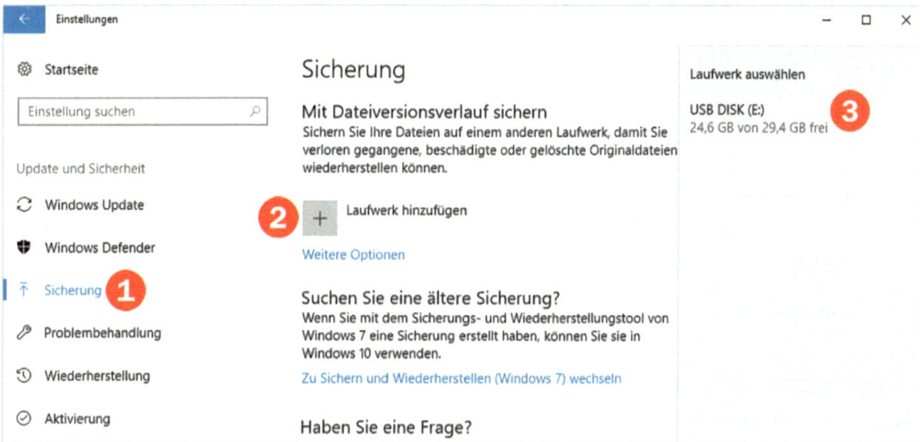

Bild 4.56 Laufwerk für die Datensicherung auswählen

Da Datensicherung nur auf einem zweiten Datenträger sinnvoll ist, erscheinen hier nur angeschlossene externe Laufwerke, nicht aber die Festplatte.

3 Anschließend wird die automatische Sicherung aktiviert bzw. der Schalter *Meine Dateien automatisch sichern* auf *Ein* gesetzt ❶, siehe Bild unten. Um Sicherungsintervall und die zu sichernden Ordner zu kontrollieren und ggf. zu ändern, klicken Sie auf *Weitere Optionen* ❷.

Bild 4.57 Ordner kontrollieren bzw. auswählen

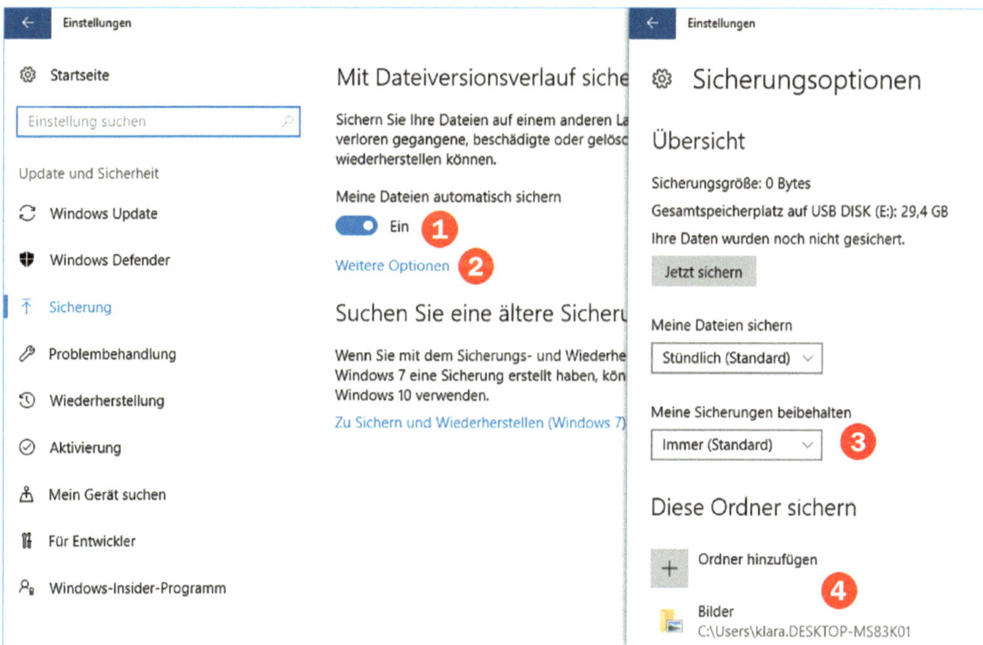

4 Unter *Übersicht* können Sie nun das Sicherungsintervall bei Bedarf ändern. Im Feld *Meine Sicherungen beibehalten* ❸ wählen Sie aus, wie lange die gesicherten Daten gespeichert bleiben, bevor sie überschrieben werden. Je nach Zeitraum haben Sie damit die Möglichkeit, auch auf ältere Datensicherungen zurückzugreifen. Beachten Sie aber, dass sich damit der Speicherplatzbedarf auf dem Sicherungslaufwerk erhöht.

Standardmäßig gesichert werden alle persönlichen Benutzerordner.

5 Unter *Diese Ordner sichern* ❹ werden alle Ordner aufgeführt, die in die Datensicherung einbezogen werden. Um hier einzelne Ordner auszunehmen, klicken Sie auf den betreffenden Ordner und auf die Schaltfläche *Entfernen*. Weitere Ordner wählen Sie über die Schaltfläche *Ordner hinzufügen* aus. Möchten Sie dagegen einzelne Unterordner eines ausgewählten Ordners ausschließen, so klicken Sie am Ende der Liste unter *Diese Ordner ausschließen* auf die Schaltfläche *Ordner hinzufügen*, markieren den gewünschten Ordner und klicken auf *Diesen Ordner auswählen*.

6 Über die Schaltfläche *Jetzt sichern* starten Sie die Datensicherung manuell.

Ein anderes Laufwerk zur Sicherung auswählen

Wenn die Datensicherung bereits aktiviert wurde und Sie später ein anderes Sicherungslaufwerk verwenden möchten, dann müssen Sie zuvor die Verwendung des bisherigen Sicherungslaufwerks beenden. Klicken Sie dazu unter *Update und Sicherheit* auf *Sicherung* und hier wieder auf *Weitere Optionen*, siehe oben. Scrollen Sie dann bis an das Ende der Liste und klicken Sie auf die Schaltfläche *Laufwerk nicht mehr verwenden*. Anschließend können Sie ein anderes Laufwerk auswählen.

Gesicherte Daten wiederherstellen

So greifen Sie bei einem eventuellen Datenverlust auf die Datensicherung zurück:

1 Klicken Sie in den Einstellungen auf *Update und Sicherheit* und dann auf *Sicherung*. Klicken Sie hier auf *Weitere Optionen* und ganz am Ende der Liste auf den Link *Dateien von einer aktuellen Sicherung wiederherstellen* ❶.

2 Im Fenster *Startseite Dateiversionsverlauf* blättern Sie mit den Pfeilen ❷ zwischen den verschiedenen Versionen, sofern vorhanden.

Bild 4.58 Gesicherte Daten auswählen und wiederherstellen

3 Markieren Sie die Elemente, die Sie wiederherstellen möchten, im Bild unten den Ordner *Dokumente* ❸ und klicken Sie auf den grünen Knopf ❹.

Wenn Sie nur bestimmte Dateien und/oder Unterordner aus einem Ordner wiederherstellen möchten, dann öffnen Sie zuvor den Sicherungsordner mit Doppelklick und markieren die gewünschten Elemente, bevor Sie auf *Wiederherstellen* klicken.

Tipp: Falls Sie im Datei-Explorer auf die Sicherungskopien zugreifen möchten, so finden Sie diese auf dem Datenträger im Ordner *FileHistory*. Hier befindet sich ein Unterordner mit Ihrem Benutzernamen und in diesem liegen im Ordner *Data* Ihre gesicherten Ordner mit Inhalt.

Hinweis: In den Einstellungen finden Sie unter *Update und Sicherheit* links den gesonderten Punkt *Wiederherstellung*. Dies betrifft aber nicht die Wiederherstellung gesicherter Daten, sondern die Wiederherstellung von Windows, falls nach einem Update Probleme auftreten sollten.

Dateiversionen über die Dateieigenschaften wiederherstellen

Windows 10 unterstützt noch eine weitere Möglichkeit der Versionswiederherstellung. Diese eignet sich für die Wiederherstellung älterer Versionen einer einzelnen Datei, funktioniert aber nur in Verbindung mit dem Dateiversionsverlauf.

1 Dazu öffnen Sie den Windows-Explorer und klicken mit der rechten Maustaste auf die betreffende Datei ❶. Wählen Sie *Vorgängerversionen wiederherstellen* oder klicken Sie auf *Eigenschaften* und hier auf das Register *Vorgängerversionen*.

Bild 4.59 Einzelne Dateiversion wiederherstellen

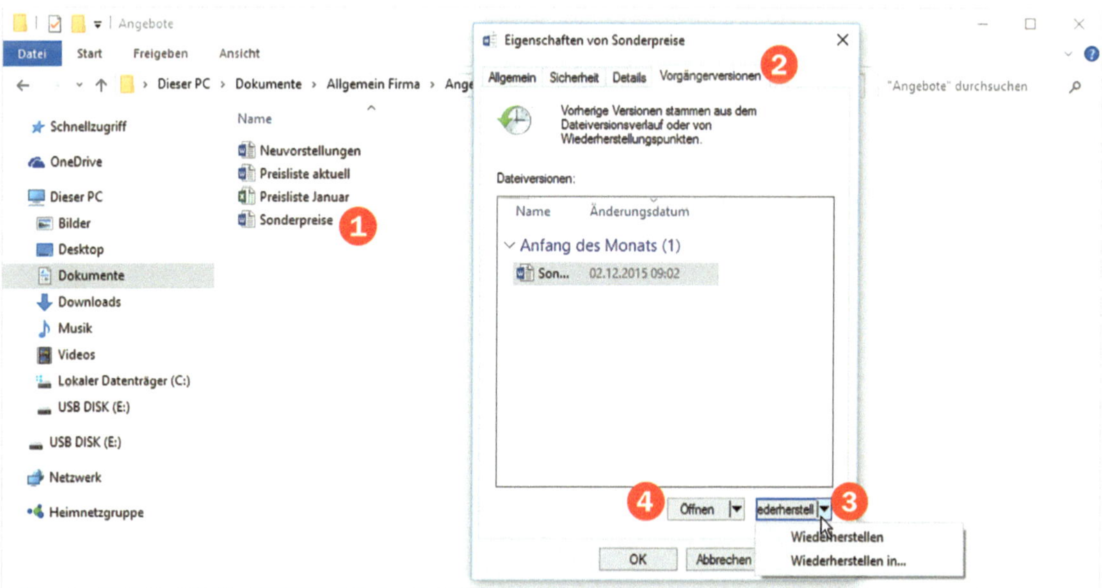

2 Es erscheint eine Liste vorhandener Versionen. Zum Wiederherstellen markieren Sie mit einem Klick die gewünschte Version und klicken Sie dann auf die Schaltfläche *Wiederherstellen* ❸.

Über den Dropdown-Pfeil dieser Schaltfläche erhalten Sie mit *Wiederherstellen in...* die Möglichkeit, die Datei an einem anderen Ort wiederherzustellen. Mit der Schaltfläche *Öffnen* ❹ können Sie den Dateiinhalt kontrollieren.

5 Konten und Benutzerverwaltung

5.1 Persönliche Kontoeinstellungen bearbeiten

- Um Ihre Kontoeinstellungen zu bearbeiten öffnen Sie das Startmenü, klicken in der Leiste links auf Ihr Profilbild ❶ bzw. den Platzhalter und wählen dann *Kontoeinstellungen ändern* ❷.
- Alternativ klicken Sie in den *Einstellungen* auf *Konten* und wählen *Ihre Infos*.

Bild 5.1 Die persönlichen Kontoeinstellungen im Startmenü öffnen

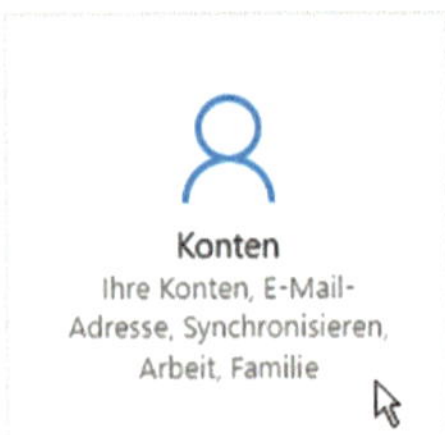

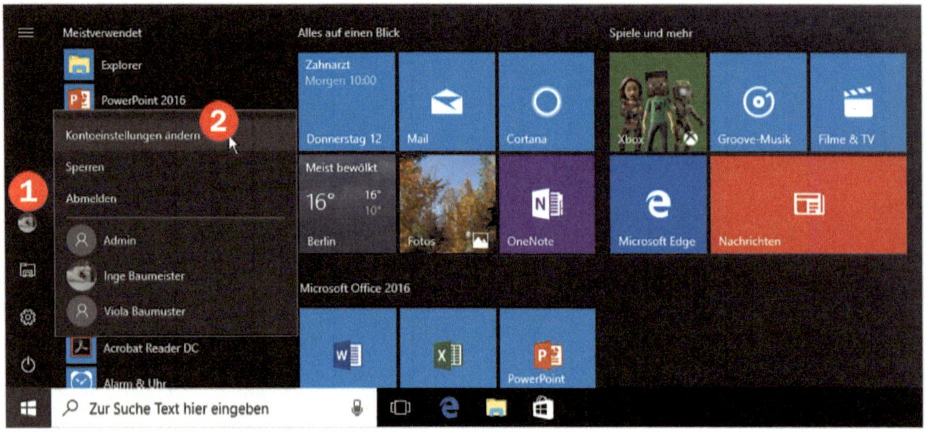

Profilbild ändern und Microsoft-Konto verwalten

Bild 5.2 Profilbild auswählen oder mit der integrierten Webcam aufnehmen

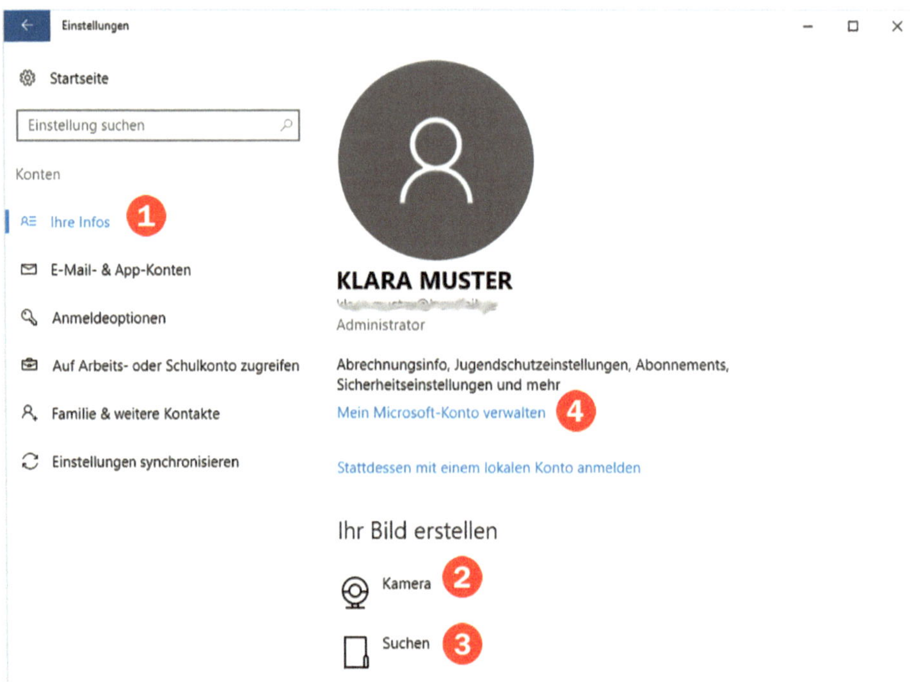

Profilbild wählen

Die Einstellungen werden mit dem Aufgabenbereich *Ihre Infos* ❶ geöffnet. Wenn Ihr Gerät über eine integrierte Kamera bzw. Webcam verfügt, dann klicken Sie unter *Ihr Bild erstellen* auf *Kamera* ❷, um ein Bild aufzunehmen. Die App *Kamera* wird automatisch gestartet und um das Bild aufzunehmen, brauchen Sie nur noch den Auslöser anklicken. Ist das gewünschte Bild bereits auf dem Gerät gespeichert, dann klicken Sie auf *Suchen* ❸ und wählen anschließend das Bild aus.

Kontoeinstellungen verwalten

Um Ihr Microsoft-Konto zu verwalten, klicken Sie auf den Link *Mein Microsoft-Konto verwalten* ❹. Ihr Standardbrowser, in der Regel Microsoft Edge, wird mit der Startseite Ihres Kontos geöffnet und Sie können Ihre Kontoeinstellungen online überprüfen und ggf. ändern.

Dazu müssen Sie natürlich am Computer mit einem Microsoft-Konto angemeldet sein.

Kennwort und Art der Anmeldung am PC ändern

Zur Anmeldung am Computer kann statt des Kennwort Ihres Microsoft-Kontos auch eine PIN, im einfachsten Fall eine vierstellige Zahl, oder ein Bildcode gewählt werden.

Wenn Sie das Kennwort Ihres Microsoft-Kontos oder die Art der Anmeldung am Gerät ändern möchten, dann klicken Sie in den Einstellungen auf *Konten* und hier auf *Anmeldeoptionen* ❶.

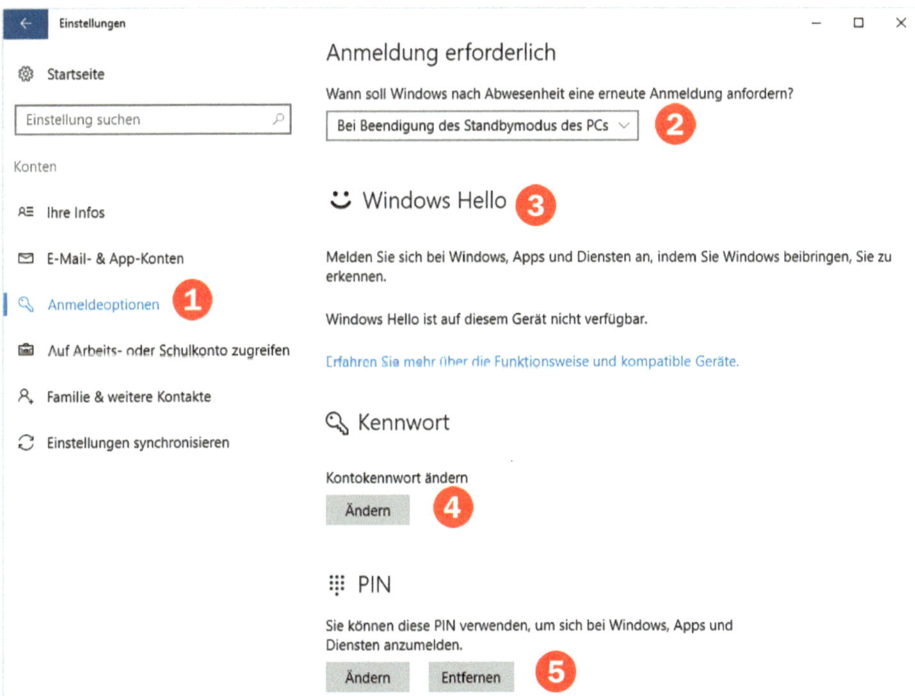

Bild 5.3 Art der Anmeldung am Computer ändern

Um diese Einstellung zu ändern, müssen Sie über die Rechte eines Administrators verfügen.

Anmeldung bei Reaktivierung aus dem Standbymodus

Nach längerer Abwesenheit vom PC erscheint bei der Reaktivierung aus dem Stromsparmodus der Sperrbildschirm und Sie müssen Ihr Kennwort oder Ihre PIN erneut eingeben. Dies kann bei häufigen Unterbrechungen lästig und zeitraubend sein und lässt sich hier ausschalten: Klicken Sie bei der Frage *Wann soll Windows nach Abwesenheit eine erneute Anmeldung anfordern?* ❷ auf den Dropdown-Pfeil und wählen Sie *Nie*. Sollte diese Schaltfläche inaktiv sein, dann verfügen Sie nicht über die dazu erforderlichen Rechte eines Administrators.

Windows Hello ❸

Mit dieser Bezeichnung ist die Anmeldung per Fingerabdruck oder Iris-Scanner gemeint. Allerdings ist diese Funktion nicht auf allen Geräten verfügbar, da dazu auch die geeignete Hardware, z. B. Microsoft Surface erforderlich ist.

Kennwort ändern

Um das Kennwort des Microsoft-Kontos zu ändern, klicken Sie unter *Kennwort* auf die Schaltfläche *Ändern* ❹. Aus Sicherheitsgründen müssen Sie hier zunächst Ihre Identität durch Eingabe Ihrer PIN bzw. Ihres alten Kennworts bestätigen, erst dann können Sie ein neues Kennwort erstellen, das Sie nochmals wiederholen müssen.

PIN erstellen/ändern

Welche Anforderungen die PIN erfüllen muss, erfahren Sie mit Klick auf *PIN-Anforderungen*.

Genauso verfahren Sie, wenn Sie zur Anmeldung am Gerät eine PIN erstellen oder ändern: Klicken Sie auf die dazugehörige Schaltfläche *Ändern* ❺, bzw. *Hinzufügen*, falls noch keine PIN festgelegt wurde. Auch hier müssen Sie zuerst Ihre bisherige PIN bzw. Ihr Kennwort eingeben. Eine PIN muss in der Regel aus mindestens vier Ziffern bestehen. Für höhere Sicherheitsanforderungen aktivieren Sie das Kontrollkästchen *Buchstaben und Symbole einschließen*, dann haben Sie auch die Möglichkeit, eine längere PIN mit Groß- und Kleinbuchstaben sowie Ziffern und Sonderzeichen festzulegen. Die genauen Anforderungen erscheinen, wenn Sie auf *PIN-Anforderungen* klicken.

Bild 5.4 PIN ändern

Eine PIN kann für jeden Kontotyp, also auch für lokale Konten erstellt werden. Sie gilt ausschließlich für die Anmeldung am Computer, für verschiedene Apps und Dienste, nicht aber für den Zugriff auf Ihr Microsoft-Konto.

Kennwort oder PIN vergessen?

Wenn Sie Ihre PIN vergessen haben, dann können Sie diese über den Link *PIN vergessen* und unter Angabe Ihres Kennworts zurücksetzen.

Sollten Sie das Kennwort Ihres Microsoft-Kontos vergessen haben, dann erhalten Sie weiter unten mit Klick auf *Hilfe zum Zurücksetzen eines Passworts* eine Anleitung, wie Sie Ihr Kennwort zurücksetzen können. Dabei wird ein Einmalcode an die, bei der Registrierung des Kontos hinterlegte Mobilfunknummer gesendet. Diesen Code müssen Sie anschließend eingeben, damit Sie ein neues Kennwort erstellen können.

Anmeldung per Bildcode

Scrollen Sie bei den Anmeldeoptionen noch weiter nach unten, so erhalten Sie auch die Möglichkeit einer Anmeldung per Bildcode. Bei einem Bildcode handelt es sich um eine Folge zuvor genau festgelegter Tipp- oder Streifbewegungen auf einem von Ihnen gewählten Bild, die auf Geräten mit Touchscreen anstelle der Kennworteingabe benutzt werden kann. Zum Erstellen klicken Sie bei *Bildcode* auf *Hinzufügen*.

Bild 5.5 Einen Bildcode zur Anmeldung erstellen

1. Aus Sicherheitsgründen müssen Sie auch hier zunächst Ihr Konto durch Eingabe des dazugehörigen Kennwortes bestätigen.
2. Im nächsten Schritt klicken Sie auf *Neues Bild auswählen* und wählen das Bild, das Sie für den Bildcode verwenden möchten. Klicken Sie dann auf *Dieses Bild verwenden*.
3. Anschließend werden Sie aufgefordert, auf dem Bildschirm nacheinander drei Tipp- oder Streifbewegungen auf dem Bild auszuführen. Dies ist dann Ihr Bildcode, mit dem Sie sich zukünftig am System anmelden können. Die Anmeldung mit Kennwort oder PIN bleibt trotzdem weiterhin jederzeit möglich.

Bild 5.6 Führen Sie nacheinander drei Tipp- oder Streifbewegungen auf dem ausgewählten Bild aus.

Lokales Konto in ein Microsoft-Konto umwandeln und umgekehrt

Falls Sie beim ersten Start von Windows ein lokales Konto (Offlinekonto) zur Anmeldung ausgewählt haben, können Sie dieses nachträglich jederzeit in ein Microsoft-Konto umwandeln.

Lokales Konto nachträglich in ein Microsoft-Konto umwandeln

Klicken Sie im Startmenü auf Ihr Profilbild und auf *Kontoeinstellungen ändern*. Die Einstellungen mit Ihrem Konto werden geöffnet, klicken Sie hier auf *Stattdessen mit einem Microsoft-Konto anmelden*.

Bild 5.7 Ein lokales Konto in ein Microsoft-Konto umwandeln

Microsoft-Konto in ein lokales Konto umwandeln

Achtung: Nach Abschluss dieses Vorgangs werden Sie automatisch vom PC abgemeldet und müssen sich anschließend mit Ihrem neuen Konto wieder anmelden.

Umgekehrt kann auch ein Microsoft-Konto in ein lokales Konto umgewandelt werden, allerdings gehen dadurch sämtliche Einstellungen aus Mail, Kalender usw. verloren.

1 Achten Sie darauf, dass alle Apps geschlossen und Änderungen gespeichert sind.

2 Dann öffnen Sie, wie oben beschrieben, die Einstellungen mit Ihrem Konto. Klicken Sie auf *Stattdessen mit einem lokalen Konto anmelden*.

Bild 5.8 Ein lokales Konto zur Anmeldung erstellen

3 Im nächsten Schritt müssen Sie Ihr aktuelles Kennwort eingeben.

4 Anschließend können Sie für das lokale Konto einen Benutzernamen und ein Kennwort erstellen.

5 Klicken Sie abschließend auf *Abmelden und fertig stellen*. Damit werden Sie automatisch abgemeldet und müssen sich nun erneut mit Ihrem neuen Benutzernamen und dem dazugehörigen Kennwort anmelden.

Persönliche Einstellungen mit anderen Geräten synchronisieren

Wenn Sie Windows 10 noch auf weiteren Geräten benutzen, z. B. einem Tablet, dann können Sie über Ihr Microsoft-Konto Ihre persönliche Bedienoberfläche mit diesen Geräten synchronisieren und finden damit auf jedem Gerät dieselben Einstellungen vor.

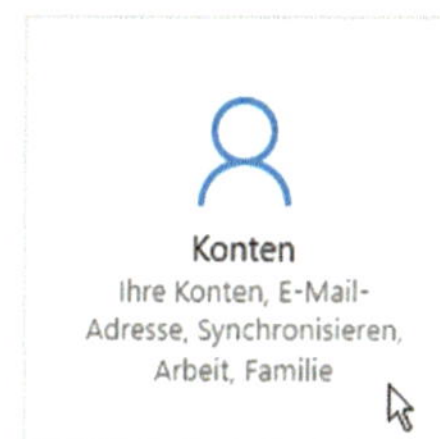

1 Um die Synchronisierungseinstellungen zu kontrollieren und ggf. zu ändern, klicken Sie im Startmenü auf *Einstellungen* und auf *Konten*.

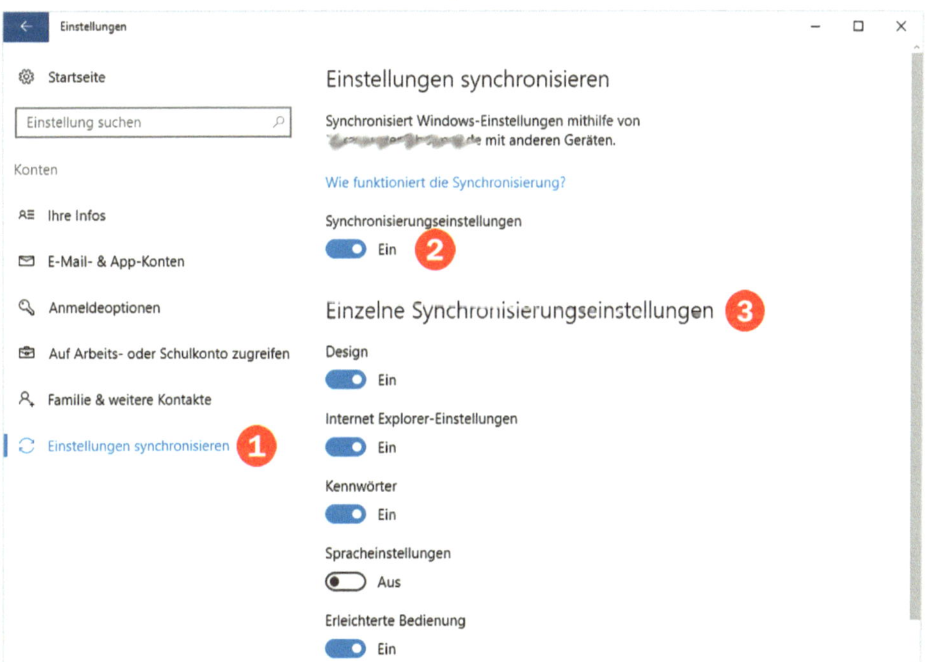

Bild 5.9 Mehrere Geräte synchronisieren

2 Klicken Sie dann links auf *Einstellungen synchronisieren* ❶. Mit dem Schalter *Synchronisierungseinstellungen* ❷ schalten Sie die Synchronisierung ein bzw. aus. Ist dieser Schalter auf *Ein* gesetzt, können Sie unter *Einzelne Synchronisierungseinstellungen* ❸ für bestimmte Einstellungen, beispielsweise *Design* oder *Kennwörter*, einzeln festlegen, ob Sie diese synchronisieren möchten.

Voraussetzung: Sie müssen sich natürlich auf allen Geräten mit demselben Microsoft-Konto anmelden und die Synchronisierung bzw. der Schalter *Synchronisierungseinstellungen* muss auf jedem Gerät aktiviert sein.

5.2 Konten für andere Benutzer anlegen

In den Einstellungen können Sie nicht nur Ihr persönliches Konto verwalten, sondern auch weitere Benutzerkonten anlegen. Dazu klicken Sie in den Einstellungen auf *Konten*. **Achtung**: Zur Verwaltung weiterer Benutzerkonten benötigen Sie die Rechte eines Administrators bzw. müssen als Administrator angemeldet sein.

Übersicht Kontotypen bzw. Benutzerberechtigungen

- **Standardbenutzer**
  Standardbenutzer haben Zugriff auf die persönlichen Ordner und dort gespeicherten Dateien und dürfen Änderungen an Desktop und Startmenü vornehmen, also z. B. das Hintergrundbild des Desktops ändern, Apps zum Startmenü hinzufügen, entfernen oder an die Taskleiste anheften, sowie die eigenen Kontoeinstellungen wie PIN, Kennwort und Profilbild verwalten. Dagegen können keine Einstellungen geändert werden, die Auswirkungen auf andere Benutzer oder die Sicherheit des Computers haben.
- **Administrator**
  Administratoren verfügen grundsätzlich über alle Rechte am Computer. Das bedeutet, es können Programme installiert und deinstalliert, sowie sämtliche Einstellungen geändert werden. Darüber hinaus kann ein Benutzer mit Administratorrechten auch auf die persönlichen Ordner der übrigen Benutzer zugreifen.

Das erste Benutzerkonto, das beim ersten Start von Windows erstellt wird, ist automatisch ein Administratorkonto. Falls Sie also der einzige Benutzer Ihres PCs sind, dann verfügen Sie auch über die Rechte eines Administrators. Alle weiteren Konten sind zunächst Standardbenutzerkonten, können aber vom Administrator in Administratorkonten umgewandelt werden.

Ein neues Benutzerkonto anlegen

1 Klicken Sie in den Einstellungen auf *Konten* und wählen Sie *Familie & weitere Kontakte* ❶.

2 Die vorhandenen Benutzerkonten werden angezeigt, außerdem sehen Sie, ob es sich um ein Administratorkonto und/oder ein Lokales Konto handelt (Bild unten).

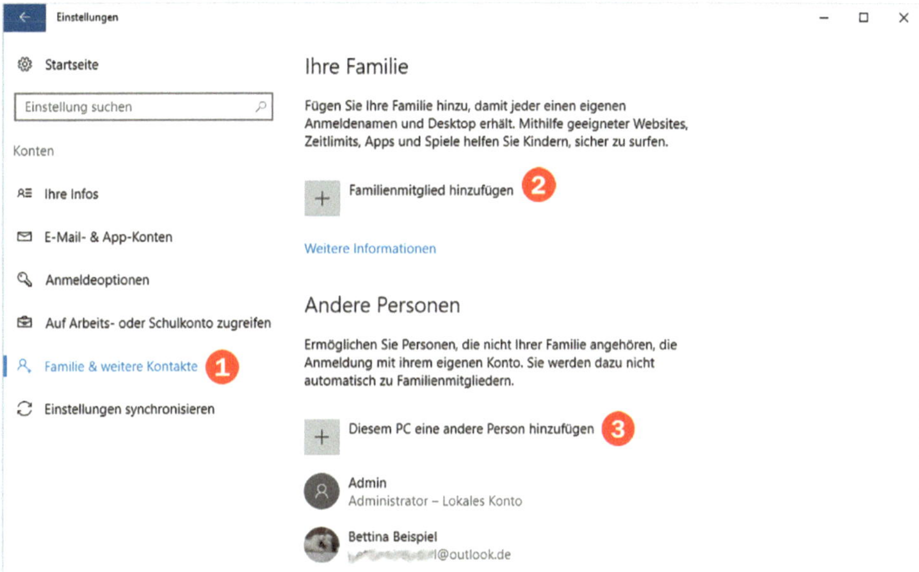

Bild 5.10 Konten für Familie und weitere Benutzer verwalten

Windows 10 unterscheidet bei Benutzerkonten zwischen Familienmitgliedern und anderen Benutzern. Klicken Sie auf *Familienmitglied hinzufügen* ❷, wenn Sie die umfangreichen Jugendschutzeinstellungen von Windows 10 nutzen und beispielsweise die Computernutzung von Kindern einschränken oder deren letzte Aktivitäten überprüfen möchten. Ob es sich um das Konto eines Erwachsenen oder eines Kindes handelt, legen Sie dann im nächsten Schritt fest.

Wenn dagegen keine speziellen Jugendschutzeinstellungen benötigt werden, dann klicken Sie einfach auf *Diesem PC eine andere Person hinzufügen* ❸, beispielsweise um ein Konto für Ihren Ehepartner anzulegen.

Ein Familienmitglied als neuen Benutzer anlegen

Klicken Sie auf *Familienmitglied hinzufügen* und wählen Sie im ersten Schritt, ob Sie ein Kind oder einen Erwachsenen hinzufügen möchten. Falls das Familienmitglied bereits über ein Microsoft-Konto verfügt, so tippen Sie im Feld darunter die dazugehörige E-Mail Adresse ein ❶. Andernfalls klicken Sie auf *Die Person, die ich hinzufügen möchte, besitzt keine E-Mail-Adresse* ❷.

Bei E-Mail-Adressen mit der Endung @outlook.de, @outlook.com, @hotmail.de oder @live.de handelt es sich gleichzeitig um Microsoft-Konten.

- Wenn Sie in Verbindung mit dem neuen Konto gleichzeitig eine neue E-Mail-Adresse anlegen möchten, dann tippen Sie anschließend Vor- und Nachname zusammen mit der gewünschten neuen E-Mail-Adresse ein ❸. Diese erhält automatisch den Zusatz @outlook.de. Unterhalb erstellen Sie ein Kennwort und wählen Land und Geburtsdatum aus. Klicken Sie dann auf *Weiter*.

- Stattdessen können Sie zur Erstellung eines Microsoft-Kontos auch eine bestehende E-Mail-Adresse bei einem beliebigen Anbieter verwenden. In diesem Fall klicken Sie auf *Verwenden Sie stattdessen die E-Mail-Adresse der Person* ❹ und geben anschließend die geforderten Daten ein ❺.

Bild 5.11 Ein Konto für ein Familienmitglied erstellen

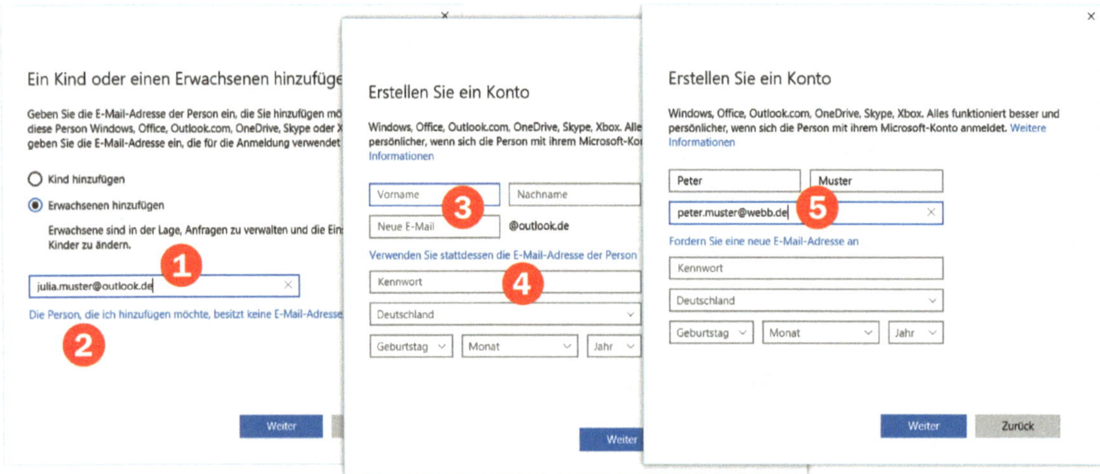

Bestätigen Sie abschließend, dass Sie das Familienmitglied hinzufügen möchten. Die diversen Jugendschutzeinstellungen können Sie vornehmen, indem Sie unter *Ihre Familie* auf *Familieneinstellungen online verwalten* klicken.

Bild 5.12 Familieneinstellungen online verwalten

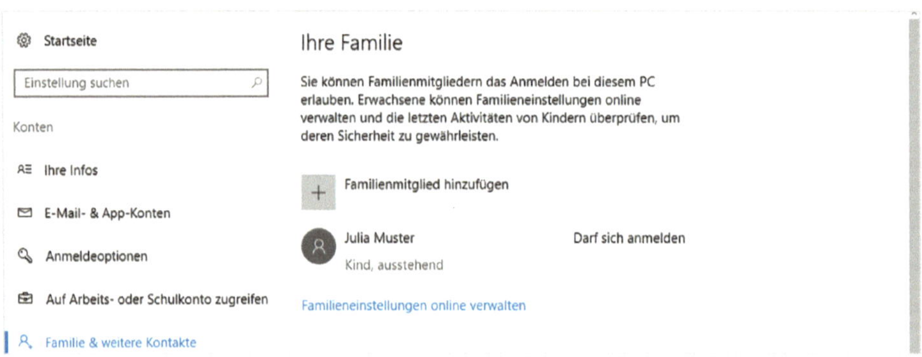

Anderen Benutzer anlegen

Das Anlegen eines sonstigen Benutzers unterscheidet sich nur geringfügig von der oben beschriebenen Vorgehensweise.

1. Klicken Sie auf *Diesem PC eine andere Person hinzufügen*. Wenn der oder die Betreffende bereits über ein Microsoft-Konto verfügt und Sie die dazugehörige E-Mail Adresse kennen, dann geben Sie diese in das Feld ein und klicken auf *Weiter*.

2 Wenn kein entsprechendes Konto existiert bzw. Sie nicht über die nötigen Informationen verfügen, dann klicken Sie auf *Ich kenne die Anmeldeinformationen für diese Person nicht* ❶ und legen ein Konto an, siehe oben.

Benutzer mit einem lokalen Konto anlegen

- Im Gegensatz zu Familienmitgliedern haben Sie an dieser Stelle auch die Möglichkeit, einen neuen Benutzer ohne Microsoft-Konto anzulegen. Dann erfolgt die Anmeldung lokal am PC. Solche Konten werden auch als lokale oder offline Konten bezeichnet. Dazu klicken Sie auf *Benutzer ohne Microsoft-Konto hinzufügen* ❷.
- Geben Sie dann einen Benutzernamen ein ❸ und darunter ein, von Ihnen gewähltes, Kennwort zusammen mit einem Hinweis, falls das Kennwort einmal vergessen wurde. Klicken Sie dann auf *Weiter*, um das Konto fertigzustellen.

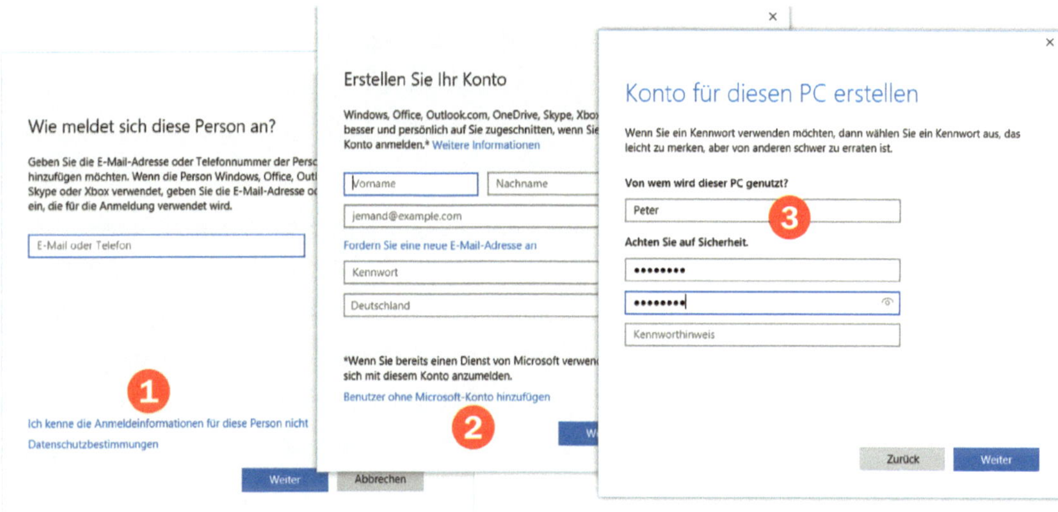

Bild 5.13 Benutzer mit einem lokalen Konto anlegen

Ein lokales Konto kann nur zur Anmeldung am PC verwendet werden, die Nutzung von *OneDrive* oder dem Microsoft Store, sowie eine Synchronisation verschiedener Geräte sind damit nicht möglich. Ein lokales Konto kann aber vom Benutzer nachträglich jederzeit in ein Microsoft-Konto umgewandelt werden, siehe Seite 130.

Typ/Berechtigung ändern, Konto löschen

Jedes neue Konto, lokale Konten eingeschlossen, erhält zunächst die Rechte eines Standardbenutzers und erscheint in der Liste der vorhandenen Konten. Um die Rechte eines Benutzers zu ändern, klicken Sie einfach auf dessen Konto. Es erscheinen die Schaltflächen *Kontotyp ändern* und *Entfernen*. Klicken Sie auf *Kontotyp ändern* ❶ und wählen Sie zwischen *Standardbenutzer* und *Administrator* ❷.

Zum Löschen eines Kontos klicken Sie auf die Schaltfläche *Entfernen*. **Achtung:** Bevor das Konto entfernt wird, werden Sie darauf aufmerksam gemacht, dass dadurch auch alle persönlichen Ordner dieses Kontos samt Inhalt gelöscht werden. Sollten hier wichtige Daten gespeichert sein, so brechen Sie die Aktion ab und sichern Sie zuvor die Daten auf ein anderes Laufwerk.

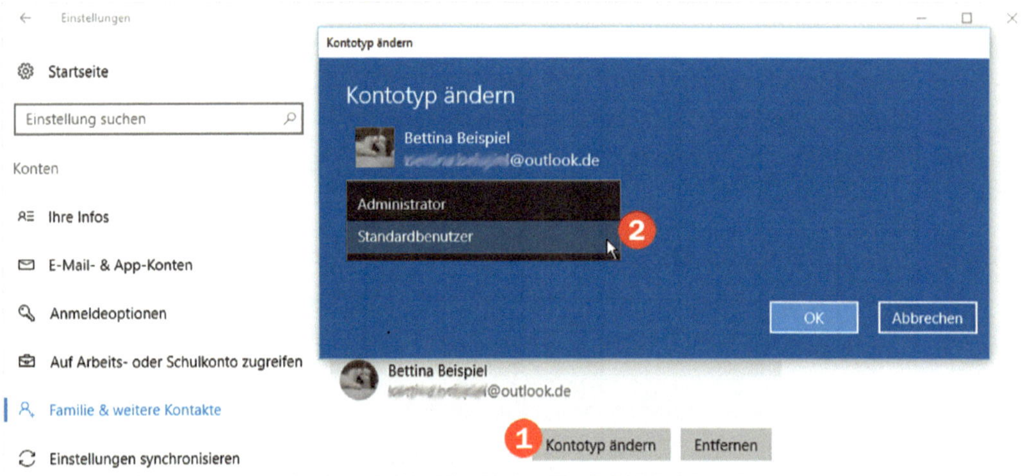

Bild 5.14 Kontotyp ändern

Falls Sie das Gastkonto früherer Windows-Versionen vermissen: Dieser Kontotyp war bereits unter Windows 8.1 standardmäßig deaktiviert und existiert inzwischen nicht mehr.

Zugewiesener Zugriff

Eine Sonderform stellt das Konto für den Zugewiesenen Zugriff dar. Dadurch wird die Nutzung des Kontos so eingeschränkt, dass nur der Zugriff auf eine einzelne Microsoft Store App möglich ist. Klicken Sie dazu auf *Zugewiesenen Zugriff einrichten* und wählen anschließend Konto und App aus.

6 Sicherheit und Datenschutz

6.1 Datenschutzeinstellungen

Die Express-Einstellungen sind seit dem letzten Update vom Herbst 2017 verschwunden. Stattdessen legen Sie die wichtigsten Einstellungen über Schalter fest.

Beim ersten Start von Windows haben Sie einige Einstellungen zum Datenschutz vorgenommen. Wenn dies schon einige Zeit zurückliegt und Sie die Express-Einstellungen gewählt haben, aber auch nach jedem größeren Update sollten Sie die Datenschutzeinstellungen und damit die Rechte zum Sammeln, Speichern und Nutzen persönlicher Daten, z. B. zu Ihrem Suchverhalten im Web, kontrollieren. Auch die Sprachassistentin Cortana erfasst und speichert zahlreiche Informationen, z. B. Position, Browser- und Suchverlauf, Kontakte und E-Mails, sowie Spracheingaben.

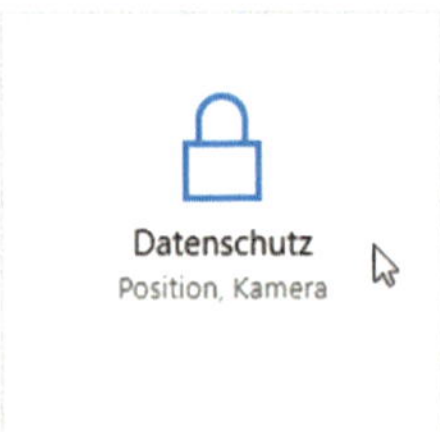

Windows 10 verfügt in den Einstellungen über umfangreiche Möglichkeiten zum Schutz Ihrer persönlichen Daten. Diese sollten unbedingt von Zeit zu Zeit kontrolliert und eventuell angepasst werden. Dazu klicken Sie im Startmenü auf *Einstellungen* und hier auf *Datenschutz*.

Such- und Surfverhalten im Web

Klicken Sie links auf *Allgemein*, um hier in erster Linie Datenschutzoptionen zu Ihrem Such- und Surfverhalten im Web bearbeiten.

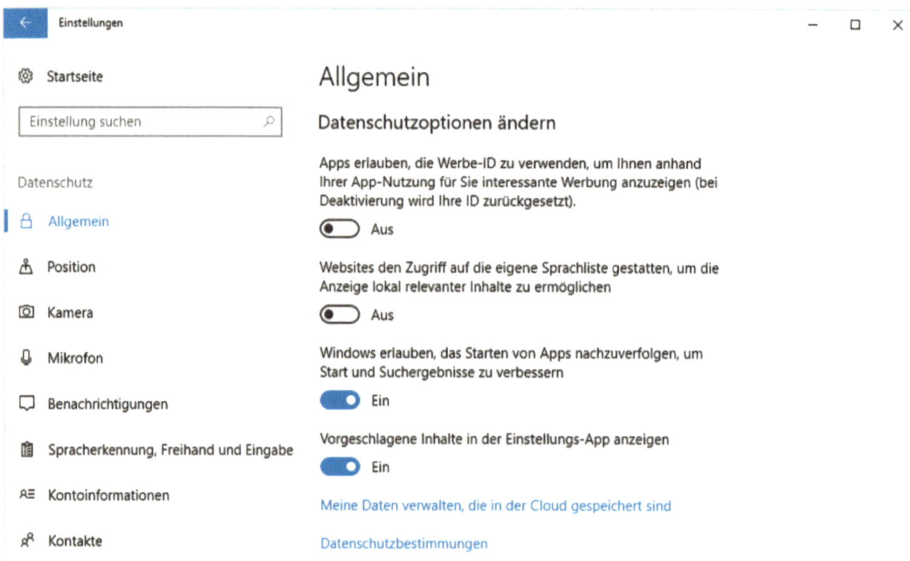

Bild 6.1 Allgemeine Einstellungen zum Datenschutz

- Wenn Sie Wert auf den Schutz Ihrer persönlichen Daten legen, sollte der Schalter *Apps erlauben, die Werbe-ID zu verwenden* auf *Aus* gesetzt werden. *Websites den Zugriff auf die eigene Sprachliste gestatten, um...* bedeutet, Webseiten können auf Ihre Sprachliste zugreifen, um die Sprache entsprechend anzupassen.

- Die beiden anderen Schalter beziehen sich auf die Suche nach Apps und in den Einstellungen und können aktiviert bleiben. Sie bewirken z. B., dass häufig verwendete Apps im Startmenü in der Liste *Meistverwendet* erscheinen.
- Mit dem Link *Meine Daten verwalten, die in der Cloud gespeichert sind* öffnen Sie das Datenschutz-Dashboard im Browser und können hier Ihren Browserverlauf, Suchverlauf, Standort- und Sprachaktivitäten und anderes anzeigen und auf Wunsch löschen.
- Die Datenschutzerklärung können Sie über den Link *Datenschutzbestimmungen* einsehen.

Automatische Positionserkennung

Viele Apps erfordern für aktuelle Informationen eine Internetverbindung. Einige davon, z. B. Karten, ermitteln und nutzen einige davon auch Ihre aktuelle Position, allerdings nicht ohne vorherige Zustimmung. Starten Sie beispielsweise die Apps *Wetter* oder *Karten*, so erscheint beim ersten Mal die Frage, ob Sie die automatische Ermittlung Ihrer Position erlauben möchten.

Ist die automatische Positionsermittlung eingeschaltet, so erscheint beim Öffnen einer App, die diese Information nutzt, im Infobereich der Taskleiste ein kleines Symbol (Bild unten). Ob die automatische Positionserkennung aktiv ist, lässt sich auch anhand der Schaltfläche *Position* im Info-Center erkennen, über diese können Sie hier die Positionserkennung schnell aktivieren und deaktivieren.

Bild 6.2 Der automatische Positionsdienst wird gerade verwendet

Für weitere Positionseinstellungen öffnen Sie die Einstellungen, klicken auf *Datenschutz* und hier auf *Position* ❶. Falls sichtbar, können Sie stattdessen auch auf das Positionssymbol in der Taskleiste und hier auf *Datenschutzeinstellungen für den Standort öffnen* klicken.

- Standardmäßig kann jeder Benutzer des Geräts mit dem Schalter *Positionsdienst* ❷ die Positionserkennung für sein persönliches Konto ein- oder ausschalten. Ein weiterer Schalter erlaubt auch die Ermittlung des ungefähren Standorts.
- Sind Sie als Administrator angemeldet, so finden Sie hier zusätzlich die Möglichkeit, die Positionserkennung für das Gerät und damit alle Benutzer dieses Geräts ein- oder auszuschalten. Klicken Sie dazu auf die Schaltfläche *Ändern* ❸.
- Statt der automatischen Positionserkennung können Sie mit dem Schalter *Als Standard festlegen* auch einen Standardaufenthaltsort eingeben.

- Etwas unten lassen sich unter *Positionsverlauf* mit der Schaltfläche *Löschen* alle gespeicherten Bewegungsdaten löschen ❹. Ferner können Sie über einen Link auch Positionsdaten verwalten und löschen, die in der Cloud gespeichert sind.
- Bei eingeschaltetem Positionsdienst können Sie weiter unten detailliert festlegen, welche Apps Ihre Position ermitteln und verwenden dürfen ❺.

Bild 6.3 Einstellungen zum Positionsdienst

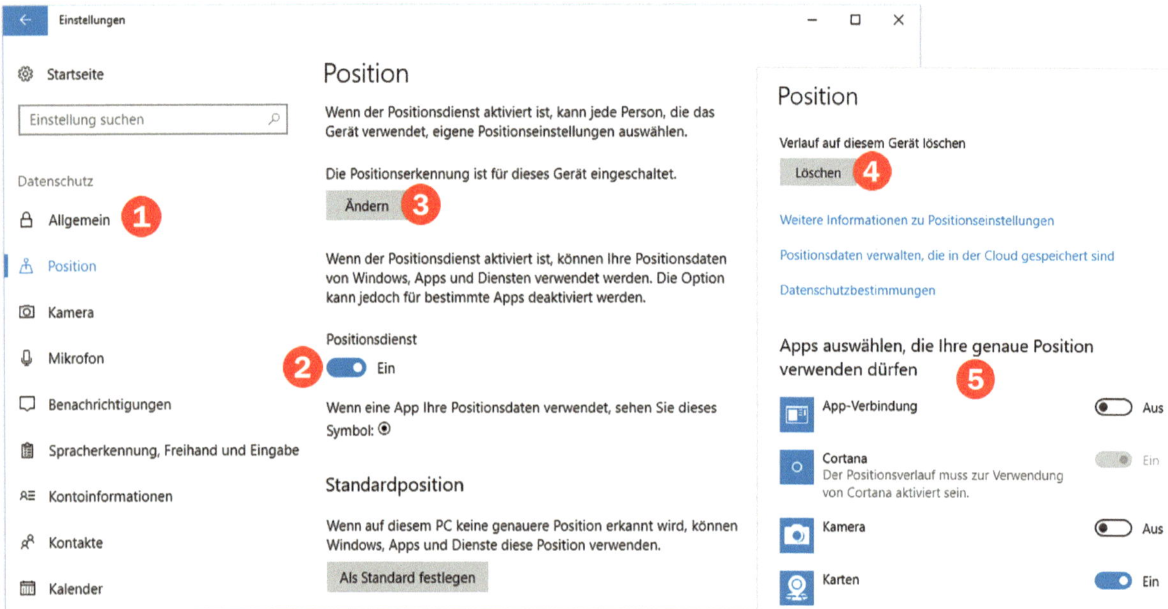

Beachten Sie, dass Sie mit dem Positionsdienst nur den Windows-Positionsdienst ein- und ausschalten. Dieser wird zumeist von Apps aus dem Microsoft Store verwendet. Apps anderer Anbieter können dagegen anhand anderer Technologien, z. B. WLAN-Suche, Ihren Standort auch bei deaktivierter Standortbestimmung ermitteln.

Zugriff auf Geräte und persönliche Informationen regeln

Unter *Datenschutz* legen Sie in den Einstellungen auch fest, wie Geräte und Apps verwendet werden dürfen, bzw. welche Apps Zugriff darauf erhalten.

Kamera und Mikrofon

Laptops verfügen in der Regel über eine integrierte Kamera bzw. Webcam und ein Mikrofon, deren Nutzung Sie hier regeln können. Klicken Sie auf *Kamera* und *Mikrofon*, um festzulegen, ob und welche Apps diese Geräte verwenden dürfen. **Achtung:** Wenn der generelle Schalter *Apps die Verwendung meines Mikrofons erlauben* auf *Aus* gesetzt ist, dann ist auch die Spracheingabe für Cortana deaktiviert! Dasselbe gilt auch für die Kamera, z. B. in Verbindung mit Skype.

Bild 6.4 Verwendung von Kamera und Mikrofon

Kontoinformationen, Kontakte und Kalender

Einige Apps, insbesondere *Mail*, *Kontakte* und *Kalender* erhalten ihren vollen Funktionsumfang nur mit wechselseitigem Zugriff. Dadurch können Sie etwa beim Verfassen und Senden von E-Mails mit *Mail* alle E-Mail-Adressen verwenden, die in der App *Kontakte* gespeichert sind. Unter *Kontakte* und *Kalender* sehen Sie, ob Apps der Zugriff generell erlaubt ist und welche Apps diese Informationen nutzen dürfen.

Achtung: Für die Apps *Kontakte*, *Mail* und *Kalender* sollten Sie die Nutzung nicht deaktivieren, da sonst deren Funktionsumfang erheblich eingeschränkt ist.

Auch Ihre Kontoinformationen können unter Umständen von einigen Apps genutzt werden. Eine Übersicht erhalten Sie, wenn Sie in den Einstellungen zum Datenschutz auf *Kontoinformationen* klicken. Sind hier keine Apps aufgelistet, dann sind auch keine entsprechenden Apps auf Ihrem Gerät vorhanden.

Anrufliste, *Aufgaben* und *Messaging* beziehen sich auf die Nutzung von Skype bzw. den Einsatz von Windows auf einem Smartphone.

Spracheingabe/Cortana

Auch Cortana sammelt zwecks Verbesserung der persönlichen Empfehlungen laufend Informationen über Ihre Spracheingaben, Kontakte und Kalendereinträge. Näheres dazu sehen Sie, wenn Sie auf *Spracherkennung, Freihand und Eingabe* ❶ klicken. Hier erhalten Sie mit der Schaltfläche *Spracherkennungsdienste und Eingabevorschläge deaktivieren* ❷ die Möglichkeit, bereits gesammelte Informationen auf diesem Gerät zu löschen und diese Funktion zu deaktivieren, allerdings werden dann Cortana und die Diktatfunktion bzw. Spracheingabe ebenfalls deaktiviert. Bei ausgeschalteter Funktion ist die Schaltfläche mit *Spracherkennungsdienste und Eingabevorschläge aktivieren* beschriftet.

Siehe auch Kapitel 3.2.

Achtung: Dies betrifft nur Informationen, die auf dem Gerät gespeichert wurden. Um in der Cloud gespeicherte Spracheingaben einzusehen und zu löschen, klicken Sie hier auf *Meine in der Cloud gespeicherten Sprachdaten mit meinem Microsoft-Konto verwalten* ❸.

Bild 6.5 Spracheingaben und weitere gespeicherte Informationen löschen

Hintergrund-Apps

Klicken Sie in den Einstellungen - Datenschutz auf *Hintergrund-Apps*, um zu sehen, welche Apps im Hintergrund Daten herunterladen, Benachrichtigungen senden und Informationen empfangen, auch wenn Sie nicht genutzt werden. Um insbesondere auf mobilen Geräten Energie und Rechnerleistung zu sparen, sollten Sie die Ausführung im Hintergrund für nicht oder nur selten genutzte Apps ausschalten.

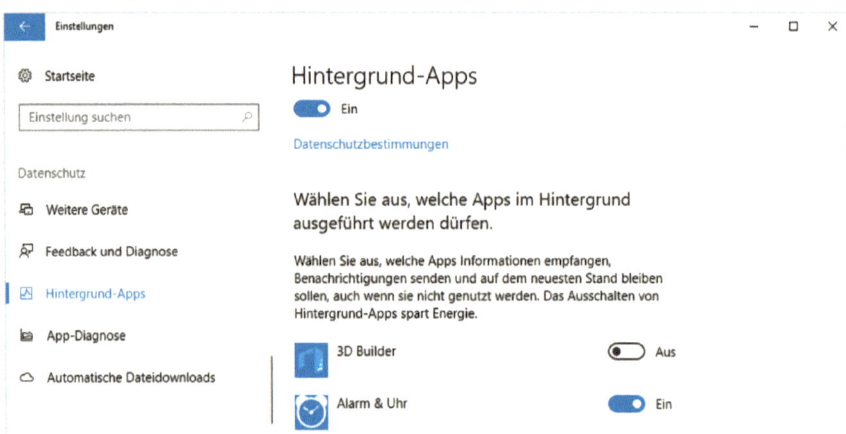

Bild 6.6 Deaktivieren Sie nicht oder nur selten genutzte Hintergrund-Apps

Datenaustausch

Ein weiterer wichtiger Punkt des Datenschutzes betrifft den Datenaustausch mit anderen, nicht angeschlossenen Drahtlosgeräten, z. B. Smartphones und Tablets. Klicken Sie dazu auf *Weitere Geräte*. Unter *Vertrauenswürdige Geräte verwenden* sehen Sie eine Liste der angeschlossenen Geräte. Für jedes Gerät können Sie über einen Schalter die Verwendung durch Apps ohne vorherige Rückfrage erlauben bzw. ausschließen.

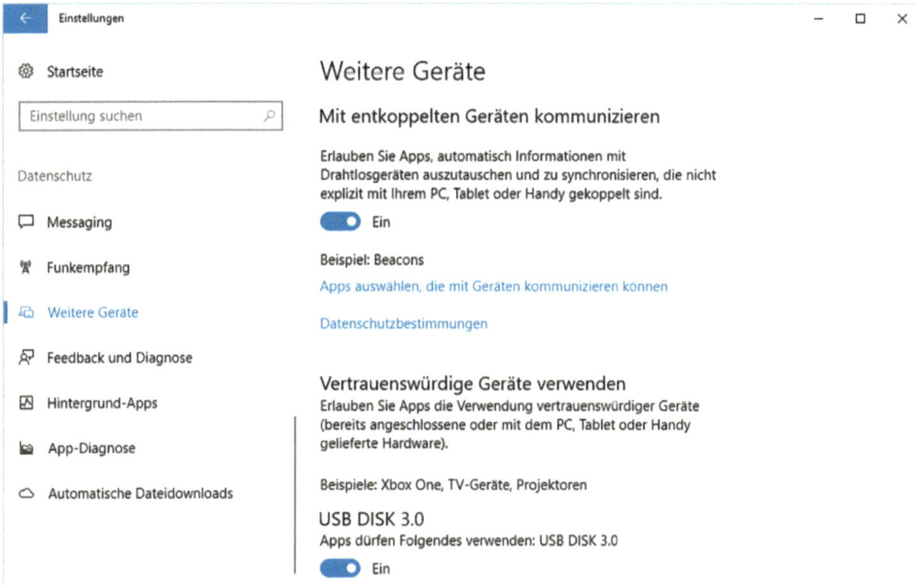

Bild 6.7 Datenaustausch mit anderen Geräten

Feedback und Diagnose

Unter *Feedback und Diagnose* können Sie angeben, in welchem Umfang und wie oft Diagnosedaten Ihres Geräts, z. B. bei aufgetretenen Problemen, an Microsoft gesendet werden sollen. Unter *Feedbackhäufigkeit* legen Sie fest, wie oft Sie um Feedback zu Windows 10 gebeten werden möchten.

Achtung: Für Teilnehmer am Microsoft-Insider Programm ist die Übermittlung fest eingestellt!

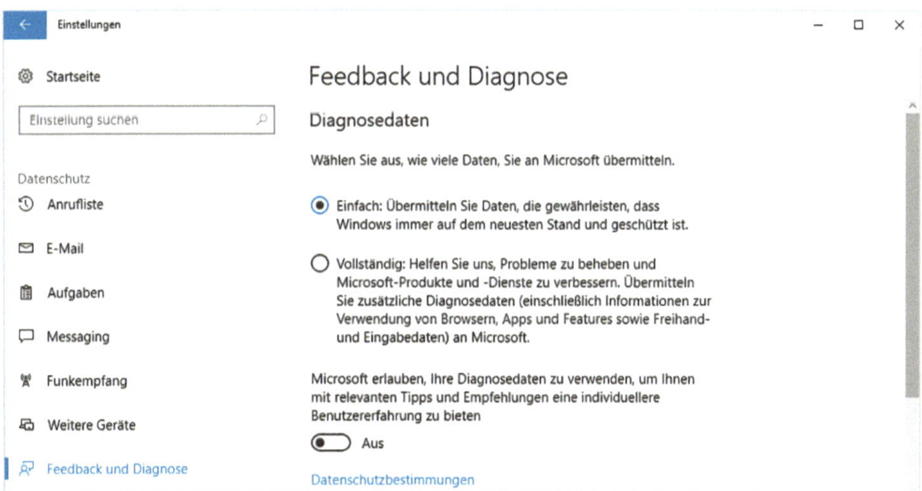

Bild 6.8 Feedback und Senden von Diagnose- und Nutzungsdaten

6.2 Virenschutz und Sicherheitseinstellungen

Im Gegensatz zu Windows 7 verfügt Windows 10 mit Windows Defender über einen integrierten Schutz vor Schadsoftware, der im Verlauf der Windows Updates laufend verbessert wird. Auch die Windows-Firewall ist nach wie vor mit an Bord. Sämtliche sicherheitsrelevanten Einstellungen wurden im *Windows Defender Security Center* zusammengefasst.

Nicht enthalten ist z.B. in Windows Defender die Überwachung von E-Mails.

> Windows Defender bietet einen ausreichenden Basisschutz, umfangreichere Sicherheitsfunktionen erhalten Sie mit Software spezialisierter Hersteller. Nicht alle dieser Programme sind mit Kosten verbunden, manche sind auch für den privaten Gebrauch kostenlos und können über das Internet von der Seite des Herstellers oder den Seiten diverser Computerzeitschriften heruntergeladen werden.

Das Windows Defender Security Center

Das Windows Defender Security Center öffnen Sie auf verschiedenen Wegen, hier einige davon:

- Das Windows Defender Security Center findet sich als App im Startmenü,
- oder suchen Sie danach,
- oder wählen Sie in den Einstellungen *Update und Sicherheit* und anschließend *Windows Defender*. Klicken Sie dann auf die Schaltfläche *Windows Defender Security Center öffnen*,
- oder klicken Sie im Infobereich der Taskleiste auf das Symbol *Windows Defender*, falls hier sichtbar.

Bild 6.9 Die Startseite des Windows Defender Security Centers

Dieselbe Statusanzeige erhalten Sie auch, wenn Sie in den Einstellungen auf *System* und hier auf *Info* klicken. Ein Klick auf den Link *Weitere Informationen in Windows Defender* öffnet ebenfalls das Security Center.

Die Startseite des Windows Defender Security Centers zeigt den aktuellen Sicherheitsstatus an (Bild 6.9). Klicken Sie auf eine Aufgabe, z. B. *Viren- und Bedrohungsschutz*, um Details anzuzeigen und deren Einstellungen zu kontrollieren und ggf. zu ändern.

Schutz vor Viren und anderen Bedrohungen mit Windows Defender

Klicken Sie auf der Startseite des Windows Defender Security Centers auf *Viren- und Bedrohungsschutz* (Bild 6.10). Wenn Sie Windows Defender zum Schutz vor Viren nutzen, dann können Sie hier Ihr Gerät auf Bedrohungen durchsuchen, Updates abrufen und verschiedene Einstellungen vornehmen

Ob Windows Defender aktiv ist, erkennen Sie auch am Symbol in der Taskleiste.

Hinweis: Haben Sie dagegen Antivirensoftware eines anderen Herstellers installiert, dann wurde Windows Defender automatisch deaktiviert. In diesem Fall nehmen Sie die erforderlichen Einstellungen und eine Überprüfung Ihres Geräts vor, indem Sie in der Taskleiste auf das entsprechende Symbol klicken. Die in diesem Punkt beschriebene Vorgehensweise bezieht sich ausschließlich auf Windows Defender.

Anschließend erhalten Sie eine Übersicht über die Ergebnisse vorangegangener Überprüfungen und sehen, ob die Schutzdefinitionen aktuell sind.

Gerät überprüfen

Windows Defender ist wie jede Sicherheitssoftware im Hintergrund aktiv und überprüft Ihr Gerät automatisch. Sie können jedoch die Überprüfung auch manuell starten z. B. für einen angeschlossenen USB-Stick oder um den Computer vollständig zu durchsuchen. Die *Schnellüberprüfung* ❶ durchsucht nur Bereiche, die für schädliche Software in Frage kommen. Die *Erweiterte Überprüfung* ❷ lässt mehrere Optionen zu.

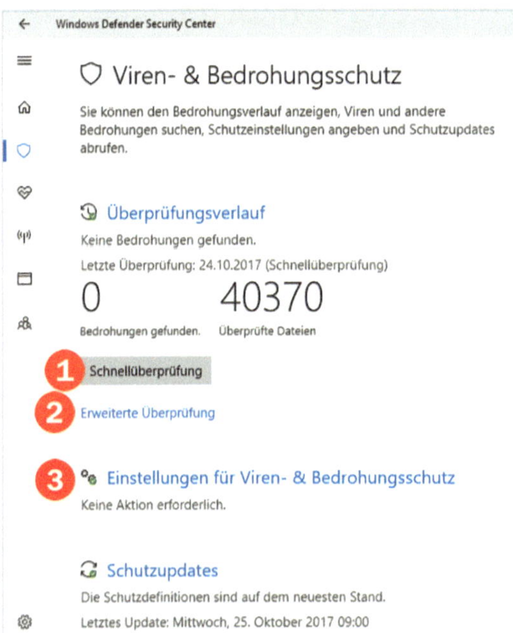

Bild 6.10 Viren- und Bedrohungsschutz

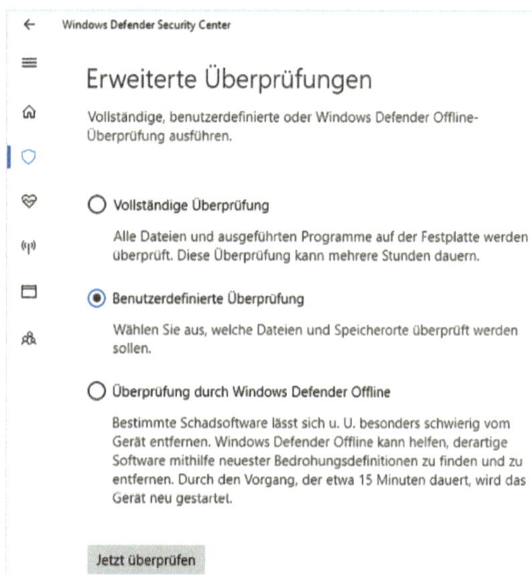

Bild 6.11 Erweiterte Überprüfung

Wenn Sie das gesamte Gerät, also alle Dateien und Bereiche oder nur einen bestimmten Ort durchsuchen möchten, dann klicken Sie auf *Erweiterte Überprüfung* (Bild 6.11)

- Die vollständige Überprüfung kann auch länger dauern und sollte am besten vorgenommen werden, wenn der Computer gerade nicht benötigt wird.
- Wenn nur ein bestimmter Speicherort überprüft werden soll, dann wählen Sie *Benutzerdefinierte Überprüfung*. Den Ordner wählen Sie aus, nachdem Sie auf *Jetzt überprüfen* geklickt haben.
- Die meisten erkannten Bedrohungen werden von Windows Defender automatisch entfernt. Einige verstecken sich jedoch besonders gut auf Ihrer Festplatte und lassen sich nur schwer aufspüren und beseitigen. In solchen Fällen hilft die Offline-Überprüfung. **Achtung:** Schließen Sie alle geöffneten Apps und Dateien bevor Sie die Offline-Überprüfung starten, da dazu ein Neustart des PCs erforderlich ist.

Einstellungen für Viren- und Bedrohungsschutz

Um die Einstellungen zu kontrollieren, klicken Sie auf *Einstellungen für Viren- und Bedrohungsschutz* ❸ (Bild 6.10 auf Seite 145). Für einen wirksamen Schutz müssen die Schalter *Echtzeitschutz*, *Cloudbasierter Schutz* und *Überwachter Ordnerzugriff* aktiviert sein (Bild unten). Der Schalter *Automatische Übermittlung von Beispielen* legt fest, ob bei aufgetretenen Problemen und Bedrohungen automatisch ein Beispiel an Microsoft gesendet wird. Optional können Sie außerdem unter *Ausschlüsse* Elemente von der Überprüfung ausschließen.

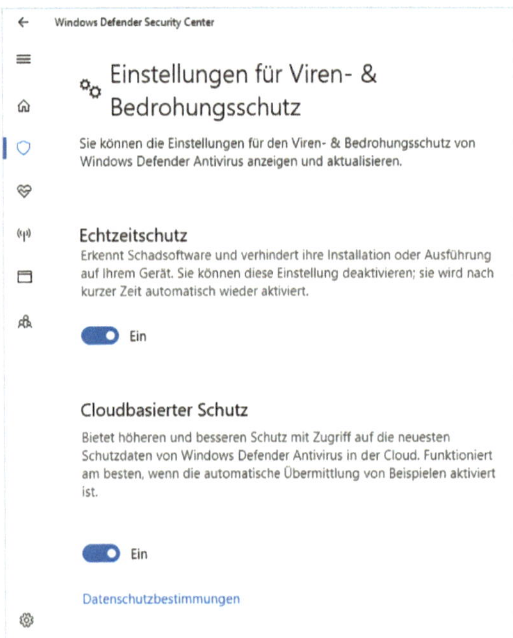

Bild 6.12 Einstellungen für Viren- und Bedrohungsschutz

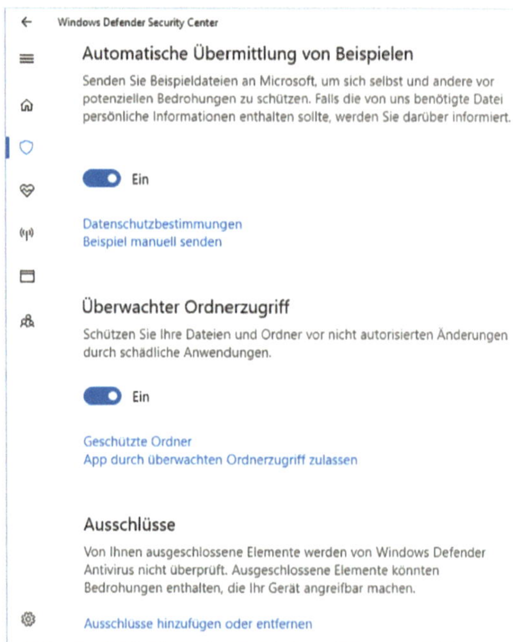

Bild 6.13 Überwachter Ordnerzugriff

Überwachter Ordnerzugriff als Schutz vor Verschlüsselung

Neu hinzugekommen ist der *Überwachte Ordnerzugriff* (Bild 6.13) zum Schutz vor Erpressungstrojanern. Diese verschlüsseln persönliche Dateien und geben sie erst nach Zahlung eines Lösegelds wieder frei. **Achtung**: Dieser Schalter ist zunächst *Aus* und muss erst aktiviert werden.

- Standardmäßig werden alle persönlichen Ordner, z. B. Dokumente und Bilder einbezogen, zur Kontrolle oder wenn Sie weitere hinzufügen möchten, klicken Sie auf *Geschützte Ordner*.
- Mit dem überwachten Ordnerzugriff erhalten nur Apps, die als vertrauenswürdig eingestuft wurden z. B. Microsoft Office-Anwendungen, Zugriff auf die geschützten Ordner. Leider findet sich nirgends eine Übersicht über diese Apps. Wenn eine, von Ihnen benötigte und vertrauenswürdige App durch den überwachten Ordnerzugriff blockiert werden sollte, so klicken Sie auf *App durch überwachten Ordnerzugriff zulassen* und auf *Zulässige App hinzufügen* und wählen Sie anschließend die betreffende App aus.

Anzeige von Benachrichtigen steuern

Im Info-Center erhalten Sie regelmäßig eine Zusammenfassung der Überprüfung. Mit Klick auf *Benachrichtigungseinstellungen ändern* lässt sich steuern, welche nicht kritischen Meldungen hier erscheinen sollen.

Updates kontrollieren

Da ständig neue Bedrohungen bekannt werden, muss jede Antivirensoftware durch Updates regelmäßig, täglich oder auch mehrmals täglich, aktualisiert werden. Diese Updates erfolgen bei Windows Defender automatisch und im Hintergrund. Datum und Uhrzeit des letzten Updates sehen Sie ebenfalls unter *Viren- & Bedrohungsschutz* (Bild 6.10 auf Seite 145). Wenn Sie manuell nach Updates suchen möchten, dann klicken Sie auf *Schutzupdates* und anschließend auf *Nach Updates suchen*.

Windows Firewall

Im Windows Defender Security Center erhalten Sie auch Zugriff auf die Windows Firewall und die dazugehörigen Einstellungen. Klicken Sie der Startseite auf *Firewall- & Netzwerkschutz*.

Die Firewall unterscheidet zwischen privaten und öffentlichen Netzwerken, z. B. in Hotels und Flughäfen und zeigt an, welche Art von Netzwerk gerade aktiv ist. Details erhalten Sie, wenn Sie auf das jeweilige Netzwerk klicken (Bild 6.14). Detaillierte und tiefergehende Einstellungen können in den *Erweiterten Einstellungen* vorgenommen werden. Allerdings sollten Sie dazu über gute Windows-Kenntnisse verfügen, da dadurch auch Sicherheitslücken entstehen können. Dasselbe gilt auch, wenn Sie die Kommunikation von Apps durch die Firewall zulassen möchten.

Siehe auch Netzwerkprofile in Kapitel 7.3.

Sicherheitseinstellungen beim Surfen

Klicken Sie auf der Startseite des Windows Defender Security Centers auf *App- & Browsersteuerung*. Der SmartScreen-Filter schützt Sie in Verbindung mit dem Browser Microsoft Edge vor schädlichen Webseiten und Downloads, indem er die aufgerufenen Webseiten analysiert und mit gemeldeten oder bekannten Webseiten mit Schadsoftware vergleicht. Ob diese blockiert werden oder nur eine entsprechende Warnung erscheint, können Sie hier für Apps und Dateien, für Microsoft Edge und Microsoft Store-Apps jeweils gesondert festlegen (Bild 6.15). Diese Schutzeinstellungen sollten auf keinen Fall vollständig deaktiviert werden!

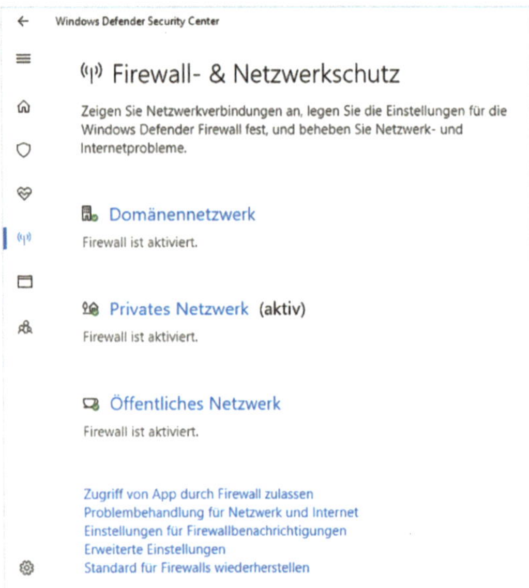

Bild 6.14 Firewall- und Netzwerkschutz

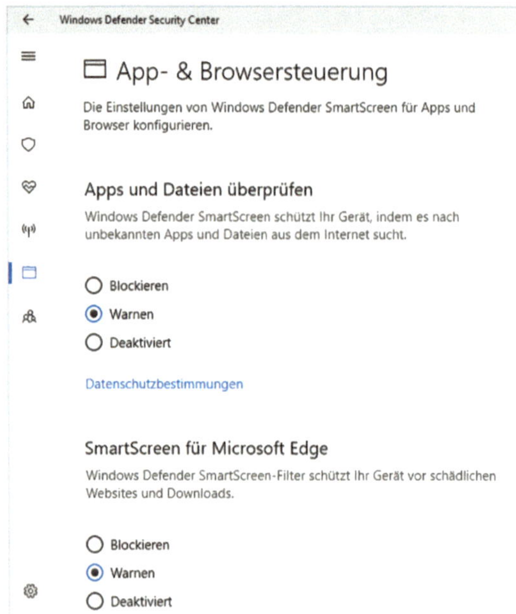

Bild 6.15 Apps- und Browsersteuerung

Etwas weiter unten finden Sie auch noch des Hinweis, dass Windows 10 über einen integrierten Exploit-Schutz verfügt. Exploits nutzen Schwachstellen von Apps und Systemen aus, um in ein Computersystem einzudringen und dieses zu manipulieren. **Achtung**: Beim Ändern der Standardeinstellungen besteht die Gefahr, noch mehr Löcher aufzureißen, dazu sollten Sie deren Funktionsweise also sehr genau kennen.

Die Benutzerkontensteuerung

Ebenfalls standardmäßig aktiv ist die sogenannte Benutzerkontensteuerung. Diese meldet sich, wenn Sie eine App installieren oder Änderungen an wichtigen Systemeinstellungen vornehmen möchten und Sie müssen jedes Mal Ihre Erlaubnis erteilen. Wenn Sie über die Rechte eines Administrators verfügen, dann genügt es, wenn Sie zur Bestätigung auf *Ja* klicken; sind Sie dagegen als Standardbenutzer am PC angemeldet, so müssen Sie zusätzlich noch ein Administratorkennwort eingeben. Im Bild unten ein Beispiel für eine solche Meldung.

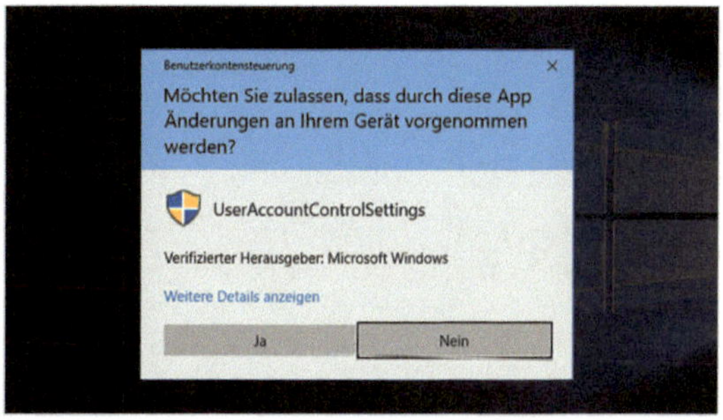

Bild 6.16 Die Benutzerkontensteuerung erfordert Ihre Zustimmung bei wichtigen Änderungen.

Die Einstellungen zur Benutzerkontensteuerung befinden sich derzeit noch in der Systemsteuerung. Um diese bei Bedarf einzusehen, geben Sie im Suchfeld den Begriff „Benutzerkonten" ein und klicken anschließend auf *Einstellungen der Benutzerkontensteuerung ändern*. Es wird allerdings dringend davon abgeraten, die Benutzerkontensteuerung auszuschalten.

Weitere Optionen des Windows Defender Security Centers

Jugendschutz

Auf der Startseite des Windows Defender Security Centers haben Sie über *Familienoptionen* auch noch die Möglichkeit, umfangreiche Jugendschutzeinstellungen vorzunehmen, z. B. eine Auswahl, welche Webseiten mit Microsoft Edge von Ihren Kindern besucht werden dürfen, Zeitlimits bei der Computernutzung festlegen und wöchentliche Aktivitätsberichte einsehen. Klicken Sie dazu auf *Familieneinstellungen anzeigen*.

Geräteleistung überprüfen

Im Windows Defender Security Center können Sie außerdem die Leistung und Integrität Ihres Geräts schnell kontrollieren. Klicken Sie dazu auf der Startseite auf *Geräteleistung & -integrität* und Sie erhalten eine Übersicht über den Status von Windows Updates, Speicherkapazität, Gerätetreiber und Akkulaufzeit.

6.3 Windows Updates

Updates suchen und anzeigen

Für Windows 10 stellt Microsoft laufend Updates bereit, um Schwachstellen und Fehler von Windows zu beheben. Manchmal fügen Updates auch neue Funktionen hinzu, z. B. in den Einstellungen oder ändern geringfügig das Aussehen der Benutzeroberfläche. In der Standardeinstellung werden wichtige Updates im Hintergrund automatisch über das Internet heruntergeladen, die eigentliche Installation erfolgt aber erst,

Tipp: Die jeweils aktuelle Version von Windows 10 auf Ihrem Gerät sehen Sie, wenn Sie in den Einstellungen auf *System* und hier auf *Info* klicken.

wenn der Computer gerade nicht benötigt wird. Unter Umständen muss das Gerät auch während oder nach der Installation heruntergefahren und wieder neu gestartet werden. Speichern Sie in diesem Fall zuvor Ihre Daten!

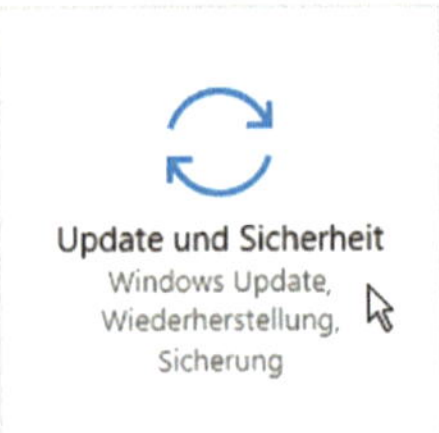

- Zum Anzeigen der installierten Updates und zum Ändern der dazugehörigen Einstellungen öffnen Sie die Einstellungen, klicken auf *Update und Sicherheit* und wählen dann auf *Windows Update* ❶.
- Hier sehen Sie das Datum der letzten Überprüfung auf verfügbare Updates. Bei Bedarf können Sie über die Schaltfläche *Nach Updates suchen* ❷ manuell nach weiteren suchen und mit Klick auf *Verlauf installierter Updates anzeigen* ❸ erhalten Sie eine Liste der bereits installierten Updates.
- Da bei einigen Updates der Computer neu gestartet werden muss, können Sie über *Nutzungszeit ändern* und *Neustartoptionen* ❹ den Zeitpunkt steuern, um möglichst wenig in Ihrer Arbeit unterbrochen zu werden. **Achtung**: In jedem Fall erhalten Sie vor jedem geplanten Neustart eine entsprechende Meldung und können dann ebenfalls den Neustart verschieben.
- Mit Klick auf *Erweiterte Optionen* können Sie bei einigen Windows-Editionen Updates um einige Tage verzögern oder aussetzen, allerdings nicht bei wichtigen Sicherheitsupdates.

Bild 6.17 Windows Updates verwalten

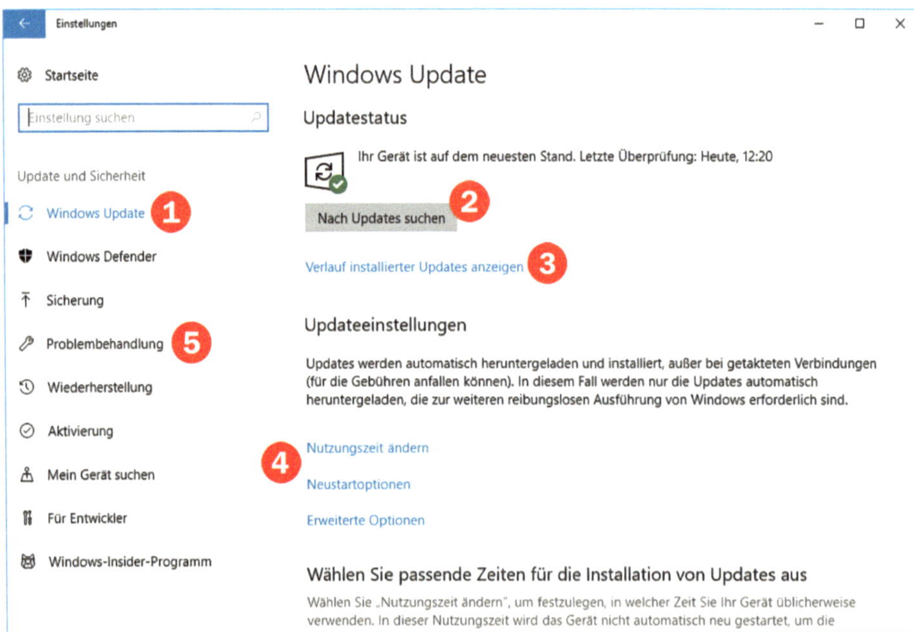

Siehe auch Kapitel 7.4

Falls ein Update nicht erfolgreich durchgeführt werden konnte, so klicken Sie links auf *Problembehandlung* ❺ und hier auf *Windows Update*. Anschließend können Sie mit Klick auf die Schaltfläche *Problembehandlung ausführen* ein kleines Diagnosetool starten, das die Probleme ermittelt und Lösungsvorschläge anbietet.

Hinweis: In der Kategorie *Update und Sicherheit* bietet Microsoft auch die Teilnahme am Windows-Insider-Progamm an. Dadurch erhält Ihr Gerät regelmäßig Vorabversionen geplanter Updates. Allerdings riskieren Sie dadurch auch ein möglicherweise instabiles Windows, daher sollten Sie diese Option nicht auf einem Rechner nutzen, den Sie für Ihre tägliche Arbeit benötigen.

PC zurücksetzen, frühere Windows Version wiederherstellen

Falls Ihr PC bzw. Windows nicht mehr stabil läuft, können Sie Windows auf die Werkseinstellungen zurücksetzen oder nach einem Upgrade die frühere Version wiederherstellen. Beide Möglichkeiten finden Sie in den Einstellungen, Kategorie *Update und Sicherheit*. Klicken Sie auf *Wiederherstellung* ❶; allerdings nur, wenn Sie über Administratorrechte verfügen. **Achtung**: In jedem Fall sollten Sie zuvor wichtige Daten sichern.

Administratorrechte erforderlich!

Zur vorherigen Windows Version zurückkehren

Nach größeren Updates, z. B. dem fall creators Update vom Herbst 2017 haben Sie für einen begrenzten Zeitraum die Möglichkeit, zur vorherigen Windows-Version zurückzukehren. Windows erstellt bei solchen Updates auf der Festplatte C: einen Ordner mit dem Namen *windows.old* und verschiebt Ihr gesamtes altes Windows dorthin. Solange dieser Ordner vorhanden ist, können Sie die vorherige Version wiederherstellen.

Achtung: Dies ist nur möglich, wenn die vorherige Windows Version noch nicht entfernt wurde, siehe Speicheroptimierung in Kapitel 4.7.

Dazu klicken Sie unter *Zur vorherigen Version von Windows zurückkehren* auf die Schaltfläche *Los geht's* ❷ und folgen den Anweisungen. Zuvor sollten Sie jedoch alle Apps schließen und alle wichtigen Dateien speichern.

Bild 6.18 PC zurücksetzen oder Windows Version wiederherstellen

PC zurücksetzen

Wenn Sie den PC zurücksetzen, dann werden alle Programme und Apps deinstalliert und die Windows-Einstellungen auf die Standardeinstellung zurückgesetzt. Sie können jedoch wählen, ob Ihre Benutzerkonten und die dazugehörigen persönlichen Ordner bzw. Dateien beibehalten oder ebenfalls entfernt werden sollen.

Achtung: Speichern und sichern Sie zuvor Ihre Daten und schließen Sie alle Apps!

1 Klicken Sie dazu unter *Wiederherstellung* und *Diesen PC zurücksetzen* auf die Schaltfläche *Los geht's* ❸.

2 Wählen Sie im nächsten Schritt, ob Sie Ihre Benutzerkonten und persönlichen Dateien behalten oder alles entfernen möchten. Letzteres ist zu empfehlen, wenn Sie Ihren Laptop z. B. verkaufen oder verschenken möchten.

Kontrollieren Sie, ob Sie für die genannten Apps alle zur Neuinstallation erforderlichen Datenträger, Seriennummern usw. zur Hand haben.

3 Da bei diesem Vorgang auch alle Apps deinstalliert werden, listet Windows anschließend alle Apps bzw. Anwendungen auf, die nicht aus dem Store, sondern über einen Datenträger bzw. das Web installiert werden müssen. Eine Liste dieser Anwendungen finden Sie nach dem Zurücksetzen auf dem Desktop. Klicken Sie auf *Weiter* und folgen Sie den weiteren Anweisungen.

4 Im letzten Schritt starten Sie mit Klick auf *Zurücksetzen* die Neuinstallation von Windows. Je nach Wiederherstellungsvariante kann dies eine halbe Stunde bis zu mehreren Stunden dauern.

Windows neu installieren

Eine weitere Möglichkeit, nämlich die Neuinstallation der aktuellen Windows Version erhalten Sie, wenn Sie unter *Wiederherstellung*, *Weitere Wiederherstellungsoptionen* auf *Erfahren Sie, wie Sie mit einer Neuinstallation von Windows durchstarten* klicken.

Achtung: Sichern Sie vor einer Neuinstallation Ihre Daten!

Oder klicken Sie auf der Startseite des Windows Defender Security Centers auf *Geräteleistung & -integrität* und dann unter *Sauberer Start* auf *Zusätzliche Informationen* ❶. Detailinformationen zu diesem Vorgang erhalten Sie anschließend über den Link *Weitere Informationen* ❷. Klicken Sie dann auf die Schaltfläche *Erste Schritte* ❸ und bestätigen Sie die nachfolgende Meldung der Benutzerkontensteuerung mit *Ja*. Folgen Sie dann den weiteren Anweisungen.

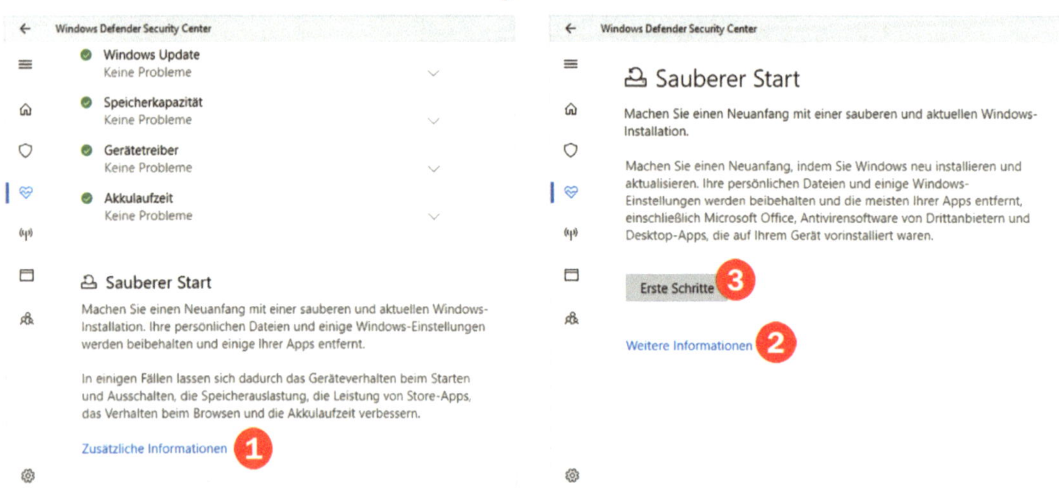

Bild 6.19 Windows Neuinstallation

7 Einstellungen zu Hard- und Software

7.1 Drucker verwalten

Drucker anzeigen/Netzwerkdrucker hinzufügen

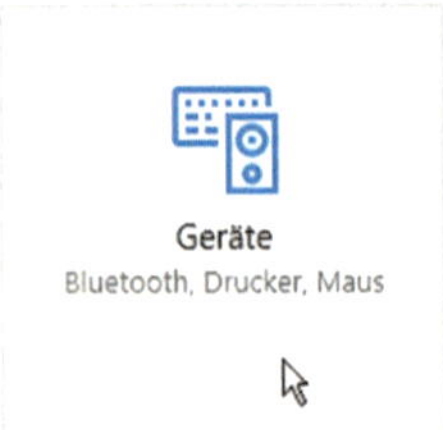

Eine Übersicht über die angeschlossenen Drucker erhalten Sie, wenn Sie in den *Einstellungen* auf *Geräte* und hier auf *Drucker & Scanner* klicken ❶, siehe Bild unten. Hier werden alle Drucker und Scanner aufgelistet ❷ und Sie können ein Gerät als Standarddrucker festlegen. Wenn Sie einen, im Netzwerk verfügbaren Drucker hinzufügen möchten, dann klicken Sie auf *Drucker oder Scanner hinzufügen* ❸.

Tipp: Wenn kein Drucker angeschlossen ist, stehen Ihnen trotzdem „Drucker" zur Verfügung, darunter *Microsoft Print to PDF*. Mit Auswahl dieses Druckers erzeugen Sie statt eines Ausdrucks auf Papier eine Datei im gängigen PDF-Dateiformat, das auf jedem PC gelesen werden kann, da zum Anzeigen nur ein Leseprogramm wie z. B. der kostenlose Adobe Reader benötigt wird. Auch der Browser Microsoft Edge kann PDF-Dateien anzeigen und drucken.

Bild 7.1 Drucker und Scanner verwalten

Bild 7.2 Standarddrucker

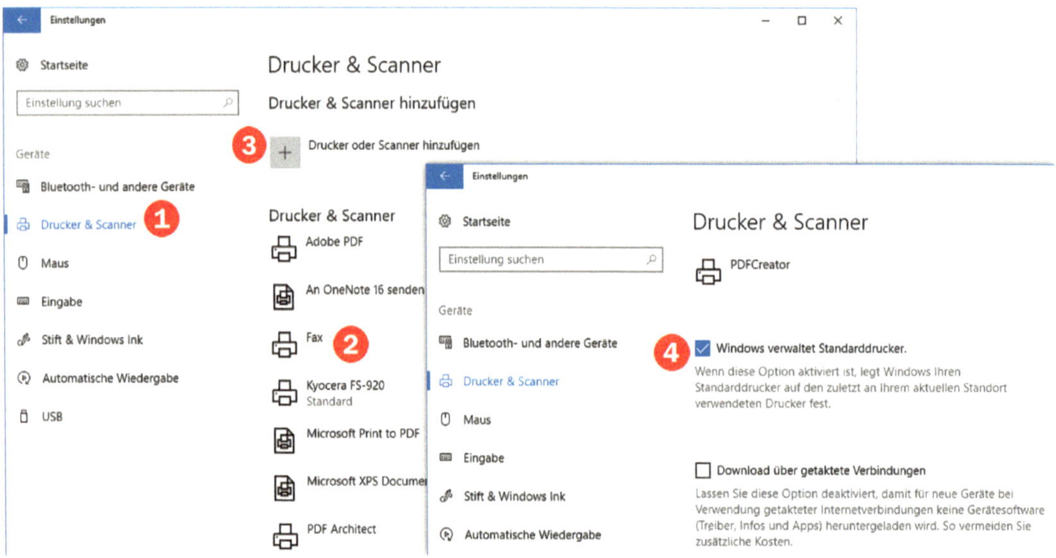

Standarddrucker festlegen

Wenn Sie aus einer Anwendung heraus drucken, dann wird, falls nichts anderes festgelegt, der Standarddrucker von Windows verwendet. Ist *Windows verwaltet Standarddrucker* ❹ aktiviert, dann wird automatisch der zuletzt verwendete Drucker als Standarddrucker verwendet. Insbesondere bei mehreren Druckern ist dies nicht immer sinnvoll, in diesem Fall deaktivieren Sie das Kontrollkästchen und legen den Standarddrucker manuell fest. Dazu klicken Sie einfach auf den betreffenden Drucker, klicken auf die Schaltfläche *Verwalten* und anschließend auf die Schaltfläche *Als Standard*.

Bild 7.3 Standarddrucker festlegen

7.2 Länderspezifische Einstellungen

Datum und Uhrzeit ändern

Die korrekte Einstellung von Datum und Uhrzeit erfolgt automatisch über das Internet. Sie können jedoch Datum, Uhrzeit sowie die Zeitzone jederzeit manuell umstellen, etwa wenn Sie auf einer Geschäftsreise die Zeitzone wechseln. Allerdings benötigen Sie dazu Administratorrechte.

Klicken Sie in den Einstellungen auf *Zeit und Sprache* und dann auf *Datum und Uhrzeit* oder klicken Sie in der Taskleiste mit der rechten Maustaste auf die Anzeige von Datum und Uhrzeit und dann auf *Datum/Uhrzeit ändern*.

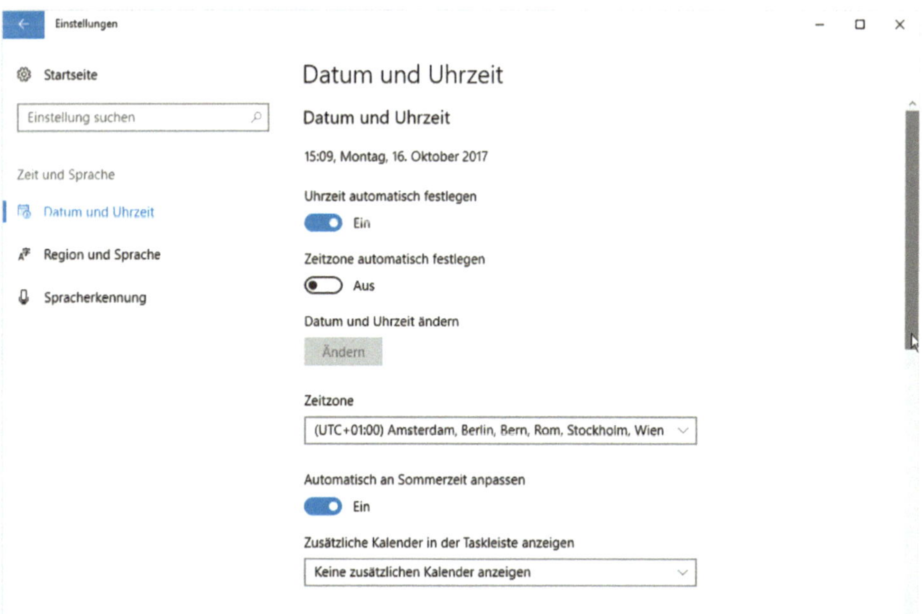

Bild 7.4 Datum und Uhrzeit, Zeitzone automatisch oder manuell festlegen

- Wenn Sie den Schalter *Uhrzeit automatisch festlegen* auf *Aus* setzen, dann wird die Schaltfläche *Ändern* aktiv. **Achtung:** Schalter und Schaltfläche sind nicht sichtbar, wenn Sie als normaler Standardbenutzer angemeldet sind.
- Die Zeitzone kann per Schalter und anhand der Position automatisch festgelegt werden. Ist dieser Schalter *Aus*, so können Sie eine Zeitzone im Feld *Zeitzone* auswählen.
- Der Schalter *Automatisch an Sommerzeit anpassen* sorgt dafür, dass die Zeitumstellung zwischen Winter- und Sommerzeit automatisch erfolgt.
- Etwas weiter unten werden unter *Formate* die Schreibweise für Datum und Uhrzeit, sowie der erste Wochentag angezeigt. Zum Ändern klicken Sie auf den Link *Datums- und Uhrzeitformat ändern* und wählen eine Schreibweise aus.
- **Tipp**: Wenn Sie zusätzlich die Uhrzeit einer anderen Zeitzone in der Taskleiste anzeigen möchten, dann klicken Sie auf *Uhren für unterschiedliche Zeitzonen hinzufügen*. Die Uhrzeit der ausgewählten Zeitzone erscheint, wenn Sie in der Taskleiste auf Datum und Uhrzeit zeigen.

Region und Tastatursprache

Klicken Sie in den Einstellungen auf *Region und Sprache* ❶, so erhalten Sie hier die Möglichkeit, Ihr Land ❷ und die damit verbundenen Ländereinstellungen zu ändern. Wenn Sie zur verwendeten Tastatursprache zusätzlich eine weitere Eingabesprache hinzufügen möchten, dann klicken Sie auf *Sprache hinzufügen* ❸ und wählen die gewünschte Sprache aus.

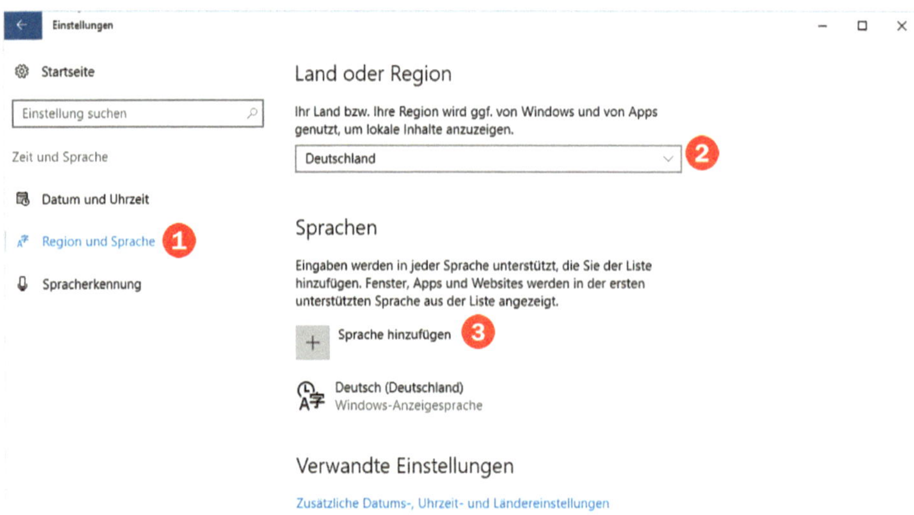

Bild 7.5 Eine weitere Eingabe- bzw. Tastatursprache hinzufügen

Achtung: die Tastenkombinationen Windows+Leertaste sowie Umschalt+Alt wechseln zwischen den installierten Sprachen. Diese werden manchmal auch versehentlich betätigt!

Haben Sie eine zweite Sprache hinzugefügt, so finden Sie anschließend im Infobereich der Taskleiste die Anzeige der aktuell verwendeten Sprache. Ein Klick hierauf erlaubt den Wechsel zwischen den Eingabesprachen, siehe Bild unten.

Bild 7.6 Anzeige der Tastatursprache in der Taskleiste

Mikrofon für die Spracherkennung einrichten

Wenn Sie Cortana benutzen, dann wurden Sie vermutlich bei der ersten Aktivierung der Stimmeingabe aufgefordert, das Mikrofon Ihres PCs für die Spracherkennung einzurichten. Falls Sie Cortana nicht nutzen oder bei Problemen mit der Spracheingabe können Sie das Mikrofon in den Einstellungen einrichten.

1 Klicken Sie dazu in den Einstellungen auf *Zeit und Sprache* und auf *Spracherkennung*.

2 Scrollen Sie hier nach unten und klicken Sie unter *Mikrofon* auf die Schaltfläche *Erste Schritte*. Folgen Sie dann den weiteren Anweisungen.

Bild 7.7 Das Mikrofon zur Spracheingabe einrichten

Die übrigen Möglichkeiten, die Sie hier vorfinden, beziehen sich auf die Diktatfunktion und die Sprachausgabe im Rahmen der erleichterten Bedienung.

7.3 Netzwerkverbindungen und WLAN

Mit einem WLAN verbinden

Im Info-Center lassen sich bei mobilen Geräten WLAN und Flugzeugmodus über Schaltflächen schnell ein- und ausschalten. Die WLAN-Verbindung stellen Sie normalerweise bereits beim ersten Start von Windows her, Sie können Ihren Computer aber auch jederzeit mit einem anderen WLAN verbinden.

1. Die verfügbaren Verbindungen werden angezeigt, wenn Sie auf das WLAN-Symbol im Infobereich der Taskleiste klicken.
2. Klicken Sie auf Ihr Netzwerk und achten Sie darauf, dass *Automatisch verbinden* aktiviert ist. Dies bedeutet, dass sich Ihr Gerät künftig automatisch mit diesem Netzwerk verbindet, sobald es in Reichweite ist. Klicken Sie dann auf *Verbinden*.
3. Wenn es sich um ein gesichertes Netzwerk handelt, dann tippen Sie im nächsten Schritt Ihren Netzwerksicherheitsschlüssel (Kennwort) ein und klicken auf *Weiter*. Damit ist Ihr Gerät mit dem ausgewählten Netzwerk verbunden.

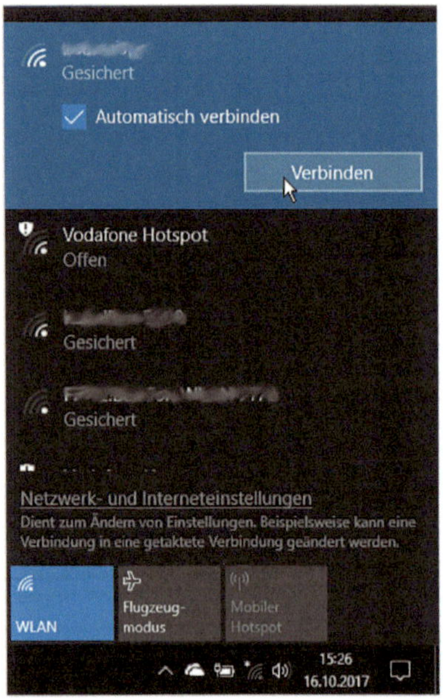

Bild 7.8 Mit einem WLAN verbinden

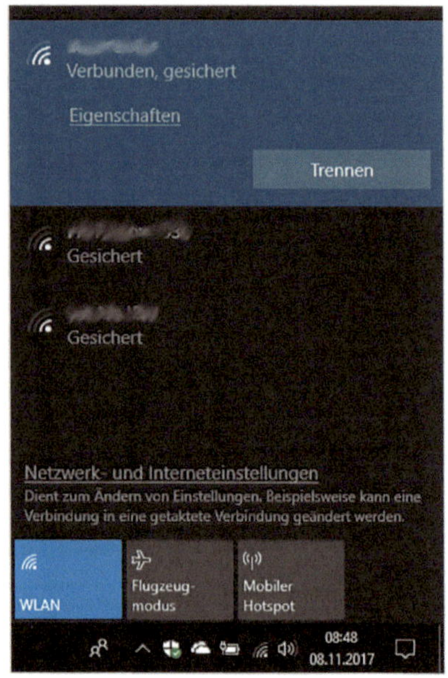

Bild 7.9 Eigenschaften des WLAN anzeigen

Schnelles Umschalten zwischen Netzwerkprofilen

Im Gegensatz zu einem gesicherten Netzwerk erfordert ein offenes Netzwerk, auch als WLAN-Hotspot bezeichnet, beim Verbinden kein Kennwort. Solche Netzwerke sind allerdings nicht sicher, da Informationen, die Sie über das Netzwerk übermitteln, grundsätzlich auch für andere sichtbar sein können. Daher sollten Sie auch in einem offenen Netzwerk keine persönlichen Daten übermitteln, z. B. beim Onlinebanking. Aus diesem Grund sollten für offene Netzwerke auch etwas andere Einstellungen benutzt werden. Windows unterscheidet in puncto Sicherheitseinstellungen zwischen einem öffentlichen und einem privaten Netzwerkprofil. Das öffentliche Netzwerkprofil sorgt dafür, dass Ihr PC im Netzwerk für andere nicht sichtbar ist, der Datenverkehr wird in beiden Profilen durch die Firewall überwacht.

Das aktuell verwendete Netzwerkprofil lässt sich schnell kontrollieren und zu ändern. Dazu klicken Sie in der Taskleiste auf das WLAN-Symbol und beim WLAN, mit dem Sie verbunden sind, auf *Eigenschaften* (Bild 7.9 oben).

- Der Schalter *Automatisch verbinden, wenn in Reichweite* legt fest, ob sich das Gerät künftig automatisch mit diesem WLAN verbinden soll (Bild 7.10).
- **Netzwerkprofil für die aktuelle Verbindung**
  - *Öffentlich* bedeutet, Ihr Geräte ist im Netzwerk für andere nicht sichtbar und die Datei- und Druckerfreigabe wird nicht unterstützt.
  - In privaten Netzwerken sollte die Option *Privat* gewählt werden. Nur so kann der PC gefunden werden, um z. B. eine Heimnetzgruppe einzurichten.
- **Als getaktete Verbindung festlegen**
  Wenn Sie Internet über einen volumenbegrenzten Mobilfunktarif nutzen, kann es sinnvoll sein, eine Verbindung als getaktete Verbindung festzulegen. Den dazugehörigen Schalter finden Sie etwas unterhalb. So lädt Windows in der Standardeinstellung z. B. keine Updates über getaktete Verbindungen.
- Ein Klick auf *Firewall- und Sicherheitseinstellungen konfigurieren* öffnet das Windows Defender Security Center mit dem Status der Firewall (Bild 7.11).

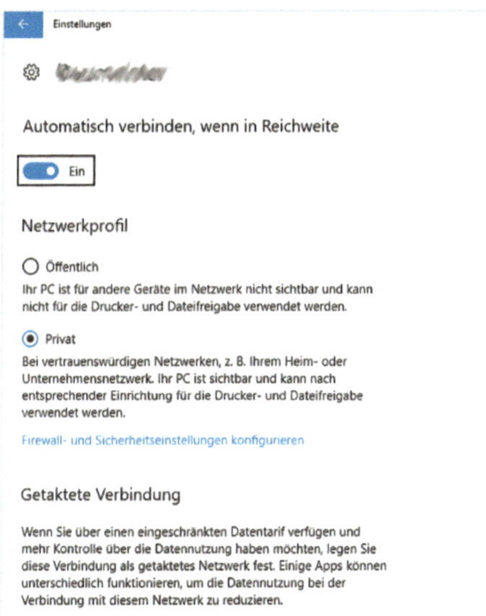

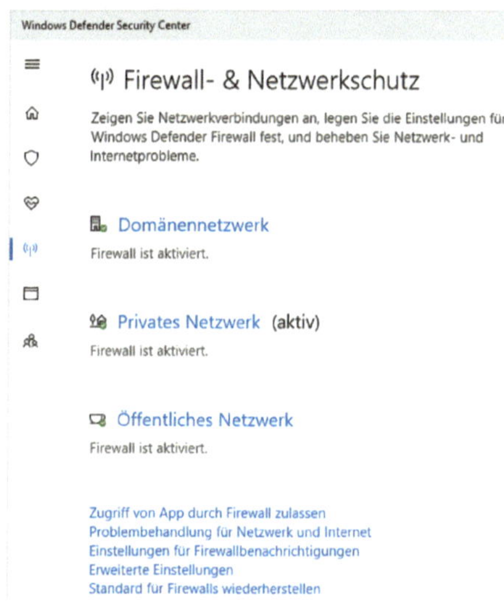

Bild 7.10 Netzwerkprofil wählen

Bild 7.11 Firewall- und Netzwerkschutz

Netzwerkerkennung und Datei- und Druckerfreigabe bearbeiten

Wenn Sie die Netzwerkerkennung und Datei- und Druckerfreigabe der Netzwerkprofile kontrollieren und bearbeiten möchten, dann klicken Sie ebenfalls in der Taskleiste auf Symbol der jeweiligen Netzwerkverbindung (WLAN oder Ethernet) und auf *Netzwerk- und Interneteinstellungen*. Oder klicken Sie in den Einstellungen auf *Netzwerk und Internet* und dann auf *Status* ❶ (Bild 7.12). Unter Netzwerkstatus ❷ sehen Sie, mit welchem Netzwerk Sie gerade verbunden sind und welches Netzwerkprofil verwendet wird. Mit Klick auf *Verbindungseigenschaften ändern* ❸ können Sie auch hier schnell das Netzwerkprofil ändern.

1 Zum Bearbeiten von Netzwerkerkennung und Datei- und Druckerfreigabe klicken Sie auf *Freigabeoptionen* ❹.

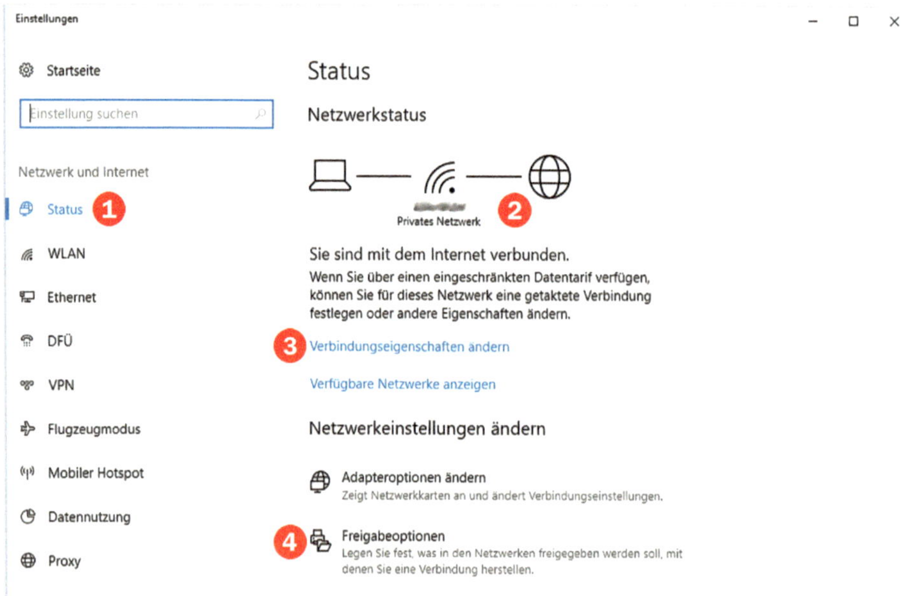

Bild 7.12 Netzwerkstatus in den Einstellungen bearbeiten

2 Die Freigabeoptionen sind derzeit noch Teil der Systemsteuerung und werden in einem gesonderten Fenster geöffnet. Sie können nun für jedes Netzwerkprofil die Netzwerkerkennung und die Datei- und Druckerfreigabe aktivieren oder deaktivieren.

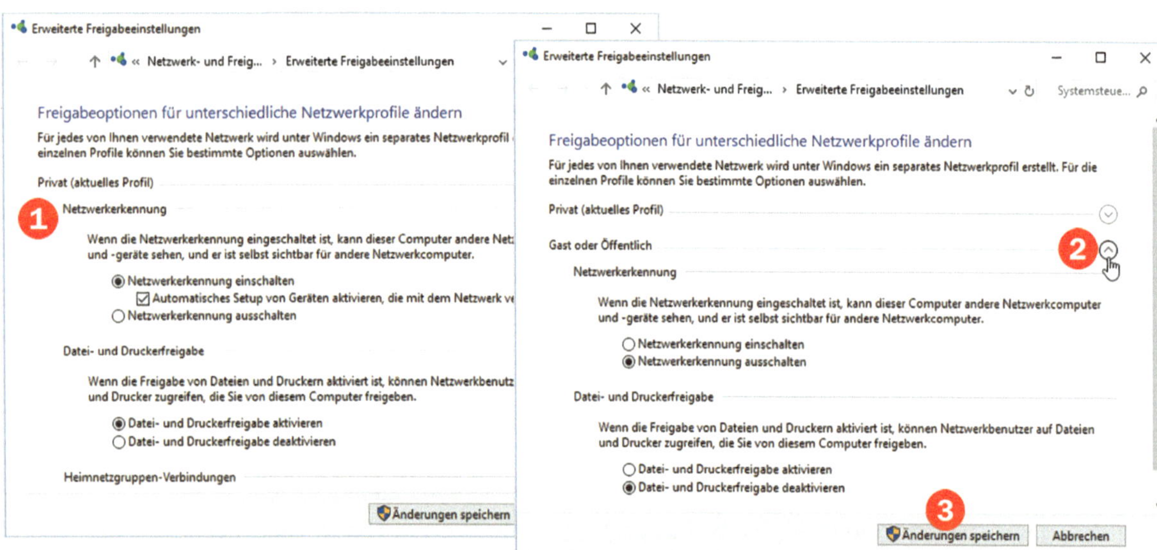

Bild 7.13 Einstellungen Privates Netzwerkprofil

Bild 7.14 Öffentliches Netzwerkprofil

- Beim Netzwerkprofil *Privat* sollten, wie in Bild 7.13 die Netzwerkerkennung eingeschaltet und die Datei- und Druckerfreigabe aktiviert sein ❶.

- Weiter unten blenden Sie mit Klick auf den Pfeil ❷ die Einstellungen für das Profil *Gast oder Öffentlich* ein. Hier sollte die Netzwerkerkennung ausgeschaltet und die Datei- und Druckerfreigabe deaktiviert sein.

3 Klicken Sie zum Speichern auf die Schaltfläche *Änderungen speichern* ❸, dazu sind Administratorrechte erforderlich.

Ethernet- und WLAN-Einstellungen

Falls Sie WLAN nutzen, so können Sie die bekannten Netzwerke verwalten und die Verbindung mit vorgeschlagenen öffentlichen Hotspots regeln. Klicken Sie dazu in den Einstellungen auf *Netzwerk und Internet* und hier auf *WLAN* ❶ (Bild 7.15).

- Sie sehen, ob WLAN (*WiFi*) eingeschaltet ist und mit welchem Netzwerk Ihr Computer verbunden ist ❷.
- Auch hier können Sie mit Klick auf *Verfügbare Netzwerke anzeigen* ❸ die verfügbaren WLAN Verbindungen anzeigen und bei Bedarf Ihr Gerät mit einem WLAN verbinden.

Bild 7.15 Einstellungen - WLAN

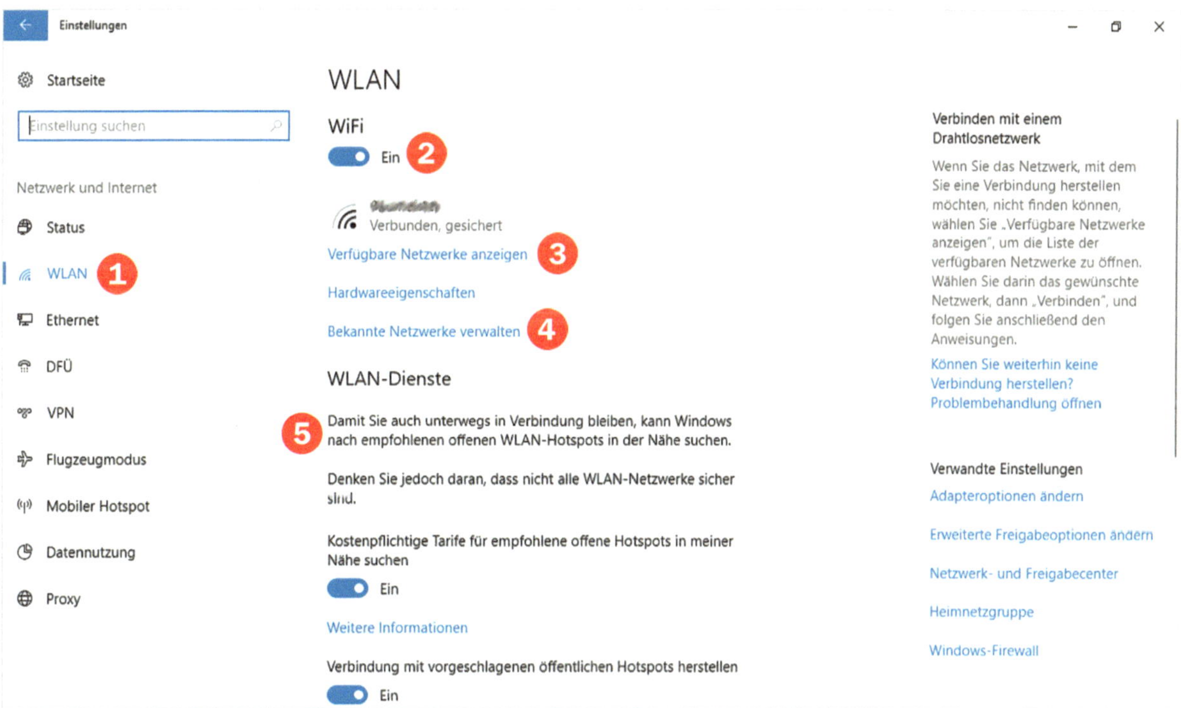

- Über *Bekannte Netzwerke verwalten* ❹ werden alle Netzwerke angezeigt, zu denen in der Vergangenheit eine Verbindung hergestellt wurde und mit Klick auf ein Netzwerk und die Schaltfläche *Eigenschaften* sehen Sie, ob die Verbindung automatisch hergestellt wird, wenn sich dieses Netzwerk in Reichweite befindet (siehe oben) und ob es sich um eine getaktete Verbindung handelt.

- Unter *WLAN-Dienste* bietet Windows 10 für mobile Geräte an, sich unterwegs automatisch mit öffentlichen WLAN-Hotspots zu verbinden ❺. Über den Schalter *Kostenpflichtige Tarife für empfohlene offene Hotspots in meiner Nähe suchen* können Sie auch einen kostenpflichtigen WLAN-Tarif im Store erwerben, falls ein entsprechendes WLAN in Reichweite ist. Dies funktioniert allerdings nur in Verbindung mit einem Microsoft-Konto und bei eingeschaltetem Positionsdienst.

Ethernet-Verbindung

Ist Ihr PC dagegen per Kabel mit einem Netzwerk verbunden (LAN), so klicken Sie auf *Ethernet*. Allerdings finden Sie hier nur den Namen des Netzwerks und Links zu verwandten Einstellungen.

Mobile Datenverbindung für andere Geräte freigeben

Unter der Bezeichnung *Mobiler Hotspot* besteht für mobile Geräte die Möglichkeit, eine Mobilfunkverbindung für andere Geräte freizugeben. Zum Einrichten klicken Sie in den Einstellungen, *Netzwerk und Internet*. Besitzt das Gerät einen Mobilfunkadapter, dann finden Sie links den Punkt *Mobilfunkverbindung*, hier sollte die Verbindung bereits nach der Installation der Zugangssoftware bereits automatisch konfiguriert sein.

Bild 7.16 Mobilen Hotspot einrichten

1 Für die weiteren Freigabeeinstellungen klicken Sie auf *Mobiler Hotspot*

Bild 7.17 Netzwerkname und -kennwort ändern

2 Klicken Sie auf die Schaltfläche *Bearbeiten*, um den Netzwerknamen ggf. zu ändern und um ein Kennwort zu vereinbaren.

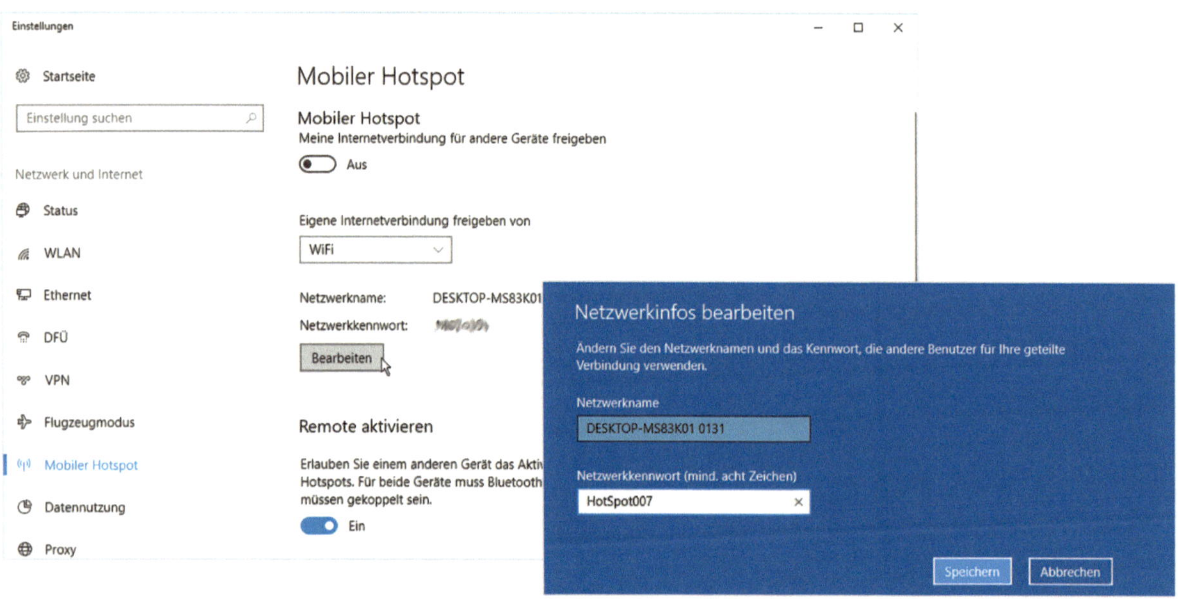

3 Geben Sie den Namen ein, unter dem Ihr Gerät im Netzwerk gefunden werden soll sowie ein Kennwort zum Verbinden und klicken Sie auf *Speichern*.

Ab sofort können Sie den mobilen Hotspot schnell über die Schaltfläche im Info-Center aktivieren und deaktivieren.

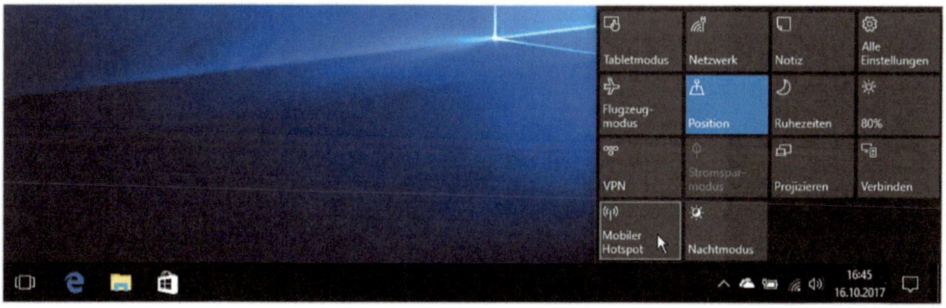

Bild 7.18 Mobilen Hotspot im Info-Center aktivieren/deaktivieren

7.4 Problemdiagnose und -behebung

Wenn der Drucker nicht ansprechbar ist, das Netzwerk Probleme macht, ein Update nicht richtig ausgeführt wird oder eine bestimmte App immer wieder abstürzt, dann kommt die Problembehandlung von Windows zum Einsatz. Öffnen Sie dazu die Einstellungen, klicken Sie auf *Update und Sicherheit* und dann auf *Problembehandlung*. Dieser Punkt fasst sämtliche Diagnose- und Problembehebungstools von Windows zusammen.

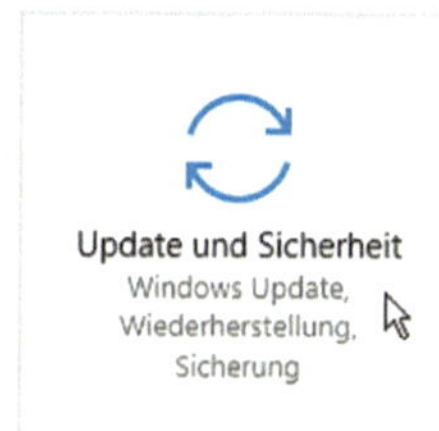

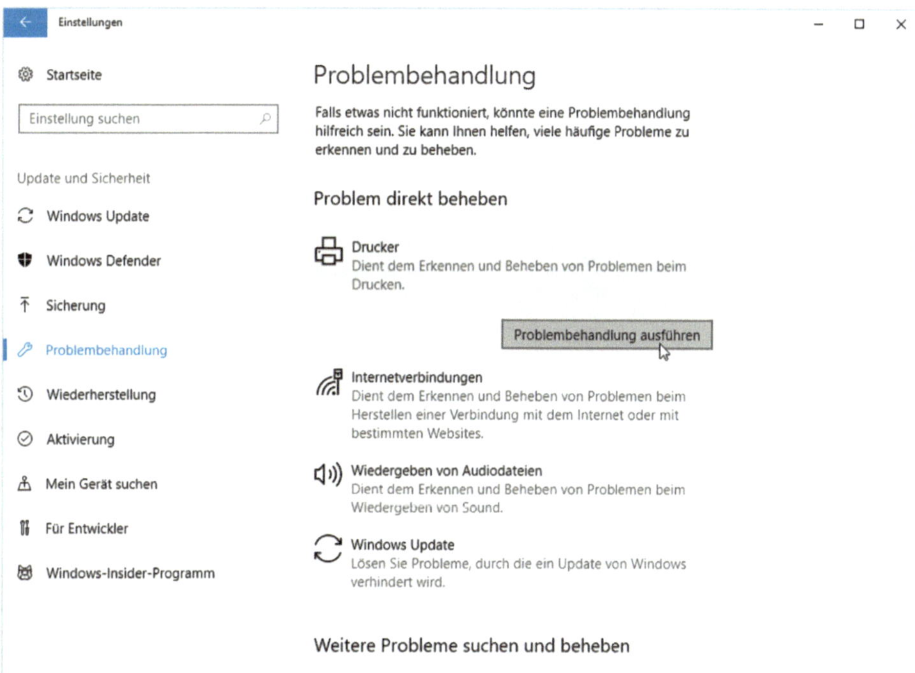

Bild 7.19 Beispiel: Druckerprobleme erkennen und beheben

Haben Sie beispielsweise ein Problem mit dem Drucker, so klicken Sie unter *Probleme direkt beheben* auf *Drucker* und starten mit Klick auf die Schaltfläche *Problembehandlung ausführen* ein kleines Diagnoseprogramm, das die Probleme ermittelt und anschließend unter Umständen auch mehrere Korrekturmöglichkeiten anbietet.

Unterhalb bietet Windows unter *Weitere Probleme suchen und beheben* eine umfangreiche Liste weiterer häufiger Probleme, z. B. bei der Wiedergabe von Filmen und Videos, bei der Spracheingabe oder mit Hardware und Geräten. Auch hier können Sie jederzeit eine Problembehandlung ausführen.

7.5 Handy mit Windows 10 verknüpfen

Falls Sie ein Smartphone mit Windows 10 benutzen, sind Handy und PC ohnehin über das gemeinsam verwendete Microsoft-Konto verknüpft. Neu hinzugekommen ist die Möglichkeit, Windows 10 auch mit einem iPhone oder einem Android-Smartphone zu verknüpfen. Dies erlaubt es z. B. einen Link vom Handy an den PC zu senden und hier die Webseite zu öffnen.

- **Gemeinsame Nutzung aktivieren**
  Voraussetzung für eine Verknüpfung mit dem Handy ist, dass die gemeinsame Nutzung aktiviert ist. Diese erlaubt Apps auf anderen Geräten, auch Apps auf diesem Gerät zu öffnen und Nachrichten an diese zu senden. Sie finden die gemeinsame Nutzung in den Einstellungen in der Kategorie *System*. Hier muss der Schalter *Auf Geräten freigeben* auf *Ein* gesetzt sein.

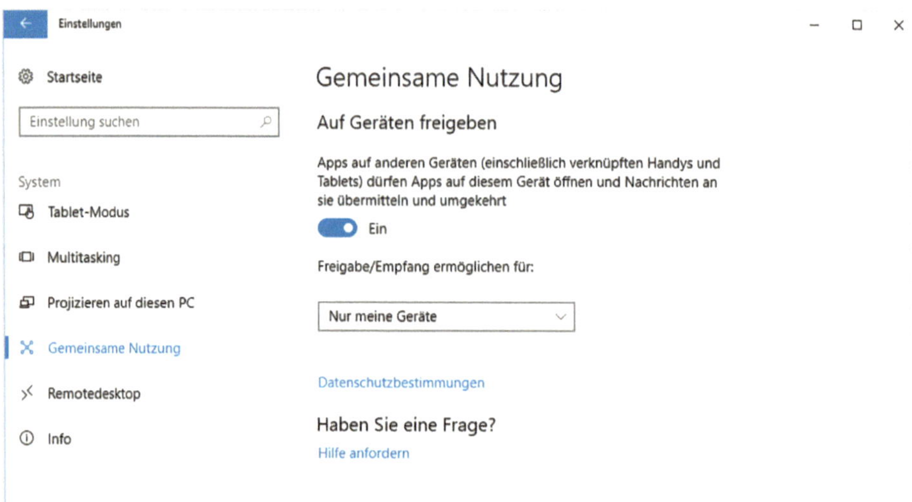

Bild 7.20 Gemeinsame Nutzung freigeben

- Klicken Sie dann auf der Startseite der Einstellungen auf *Handy*. Sollte die gemeinsame Nutzung deaktiviert sein (siehe oben), dann gelangen Sie hier auch über eine Schaltfläche zu den Einstellungen für gemeinsame Nutzung.

- Klicken Sie dann auf *Handy hinzufügen*. Geben Sie die Mobilfunknummer Ihres Handys ein und klicken Sie auf *Senden*.
- Microsoft sendet an die angegebene Nummer eine SMS mit einem Link zur *Microsoft-App*. Installieren Sie diese und melden Sie sich hier mit Ihrem Microsoft-Konto an.
- Anschließend lassen sich Webseiten aus dem Browser Ihres Handys über den Befehl *Teilen* an den PC senden. Auf Ihrem PC öffnet sich die Webseite mit Microsoft Edge; wenn Sie sich für *Später* entscheiden so landet die Nachricht als Verknüpfung zunächst im Info-Center.

Bild 7.21 Handy hinzufügen

7.6 Apps aus dem Microsoft Store beziehen

Den Microsoft Store durchsuchen

Der Microsoft Store ist neu für Umsteiger von Windows XP oder Windows 7. Hierbei handelt es sich um ein Online-Portal von Microsoft, in dem Sie weitere Apps, Musik und Filme auswählen und auf Ihrem PC installieren können. Einige Angebote sind kostenlos, andere müssen Sie kostenpflichtig erwerben. Für Downloads aus dem Store ist ein Microsoft-Konto erforderlich.

- Zum Öffnen des Stores klicken Sie im Startmenü auf die Kachel *Microsoft Store* oder verwenden das Symbol *Store*, das sich standardmäßig in der Taskleiste befindet.

Auf der Startseite des Stores erhalten Sie zunächst verschiedene Empfehlungen ❶, zusammen mit aktuellen kostenpflichtigen und kostenlosen Top-Angeboten. Scrollen

Sie auf der Startseite weiter nach unten, so finden Sie hier verschiedene Gruppen, darunter kostenlose Top-Apps, Top-Spiele, Musik, Filme und soziale Netzwerke. Die einzelnen Apps sind mit Bewertungen versehen, zudem lässt sich auf den ersten Blick erkennen, ob Sie die App oder das Spiel bereits erworben bzw. installiert ❷ haben.

Bild 7.22 Die Startseite des Microsoft Stores

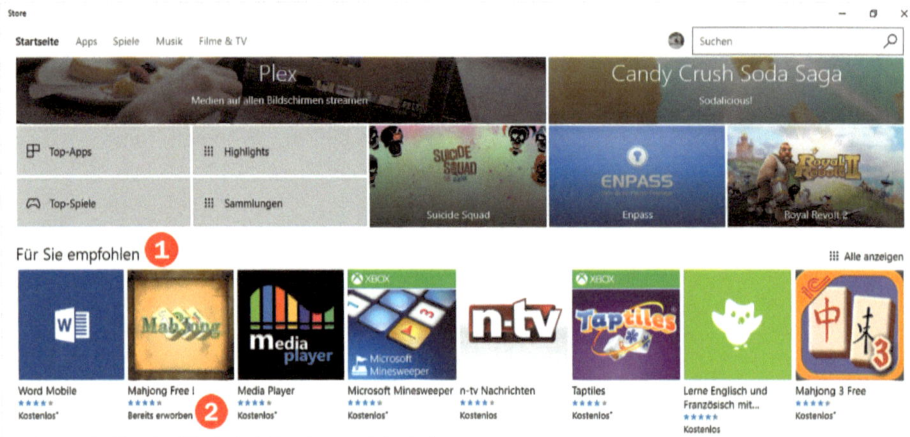

Das Aussehen des Microsoft Stores kann sich aufgrund von Updates geringfügig ändern.

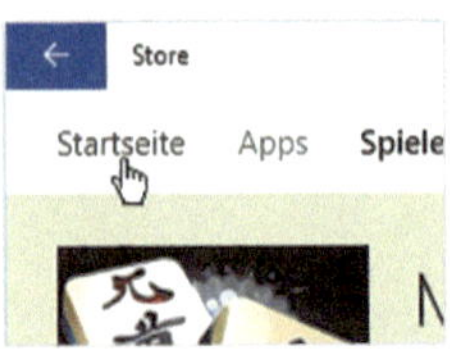

Nähere Informationen erhalten Sie, wenn Sie eine App anklicken oder antippen. Die Details zu einer App beinhalten eine Beschreibung, Screenshots (Bildschirmfotos), Nutzerbewertungen, sowie weitere Details. Ein Klick auf den Pfeil in der linken oberen Ecke des Bildschirms bringt Sie wieder zurück zur letzten Seite. Zur Startseite des Stores gelangen Sie links oben mit Klick auf *Startseite*.

Eine App suchen

Suchen Sie eine bestimmte App oder eine App zu einem Thema, dann verwenden Sie das Suchfeld in der rechten oberen Ecke des Microsoft Stores und geben hier einen Suchbegriff ein, im Bild unten „Mediathek" ❶. Bereits während der Eingabe erscheinen verschiedene Vorschläge. Befindet sich die gesuchte App darunter, so brauchen Sie diese nur anklicken oder antippen. Zum Löschen eines Suchbegriffs klicken Sie auf das x im Suchfeld.

Unterhalb der Titelleiste des Microsoft Stores erhalten Sie nicht nur schnellen Zugriff auf die *Startseite*, sondern auch auf die Kategorien *Apps*, *Spiele*, *Musik* und *Filme & TV* ❷, siehe Bild oben. In jeder Kategorie können Sie außerdem über Schaltflächen z. B. *Top-Apps* ❸ oder *Top-Spiele* anzeigen.

Bild 7.23 App suchen

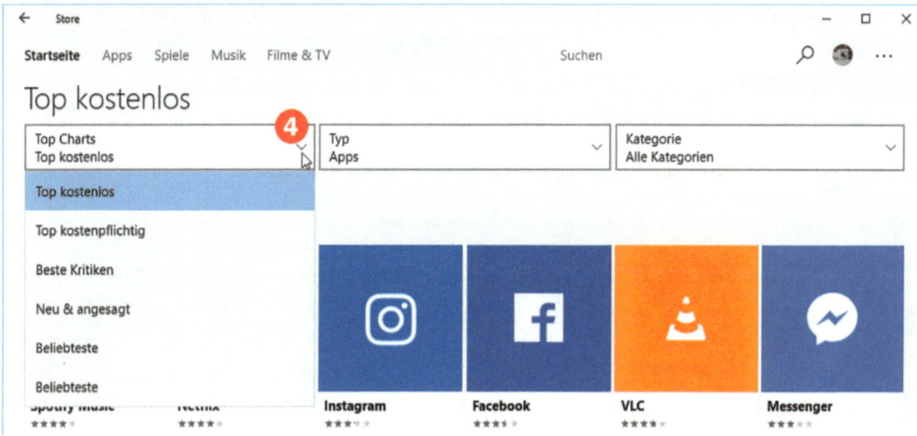

Bild 7.24 Beispiel: Filterkategorien für Top-Apps

Haben Sie eine der Top-Listen gewählt, so erhalten Sie über die Felder oberhalb weitere Filtermöglichkeiten, z. B. nach kostenlosen Apps ❹ oder aus einer bestimmten Kategorie.

Kostenlose Apps aus dem Microsoft Store installieren

Für weitere Details klicken oder tippen Sie auf die gewünschte App, als Beispiel im Bild unten das Spiel Microsoft Jackpot. Zusammen mit der Information, ob die App kostenlos oder kostenpflichtig ist ❶ oder bereits erworben bzw. installiert wurde, erhalten Sie eine Beschreibung und Vorschau, sowie Bewertungen ❷ anderer Nutzer. Außerdem sehen Sie, für welche Geräte das Spiel verfügbar ist ❸.

Bild 7.25 Beispiel: Die kostenlose App Microsoft Jackpot installieren

1 Handelt es sich um eine kostenlose App, so klicken Sie zum Herunterladen und anschließenden Installieren einfach auf die Schaltfläche *Herunterladen*. Anschließend können Sie den Download- und Installationsstatus mitverfolgen und bei Bedarf auch abbrechen ❸.

Bild 7.26 Der Installationsstatus wird angezeigt

2 Gleichzeitig erscheint während der Installation im Store rechts oben neben Ihrem Profilbild eine Zahl ❹. Dies ist die Anzahl der aktuell laufenden Updates und Downloads und mit Klick auf die Zahl werden Details aufgelistet.

3 Nach erfolgreicher Installation erhalten Sie eine Meldung. Sie können nun die App bzw. das Spiel sofort starten oder an das Startmenü als Kachel anheften. In jedem Fall finden Sie die neu installierte App im Startmenü im Abschnitt *Zuletzt hinzugefügt*.

Falls Sie am Gerät nur mit einem lokalen Konto angemeldet sind, werden Sie zunächst aufgefordert, sich mit einem Microsoft-Konto anzumelden. Anschließend können Sie die App herunterladen und installieren.

Hinweis: In einigen Fällen lässt sich eine App nicht direkt installieren, sondern muss auf einer gesonderten Webseite erworben werden. In einem solchen Fall klicken Sie auf *App vom Herausgeber erwerben*, um die entsprechende Webseite zu laden.

Kostenpflichtige Apps erwerben

Bei PayPal handelt es sich um einen Zahlungsdienstleister, bei dem statt einer Kreditkartennummer eine E-Mail-Adresse angegeben wird.

Webadresse PayPal: www.paypal.com

Vor dem Erwerb kostenpflichtiger Apps müssen Sie zunächst in Ihrem Microsoft-Konto eine Zahlungsmethode hinterlegen. Neben Kreditkarten (VISA, MasterCard, American Express) und SEPA Lastschriftverfahren (nicht von jedem Konto unterstützt) werden auch PayPal und Geschenkgutscheine akzeptiert. Nach der Bezahlung wird der Betrag von Ihrem Bankkonto abgebucht. Auch die Bezahlung per Guthabenkarte/Geschenkkarte ist möglich. Vorteil: es kann nur der bereits bezahlte Betrag eingesetzt werden.

1 Zum Download einer kostenpflichtigen App klicken Sie auf die Schaltfläche *Kaufen* ❶. Anschließend müssen Sie Ihre Identität durch Eingabe Ihrer PIN oder des Kennwortes Ihres Microsoft-Kontos bestätigen.

2 Im nächsten Schritt werden Sie aufgefordert, eine Zahlungsmethode anzugeben. Klicken Sie auf *Weiter* ❷ und wählen Sie die gewünschte Zahlungsmethode aus ❸. Füllen Sie dann alle dazugehörigen Felder aus und klicken Sie auf *Kaufen*.

Achtung: Danach ist der Kauf wirksam und kann nicht mehr abgebrochen werden!

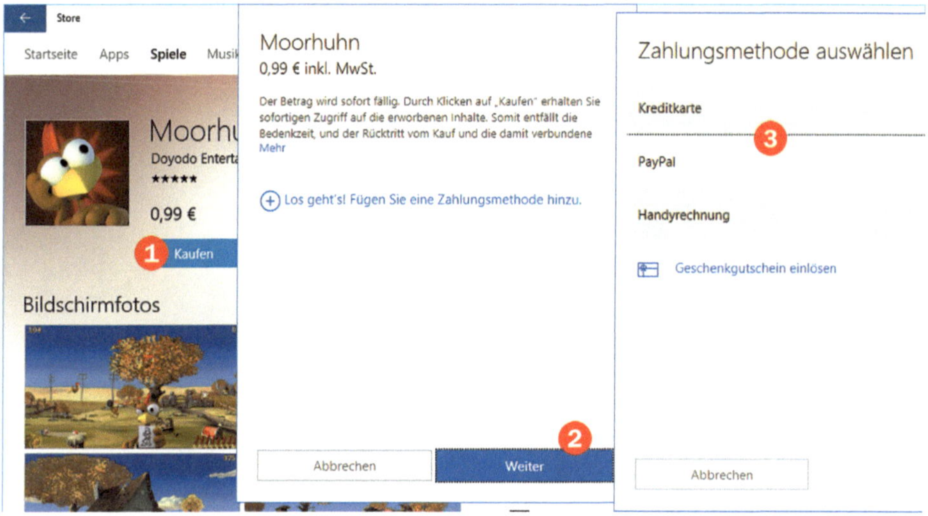

Bild 7.27 Wählen Sie eine Zahlungsmethode aus

Zahlungsmethoden einsehen und bearbeiten

Um bereits hinterlegte Zahlungs- und Abrechnungsinformationen zu kontrollieren und eventuell weitere hinzuzufügen, klicken Sie rechts oben neben Ihrem *Kontobild* auf die drei Punkte und anschließend auf *Zahlungsoptionen*.

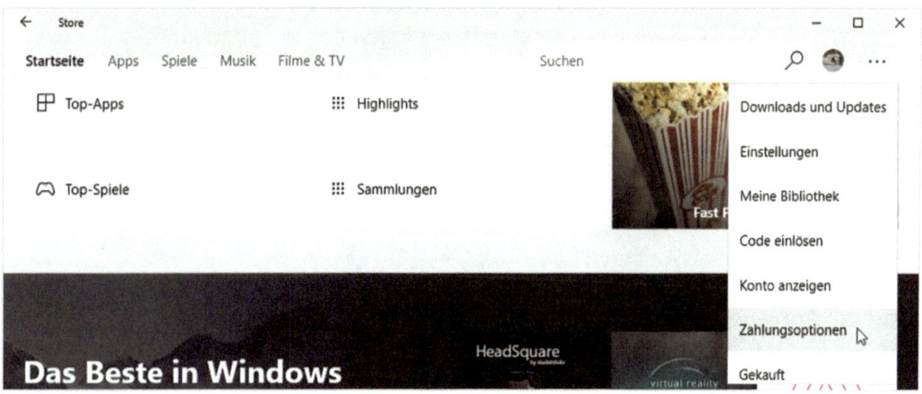

Bild 7.28 Gespeicherte Zahlungsoptionen anzeigen

Der Standardbrowser mit Ihrem Microsoft-Konto wird geöffnet. Auf der Seite *Zahlung und Abrechnung* ❶ und der Kategorie *Zahlungsoptionen* können Sie nun mit Klick auf *Zahlungsoption hinzufügen* ❷ eine weitere Zahlungsmethode hinterlegen. Wählen Sie die gewünschte Zahlungsart ❸ (Kreditkarte, PayPal, hier ist auch die Option SEPA-Lastschrift verfügbar) und füllen Sie alle dazugehörigen Felder aus. Klicken Sie dann auf *Weiter*. Ihre Angaben werden überprüft und die Zahlungsmethode der Liste der verfügbaren Zahlungsoptionen hinzugefügt.

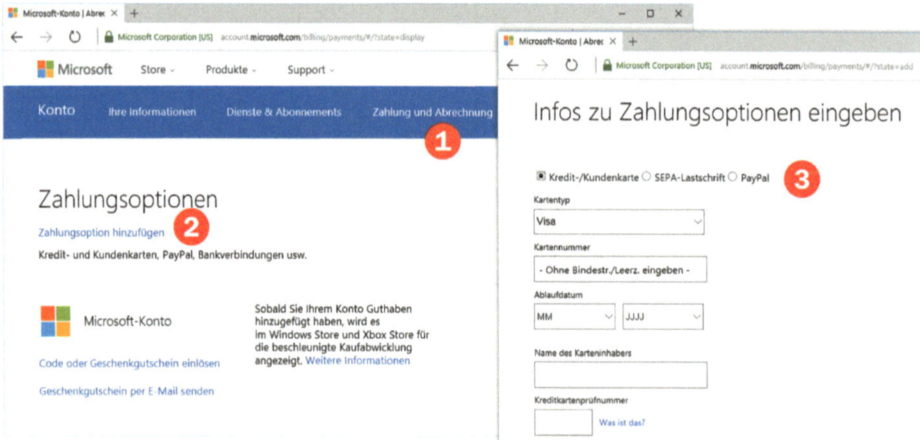

Bild 7.29 Zahlungsoption hinzufügen/bearbeiten

Zum Bearbeiten bzw. Ändern einer vorhandenen Zahlungsoption klicken Sie auf der Seite *Zahlung und Abrechnung* auf *Zahlungsoptionen* und dann auf die gewünschte Zahlungsoption. Klicken Sie nun auf *Bearbeiten*.

Gutschein einlösen

Um einen Gutschein einzulösen, klicken Sie im Store ebenfalls auf Ihr Kontobild und wählen *Code einlösen*. Ihr Microsoft-Konto wird im Browser geöffnet, geben Sie den Code in das Feld ein und klicken Sie dann die Schaltfläche *Einlösen*.

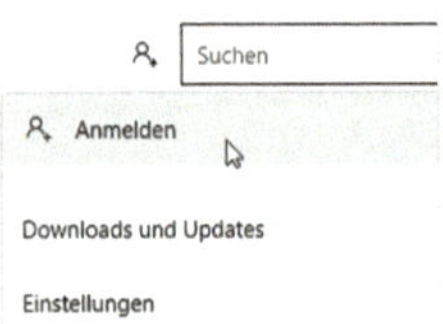

Tipp: Im Store anmelden

Wenn Sie am Computer nur mit einem lokalen Konto angemeldet sind, dann können Sie aus dem Microsoft Store trotzdem Apps beziehen, vorausgesetzt Sie verfügen über ein Microsoft-Konto. Um sich im Store mit Ihrem Konto anzumelden, klicken Sie auf das Profilsymbol neben dem Suchfeld und auf *Anmelden*.

Apps aus dem Store deinstallieren bzw. erneut installieren

Um eine App aus dem Microsoft Store von der Festplatte Ihres PCs zu entfernen, klicken Sie im Startmenü mit der rechten Maustaste auf die betreffende App. Es spielt dabei keine Rolle, ob Sie dazu die Kachel oder die App in der Liste *Alle Apps* oder *Zuletzt verwendet* benutzen. Klicken Sie dann auf *Deinstallieren*.

Achtung: Wenn es sich um eine App aus dem Microsoft Store handelt, dann erscheint eine Meldung und mit Klick auf die Schaltfläche *Deinstallieren* wird die App vom Gerät entfernt. Wenden Sie dagegen diesen Befehl auf eine Anwendung, z. B. Microsoft Word an, dann öffnet sich ein Fenster und Sie müssen die zu entfernende Anwendung auswählen, siehe Seite 172.

Erneut installieren

Um eine einmal erworbene App erneut zu installieren, klicken Sie im Store auf die drei Punkte und auf *Meine Bibliothek* ❶. Hier können Sie die erworbenen Apps jederzeit erneut installieren. Dazu klicken Sie neben dieser App auf den nach unten weisenden Pfeil ❷. Ein Fehlen dieses Pfeils bedeutet, die App ist bereits auf dem Gerät installiert.

Bild 7.30 Eine Übersicht über erworbene Apps erhalten Sie in Ihrer Bibliothek

App-Updates

Die meisten Apps werden laufend verbessert und eventuelle Fehler beseitigt, auch am Store selbst werden laufend Änderungen vorgenommen. Sobald ein Update verfügbar ist, wird die App automatisch und im Hintergrund aktualisiert. Wenn Sie dies nicht wünschen, dann ändern Sie die entsprechende Einstellung des Microsoft Stores. Klicken Sie dazu neben dem Kontobild auf die drei Punkte und auf *Einstellungen* ❶. Deaktivieren Sie hier den Schalter *Apps automatisch aktualisieren*.

Falls Sie selbst nach möglichen Updates suchen möchten, so klicken Sie im Store auf Ihr Kontobild und auf *Downloads und Updates* ❷. Benutzen Sie dann die Schaltfläche *Nach Updates suchen*.

Bild 7.31 Einstellungen / nach verfügbaren Updates suchen

7.7 Apps und Anwendungen verwalten

Apps und Anwendungen deinstallieren

Um Apps und Anwendungen zu deinstallieren, haben Sie unter Windows 10 zwei Möglichkeiten:

Im Startmenü deinstallieren

Am schnellsten geht's, wenn Sie im Startmenü mit der rechten Maustaste auf die zu entfernende App oder Anwendung und anschließend auf *Deinstallieren* klicken.

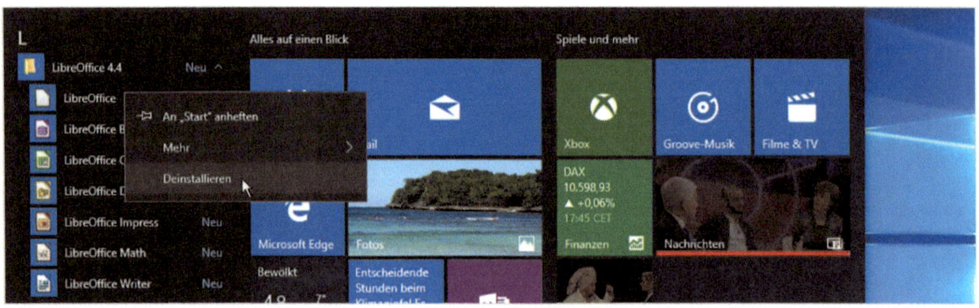

Bild 7.32 Über das Startmenü deinstallieren

Achtung: Apps werden auf diese Weise sofort entfernt. Wenn sich dagegen um eine Anwendung handelt, dann öffnet sich die bekannte Systemsteuerung mit der Kategorie *Programme und Features* und zeigt eine Liste aller installierten Anwendungen an. Markieren Sie die Anwendung und klicken Sie auf *Deinstallieren*.

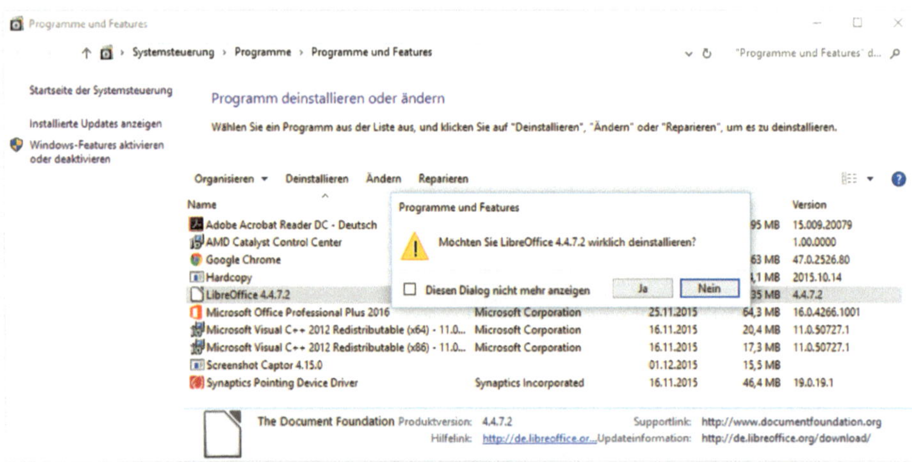

Bild 7.33 Eine App in der Systemsteuerung deinstallieren

App in den Einstellungen deinstallieren

Eine zweite Möglichkeit finden Sie in den Einstellungen. Klicken Sie auf *Apps* und wählen Sie dann *Apps & Features* ❶, um die Liste aller installierten Apps und Anwendungen anzuzeigen. Diesen Befehl finden Sie auch im Kontextmenü der Schaltfläche *Start*.

3 Klicken Sie in der Liste auf die App, die Sie deinstallieren möchten ❷, im Beispiel unten LibreOffice. **Tipp**: Da diese Liste sehr umfangreich ist, können Sie auch das Feld *Diese Liste durchsuchen* zur Suche benutzen.

4 Es erscheinen die Schaltflächen *Ändern* und *Deinstallieren*, klicken Sie auf *Deinstallieren* und bestätigen Sie die nachfolgende Info erneut mit *Deinstallieren*.

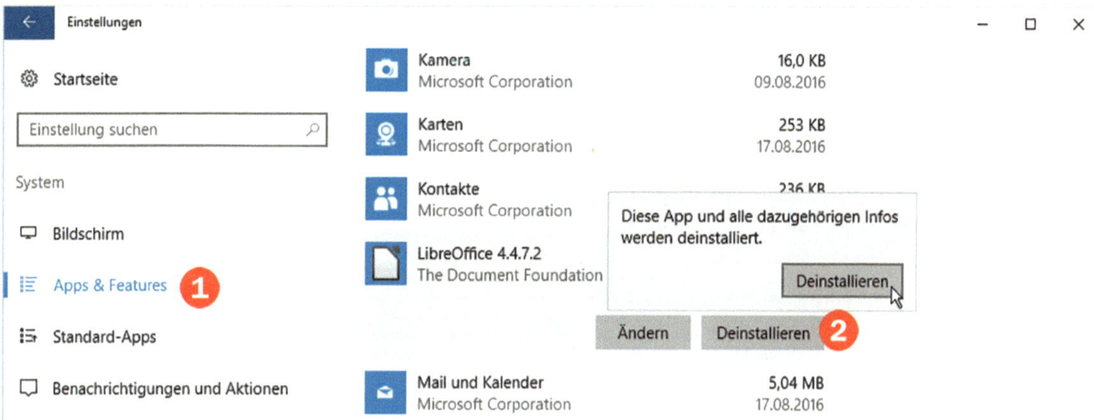

Bild 7.34 Apps und Features: App deinstallieren

Standard-Apps für Aufgaben festlegen

In Kapitel 4.2 wurde beschrieben, wie Sie im Datei-Explorer eine App zum Öffnen einer Datei auswählen oder die Standard-App zum Öffnen eines bestimmten Dateityps festlegen, z. B. Dateien mit der Dateinamenerweiterung .pdf.

Wenn Sie dagegen die Standard-App für eine bestimmte Aufgabe, z. B. E-Mail, Browser Bildanzeige oder Musik- und Videowiedergabe festlegen möchten, dann klicken Sie in den Einstellungen auf *Apps* und hier auf *Standard-Apps*.

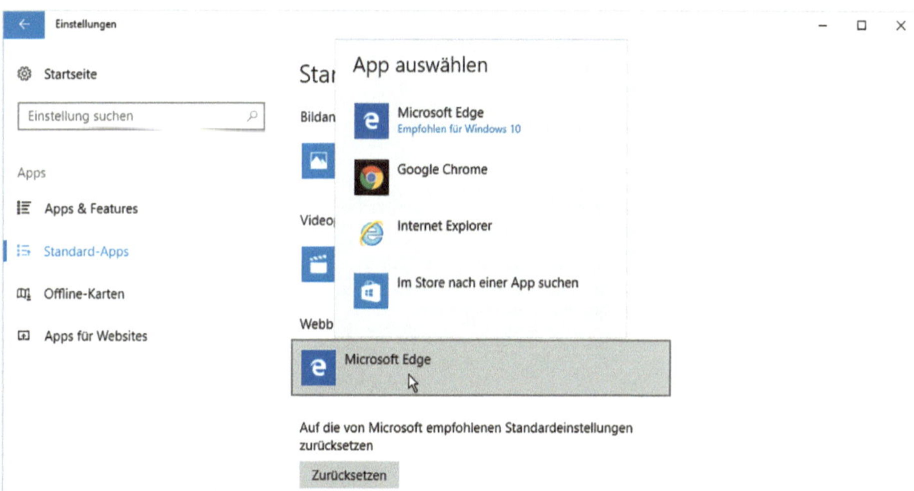

Bild 7.35 Beispiel: Den Standardbrowser festlegen/ändern

Um beispielsweise Google Chrome als Standardbrowser statt Microsoft Edge festzulegen, klicken Sie unter *Webbrowser* auf die dazugehörige App, standardmäßig Microsoft Edge. Es erscheint eine Liste verfügbarer, d.h. installierter Browser, klicken Sie auf den gewünschten oder suchen Sie im Microsoft Store nach einer App.

Genauso verfahren Sie auch, wenn Sie Microsoft Outlook statt der Mail-App von Windows 10 als Standard für E-Mails festlegen möchten.

Standard-Apps zurücksetzen

Am Ende der Liste finden Sie die Schaltfläche *Zurücksetzen*, mit der Sie alle vorgenommenen Änderungen wieder auf die, von Microsoft empfohlenen, Standardeinstellungen zurücksetzen können.

Weitere Einstellungen zu Standard-Apps

Auf derselben Seite finden Sie etwas unterhalb drei Links, mit denen Sie die Standard-Apps nach Dateityp, also Dateinamenerweiterung und nach Protokoll zuweisen können. Umgekehrt können Sie über *Standardeinstellungen nach App festlegen* auch eine App auswählen und dieser Dateitypen zuordnen.

Achtung, für alle drei gilt: Änderungen sollten nur mit guten Kenntnissen der jeweiligen App vorgenommen werden, da sonst eventuell Dateien nicht mehr ohne weiteres geöffnet werden können.

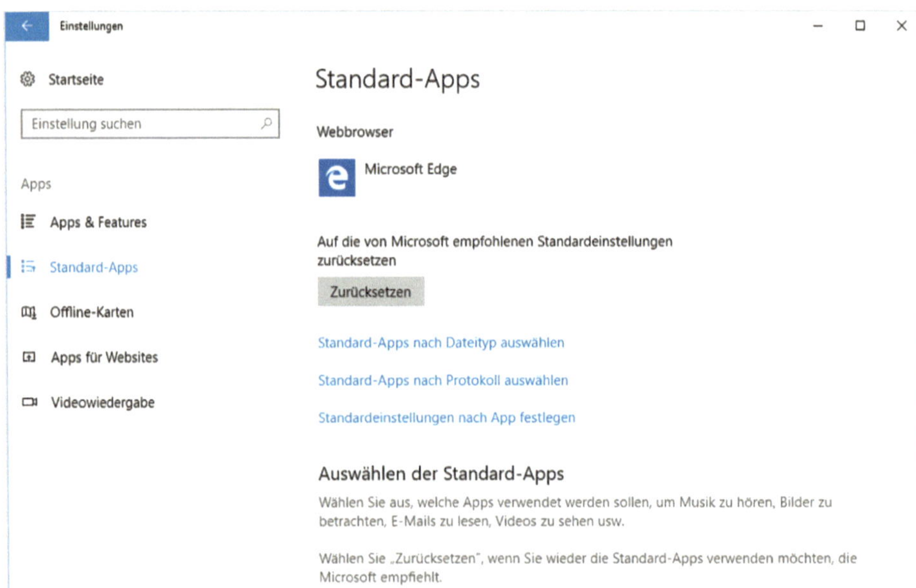

Bild 7.36 Standard-Apps nach Dateityp und Protokoll festlegen

8 Der Browser Microsoft Edge

8.1 Alles Neue zum Thema Suchen

Microsoft Edge ist der neue Webbrowser von Microsoft und Nachfolger des Internet Explorers. Zum Starten von Microsoft Edge klicken Sie entweder auf das Symbol in der Taskleiste oder auf die Kachel im Startmenü.

Startseite und Suchfelder

Nach dem Start bzw. auf der standardmäßigen tartseite ❶ von Microsoft Edge wird der Nachrichtenfeed von MSN (Microsoft Network), also eine Zusammenstellung aktueller Nachrichten, Sportergebnisse, Finanzdaten und Wetterprognosen angezeigt.

Bild 8.1 Die Startseite von Edge

Bild 8.2 Beispiel für eine Suche

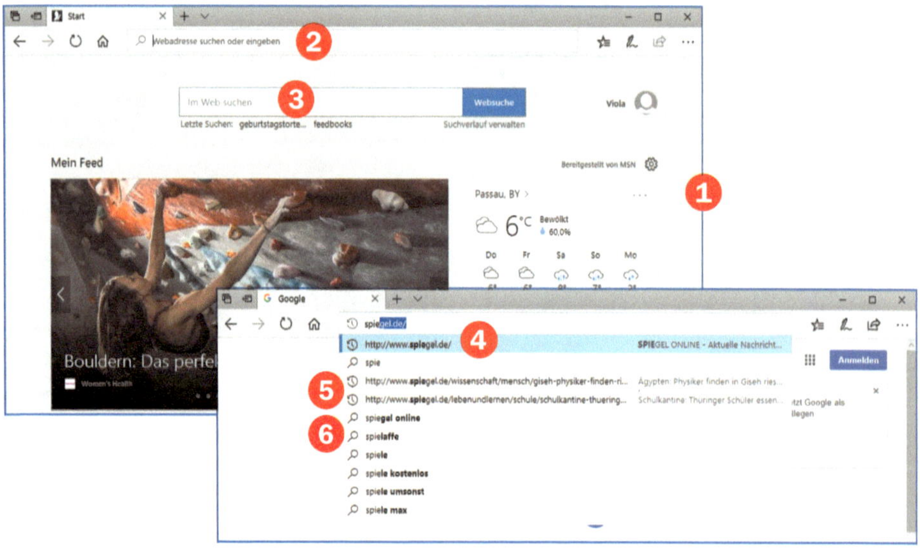

Außerdem finden Sie auf der Startseite zwei Eingabefelder: In das obere (Adressfeld) ❷ können Sie eine Webadresse eingeben oder mittels Suchbegriffen ❸ suchen. Das Zweite (Suchfeld) lässt sich ausschließlich zur Suche nach Webseiten nutzen. Wenn Sie beispielsweise in das Adressfeld *google.de* eingeben, wird die Googleseite angezeigt. Geben Sie *google.de* dagegen in das Suchfeld ein, so erhalten Sie eine Trefferliste, in der Sie Google auswählen können. Microsoft Edge verwendet zur Suche die hauseigene Suchmaschine *Bing*.

Beim Eintippen eines Suchbegriffs in das Adressfeld erhalten Sie verschiedene Vorschläge: ❹ vorgeschlagene Webseite, ❺ bereits besuchte Seiten, ❻ Vorschläge für Suchbegriffe.

> **Tipp:** Wenn Sie die Seite zuvor schon einmal aufgerufen haben, dann wird nach Eingabe der ersten Zeichen die Adresse automatisch vervollständigt und kann durch Drücken der Enter-Taste übernommen werden.

Startseite erneut anzeigen

Zur erneuten Anzeige der Startseite klicken Sie oben links auf das Symbol ⌂ *Startseite*.

Browserverlauf anzeigen und Webseiten erneut aufrufen

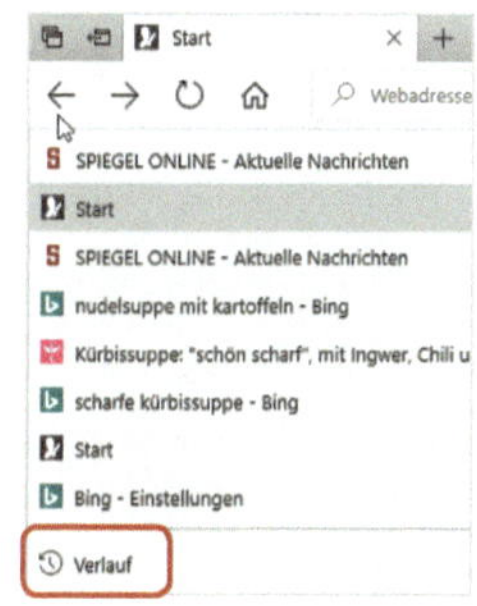

Standardmäßig „merkt" sich Edge die Adressen aller besuchten Webseiten und speichert diese im Verlauf. Dieser Verlauf wird bei der Suche und Eingabe von Webadressen (automatisches Vervollständigen) in die Vorschlagsliste einbezogen und ist nützlich, wenn man eine besuchte Seite wiederfinden möchte.

Eine Liste der zuletzt besuchten Seiten erhalten Sie mit Rechtsklick auf den Pfeil *Zurück*. Ganz unten können Sie durch Anklicken von *Verlauf* auch zur Gesamtansicht wechseln. Alternativ klicken Sie auf das Symbol *Hub* ❶ und hier auf *Verlauf* ❷. Nach Datum gegliedert enthält der Verlauf nicht nur einzelne Seiten, sondern auch Suchanfragen, die sich mit einem Klick wieder aufrufen lassen.

- Beachten Sie die Erweiterungspfeile am linken Rand der einzelnen Zeiträume. Durch Anklicken erweitern Sie die Anzeige ❸ und sehen die Webseiten oder Suchanfragen bzw. reduzieren die Anzeige und erhalten die einzelnen Zeiträume ❹, wie z. B. *Letzte Stunde*, *Vor ein paar Stunden*, *Letzte Woche* etc.
- Einzelne Einträge oder ganze Zeiträume können Sie mit Klick auf das *x* löschen. Um nur einen Eintrag zu löschen, müssen Sie, um das *x* einzublenden mit der Maus auf den Eintrag zeigen. Mit Auswahl von *Verlauf löschen* entfernen Sie alle Einträge.

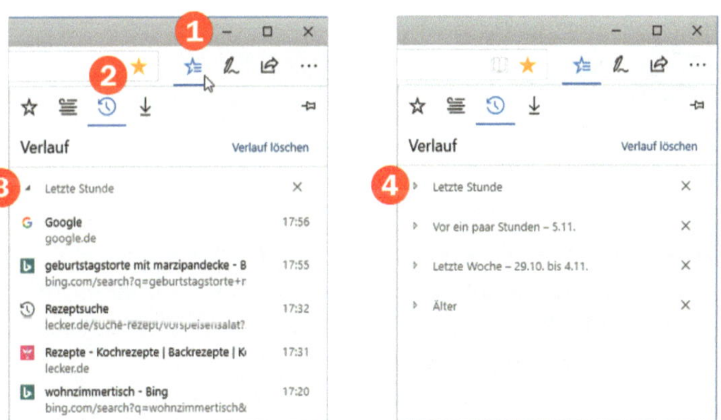

Bild 8.3 Browserverlauf anzeigen und bearbeiten

Aus dem Verlauf gelöschte Einträge erscheinen bei der Eingabe eines Suchbegriffs oder einer Webadresse nicht mehr in der Liste der Suchvorschläge.

Im Geheimen suchen - InPrivate-Fenster

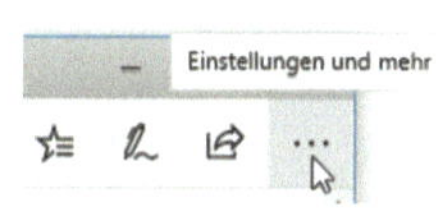

Mit einem sogenannten InPrivate-Fenster verhindern Sie, dass besuchte Seiten im Verlauf gespeichert werden, z. B. beim Online-Einkauf eines Geburtstagsgeschenks oder bei Verwendung eines fremden Computers. Klicken Sie auf *Einstellungen und Mehr* ··· rechts oben und wählen Sie *Neues InPrivate-Fenster*. Damit wird ein neues Fenster geöffnet, dessen Browserdaten (Verlauf und Cookies) nach dem Schließen automatisch gelöscht werden.

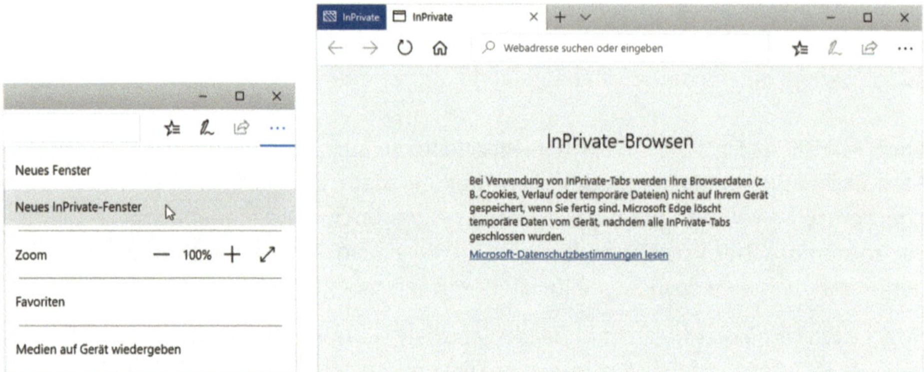

Bild 8.4 InPrivate-Browser aufrufen

Clever Suchen mit Registerkarten

Registerkarten oder auch Tabs, auf denen innerhalb eines Browserfensters gleich mehrere Webseiten gleichzeitig geöffnet werden können, sind Ihnen wahrscheinlich schon ein Begriff. Im folgenden erhalten Sie eine kurze Übersicht:

- Mit Klick auf das +-Zeichen öffnen Sie einen neuen Tab.

Ein neuer Tab enthält standardmäßig eine Auswahl an Top-Sites, dazu gleich mehr auf Seite 187, und den Nachrichtenfeeed.

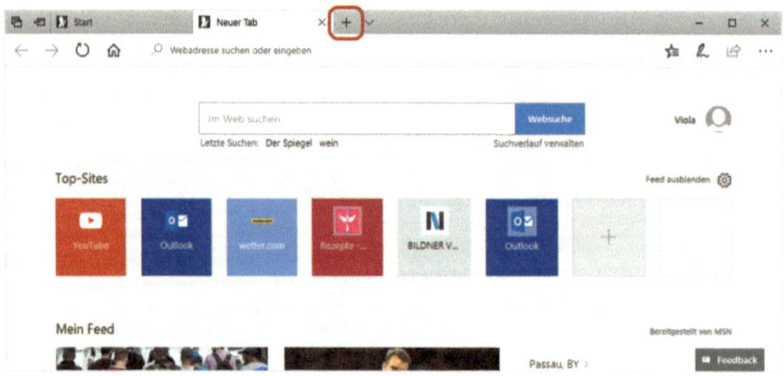

Bild 8.5 Neuer Tab

- Treffer einer Suchanfrage oder andere Links können in einer neuen Registerkarte geöffnet werden. Klicken Sie mit der rechten Maustaste auf den Link und wählen Sie dann im Kontextmenü *In neuem Tab öffnen* aus. Alternativ halten Sie die Strg-Taste gedrückt, während Sie auf den Link klicken.

Bild 8.6 Link in einem neuen Tab öffnen

- Um zwischen den Registerkarten zu wechseln, klicken Sie diese an oder verwenden die Tastenkombination Strg+Tab-Taste.
- Zum Schließen eines nicht mehr benötigten Tabs klicken Sie auf das *x*. Wird der zu schließende Tab gerade nicht im Browser angezeigt, wird das *x* erst sichtbar, wenn Sie mit der Maus auf diesen Tab zeigen. Den aktuellen Tab schließen Sie mit der Tastenkombination Strg+W.

- Versehentlich geschlossene Tabs lassen sich wiederherstellen: Klicken Sie auf einen der verbliebenen Tab mit der rechten Maustaste und wählen Sie im Kontextmenü *Geschlossenen Tab wieder öffnen*.

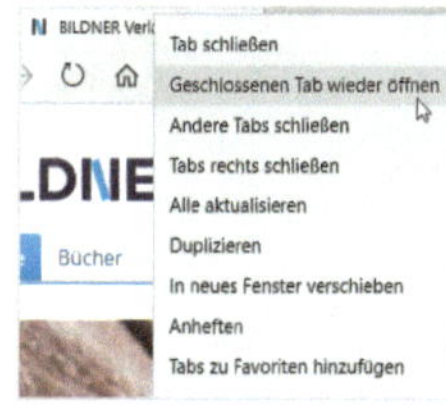

- Im Kontextmenü eines Tabs erhalten Sie noch weitere Möglichkeiten: Sie können den *Tab duplizieren* oder mit dem Befehl *In neues Fenster verschieben* ein zweites Browserfenster mit dieser Webseite öffnen.
- **Registerkartenvorschau:** Wenn Sie mit der Maus auf eine Registerkarte zeigen, erhalten Sie eine Miniaturvorschau. Zur Anzeige der Inhalte aller geöffneten Tabs tippen Sie hinter der letzten Registerkarte auf ⌄. Durch Anklicken einer Miniaturvorschau zeigen Sie den Registerinhalt an. Mit ⌃ blenden Sie die Vorschau wieder aus.

Bild 8.7 Mehrere geöffnete Tabs: Vorschau

Bild 8.8 Neuer Tab mit Top-Sites und Nachrichtenfeed

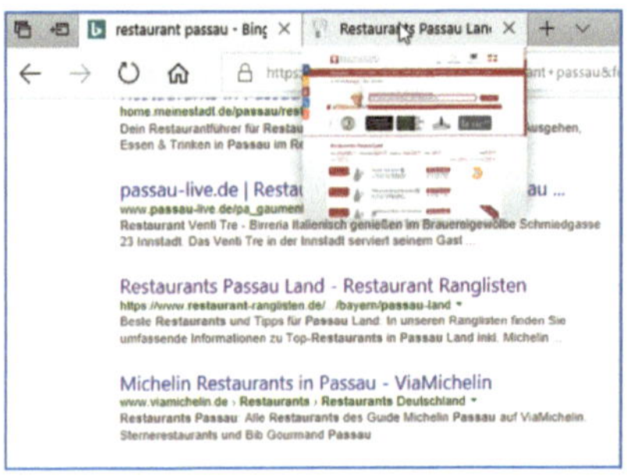

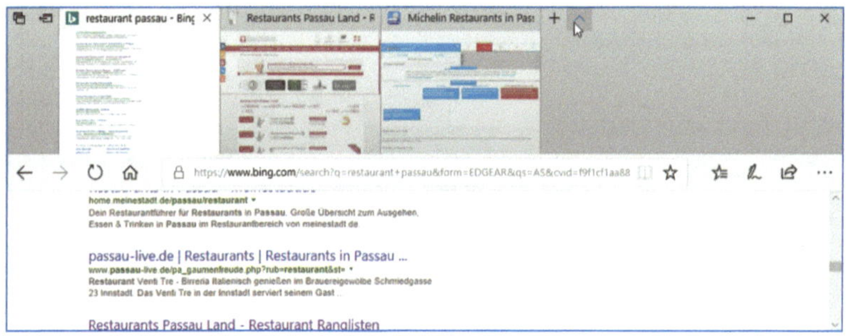

Cortana sucht mit und liest vor

- Die Assistentin Cortana durchsucht bei jeder Suchanfrage ❶, nicht nur Ihren PC sondern auch das Web. Sie können also auch ohne vorheriges Starten von Microsoft Edge im Web suchen. Auch für Cortana gilt: Sie können sowohl Suchbegriffe als auch Webadressen eingeben und durch Anklicken eines Vorschlags wird Microsoft Edge mit Suchergebnissen des Suchdienstes Bing oder der Webadresse geöffnet. Webadressen ❷ erkennen Sie hier am Microsoft Edge-Symbol.

Tipp: Falls Sie die Suche mit Cortana auf das Web beschränken möchten, so klicken Sie auf das Symbol *Ergebnisse suchen in Web* ❸.

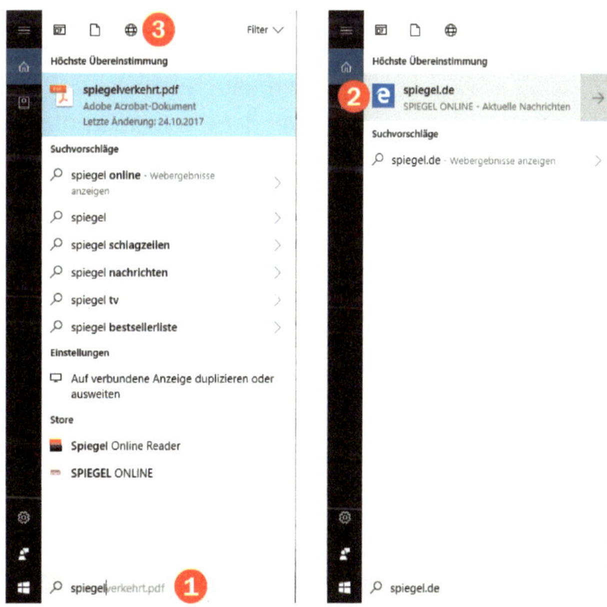

Bild 8.9 Die Suche im Web mit Cortana

Vorausgesetzt, Sie haben die Unterstützung durch Cortana aktiviert.

▶ Auch während Sie mit Microsoft Edge im Web surfen, kann Cortana nützlich sein. Wenn Sie weitere Informationen zu einem Begriff benötigen, markieren Sie diesen, klicken mit der rechten Maustaste auf die Markierung und wählen im Kontextmenü *Cortana zu … fragen* aus. Im rechten Bereich des Webbrowsers erstellt Cortana eine Trefferliste mit Informationen zum markierten Text. Wenn Sie auf einen Link der Trefferliste klicken, wird die Information in einer neuen Registerkarte angezeigt. Die Trefferliste verschwindet automatisch, sobald Sie in das ursprüngliche Fenster klicken.

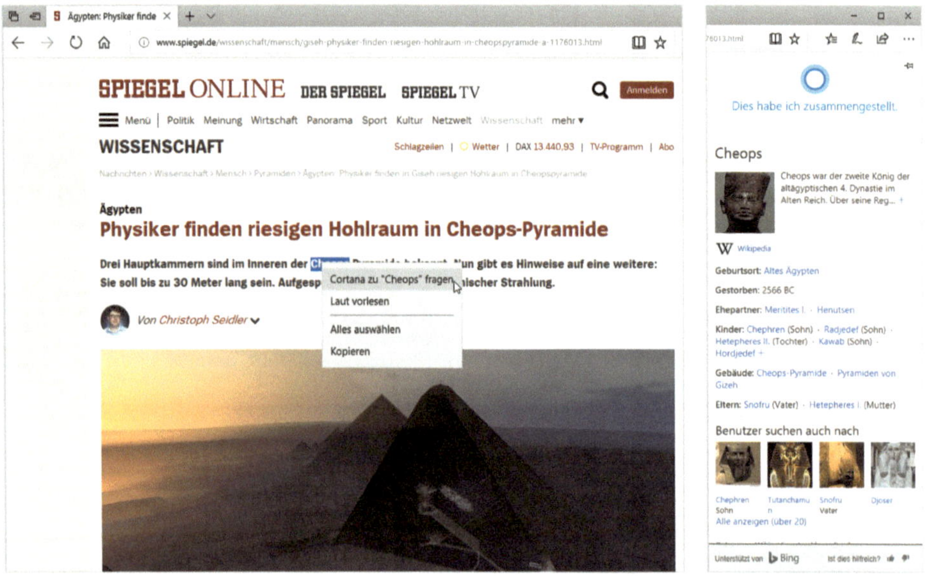

Bild 8.10 Informationen zum markierten Begriff erhalten

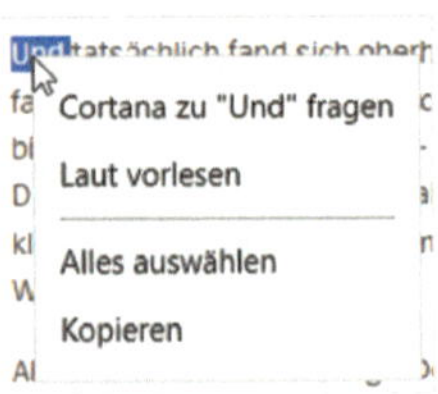

▶ Cortana kann darüber hinaus den Text einer Webseite vorlesen: Zeigen Sie dazu die Seite an, markieren Sie das Wort ab dem vorgelesen werden soll, klicken Sie mit der rechten Maustaste auf das Wort und wählen Sie *Laut vorlesen*. Der Text wird nun vorgelesen. Gleichzeitig blendet oben im Fenster eine Befehlsleiste ein. Hier können Sie das Vorlesen pausieren ❶, zum vorherigen bzw. nächsten Absatz ❷ springen oder mit dem Schließen-Symbol ❸ das Vorlesen beenden. Stimme und Geschwindigkeit des Vorlesers verändern Sie über dieses Symbol ❹.

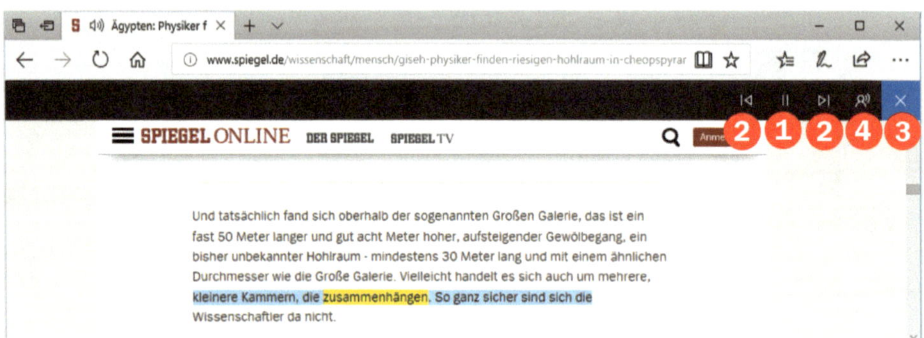

Bild 8.11 Cortana liest vor

Einstellungen für Startseite und Suche

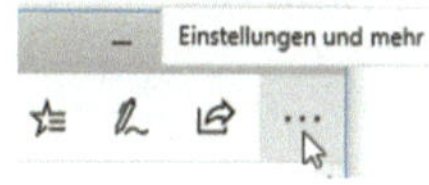

Um Anzeige und Suchverhalten von Edge an Ihre Wünsche anzupassen, klicken Sie auf *Einstellungen und mehr* ··· und ganz am Ende der Liste auf *Einstellungen*.

Startseite wählen

Im Feld *Microsoft Edge öffnen mit* ❶ können Sie angeben, welche Seite beim Start angezeigt werden soll. Sie haben die Wahl zwischen der bereits beschriebenen *Startseite*, (dies ist die Standardeinstellung), *Neue Tabseite*, *Vorherige Seiten* (d.h. die zuletzt angezeigte Seite) und *Bestimmte Seiten(n)*. Mit der Auswahl *Bestimmte Seite(n)* erscheint ein Feld ❷, in das Sie die Webadresse der gewünschten Seite eingeben. Klicken Sie dann daneben auf das Symbol *Speichern*.

Anzeige beim Öffnen neuer Tabs

Bei *Neue Tabs öffnen mit* ❸ legen Sie fest, was beim Öffnen eines neuen Tabs angezeigt werden soll: *Beste Websites und empfohlener Inhalt* (Standardeinstellung), *Beste Websites* oder *Leere Seite*. Beste Websites sind die Top-Sites; dabei handelt es ich um die Möglichkeit eine Reihe von selbstgewählten Links zu Webseiten an den Browser anzuheften. Mehr dazu auf Seite 187.

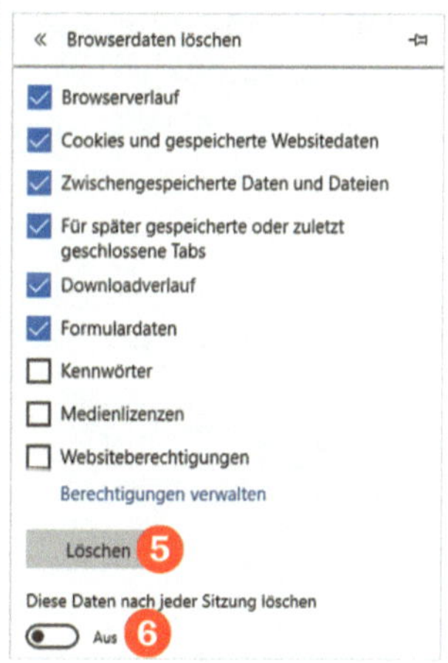

Bild 8.12 Einstellungen

Bild 8.13 Bestimmte Startseite anzeigen

Bild 8.14 Browserdaten löschen

Browserdaten löschen

Während Sie im Web surfen, werden nicht nur die Adressen der besuchten Webseiten im Verlauf gespeichert, sondern auch Cookies abgelegt. Das sind kleine Textdateien, die Sie bei einem späteren Besuch dieser Seite identifizieren können. Wenn Sie alle diese Dateien aus Datenschutzgründen löschen möchten, dann klicken Sie unter *Browserdaten löschen* auf *Zu löschendes Element auswählen* ❹.

Gelöschte Adressen erscheinen bei der Eingabe eines Suchbegriffs oder einer Webadresse nicht mehr in den Suchvorschlägen.

- Über Kontrollkästchen können Sie nun für jede Kategorie festlegen, ob Sie diese löschen möchten. Klicken Sie dann auf *Löschen* ❺ (siehe Abbildung auf der vorherigen Seite).
- Wenn diese Daten beim Beenden von Edge automatisch gelöscht werden sollen, dann setzen Sie den Schalter *Diese Daten nach jeder Sitzung löschen* ❻ auf *Ein*.

Google als Standardsuchdienst festlegen

Wenn Sie anstelle des Suchdiensts *Bing* lieber Google verwenden möchten, gehen Sie so vor: Klicken Sie auf *Einstellungen und mehr* ···, wählen Sie *Einstellungen* und dann ganz unten *Erweiterte Einstellungen anzeigen*. Klicken Sie unter *In Adressleiste suchen mit* auf *Suchmaschine ändern* ❸. Wählen Sie *Google-Suche* ❹ aus und klicken Sie auf Als *Standard* ❺.

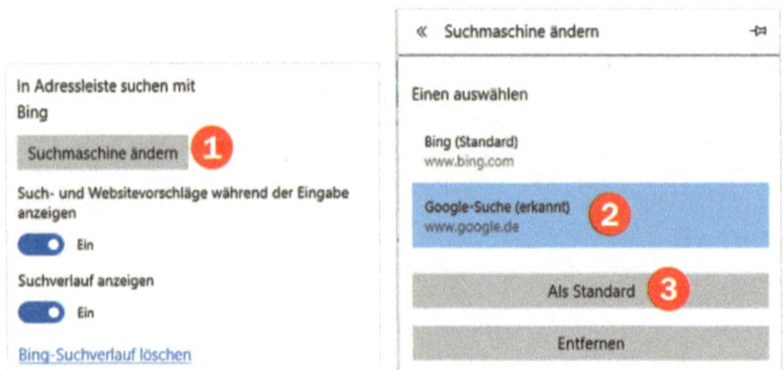

Bild 8.15 Anstelle von Bing wird Google als Suchmaschine vereinbart.

Schaltfläche Startseite anzeigen

Sollte wider Erwarten die Schaltfläche *Startseite* (Haus), die per Mausklick schnell die Startseite aufruft, nicht angezeigt werden, ziehen Sie den Schalter *Schaltfläche „Startseite" anzeigen* in den *Erweiterten Einstellungen* auf *Ein*. Anstelle der Anzeige der Startseite kann auch eine andere Seite ausgewählt werden. Klicken Sie auf den Erweiterungspfeil, wählen Sie *Bestimmte Seite* aus, geben Sie darunter die Webadresse ein und klicken Sie auf das Speichern-Symbol dahinter.

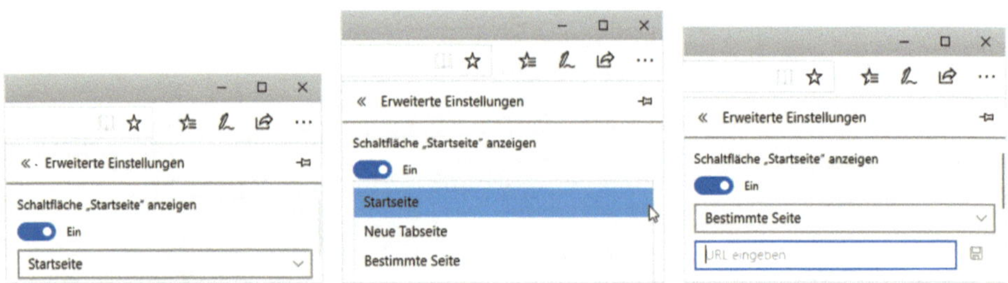

Bild 8.16 Schaltfläche Startseite anzeigen und mit einer anderen Webadresse hinterlegen.

8.2 Webadressen „merken“ und schnell aufrufen

Favoriten, Leseliste und Favoritenleiste verwenden

Das Konzept des Speicherns von wichtigen Webadressen in den Favoriten hat sich nicht großartig verändert. Hinzugekommen ist jetzt die Leseliste. Sie dient zur Speicherung von Webseiten, deren Inhalte Sie später lesen möchten. So können Sie die *Favoriten* verwenden, um Adressen von Webseiten zu speichern, die Sie dauerhaft benötigen und in die *Leseliste*, Webadressen aufnehmen, der Sie kurzfristig Informationen entnehmen möchten.

Adressen zu den Favoriten bzw. zur Leseliste hinzufügen

1 Klicken Sie in der Adressleiste auf das Symbol ☆ *Zu Favoriten oder Leseliste hinzufügen* ❶.

2 Wählen Sie den Bereich *Favoriten* bzw. *Leseliste* ❷ aus und geben Sie im Feld *Name* ggf. eine sinnvolle Bezeichnung ein ❸. Häufig kann hier auch der Titel der Seite übernommen werden.

3 Zuletzt klicken Sie auf *Hinzufügen*. Die Webadresse wird nun im Ordner *Favoriten* bzw. in der *Leseliste* gespeichert.

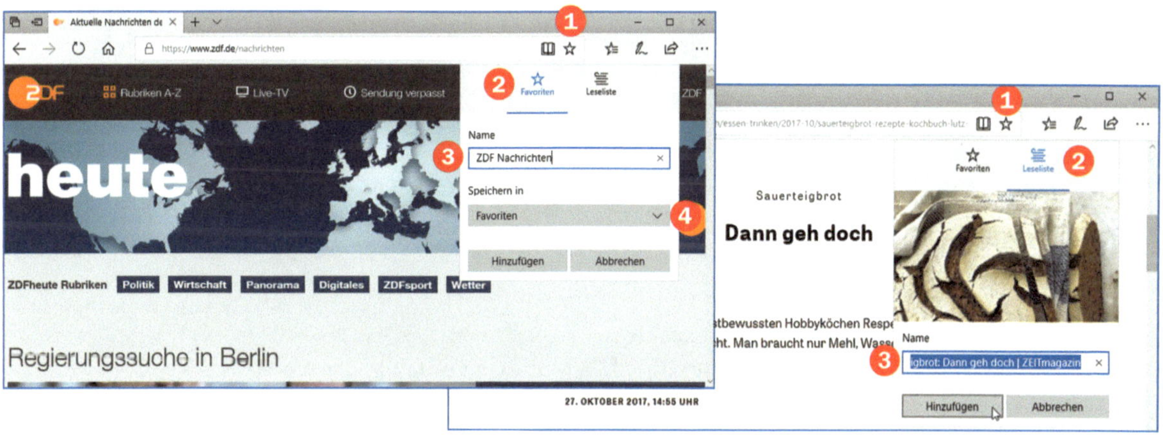

Bild 8.17 Webseite zu den Favoriten bzw. zur Leseliste hinzufügen

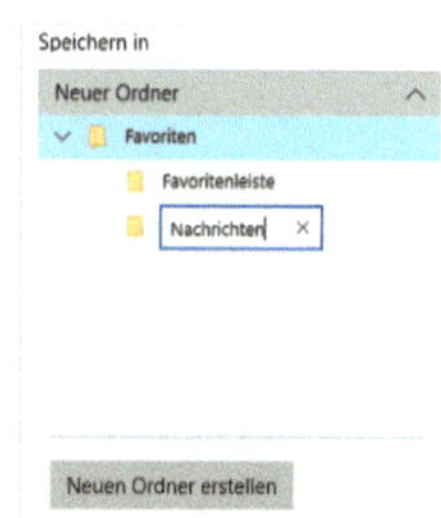

■ **Tipp Favoriten mit Ordnern:** Falls Sie Ihre umfangreiche Favoritensammlung in mehreren Ordnern verwalten möchten, klicken Sie während des Speichervorgangs auf den Erweiterungspfeil bei *Speichern in* ❹ und dann auf *Neuen Ordner erstellen* .

Favoriten und Einträge der Leseliste anzeigen und verwalten

Über das Symbol *Hub (Favoriten, Leseliste, Verlauf und Downloads)* ❶ zeigen Sie gespeicherte Favoriten und Webseiten der Leseliste wieder an.

- Wählen Sie im Hub den Bereich *Favoriten* bzw. *Leseliste* ❷.
- Mit Klick auf einen der Einträge ❸ rufen Sie die dazugehörige Webseite wieder auf.

Bild 8.18 Gespeicherte Favoriten und Einträge der Leseliste anzeigen

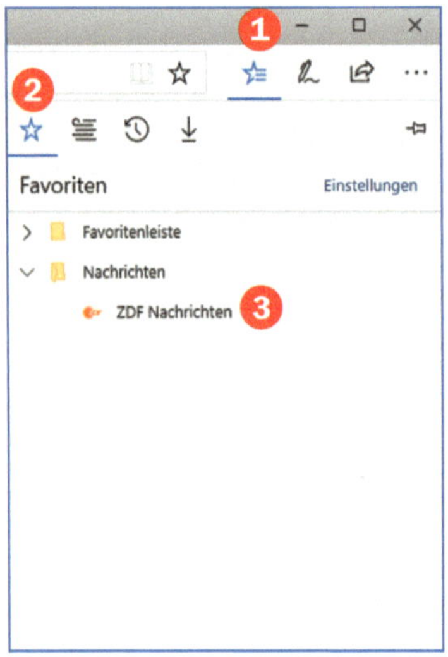

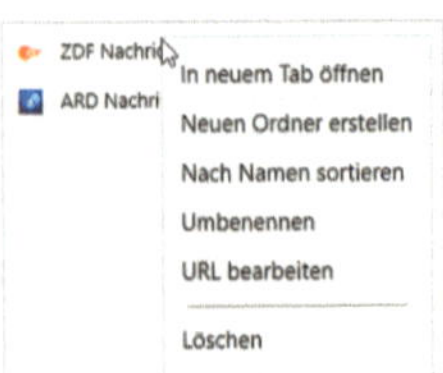

- Um einen Eintrag aus den *Favoriten* bzw. der *Leseliste* zu entfernen, klicken Sie diesen mit der rechten Maustaste an und klicken auf *Löschen*. Gerade bei der Leseliste sollten Sie, um den Überblick nicht zu verlieren, Gelesenes und nicht mehr Benötigtes entfernen.
- Im Kontextmenü der rechten Maustaste erhalten Sie auch die Möglichkeit, einen Eintrag umzubenennen oder die Liste alphabetisch zu sortieren.

So nutzen Sie die Favoritenleiste

Noch schnelleren Zugriff auf Webadressen erhalten Sie, wenn Sie diese der Favoritenleiste, einer zusätzlichen Leiste unterhalb der Adresszeile, hinzufügen. Diese muss allerdings erst einmal eingeblendet werden, da sie standardmäßig nicht sichtbar ist.

1 Klicken Sie auf das Symbol *Hub* und zeigen Sie die *Favoriten* an. Klicken Sie dann auf *Einstellungen* ❶.

Bild 8.19 Favoritenleiste einblenden

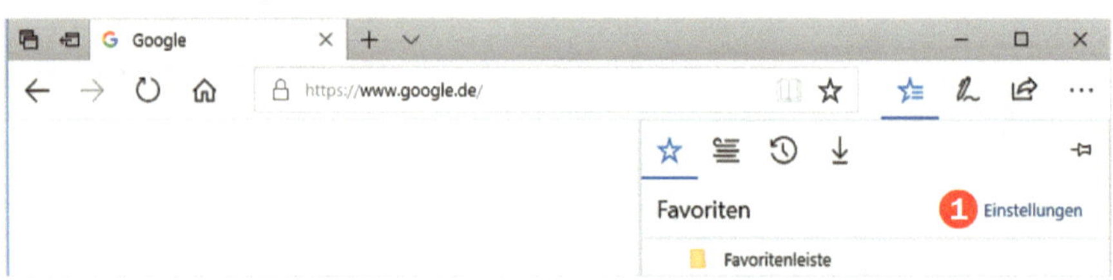

2 Setzen Sie den Schalter *Favoritenleiste anzeigen* auf *Ein* ❷. Ein zweiter Schalter darunter steuert, ob die Leiste nur Symbole oder Symbole mit Text anzeigen soll. Über *Favoriten importieren* haben Sie hier außerdem die Möglichkeit, beim Umstieg von einem anderen Browser Ihre Lesezeichen zu importieren

3 Zum Hinzufügen einer Webadresse in die Favoritenleiste zeigen Sie zunächst die Seite im Browser an. Klicken Sie dann auf ☆ *Zu Favoriten oder Leseliste hinzufügen*, wählen ggf. den Bereich *Favoriten* ❸ aus, geben einen kurzen Namen ein und wählen im Feld *Speichern in* die Favoritenleiste ❹ aus. Unter Umständen müssen Sie auf das Erweiterungssymbol klicken, um den Ordner anzuzeigen.

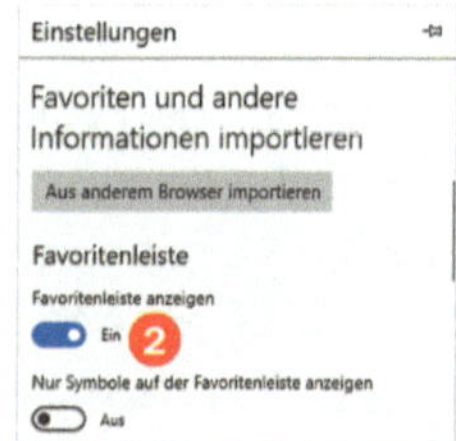

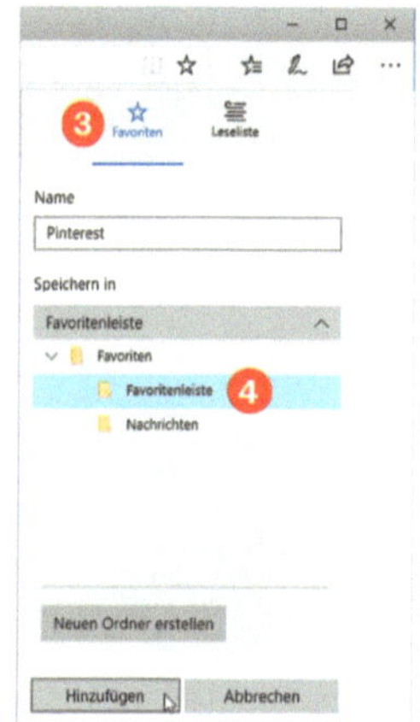

Bild 8.20 Favoritenleiste anzeigen

Bild 8.21 Favoritenleiste beim Speichern auswählen

Im Bild unten sehen Sie die Favoritenleiste mit den beiden Einträgen *Pinterest* und *Google*. Zum Anzeigen der Webseite genügt ein Klick.

Bild 8.22 Beispiel Favoritenleiste

Webseiten an die Taskleiste oder das Startmenü anheften

Häufig aufgerufene Seiten lassen sich auch als Kachel ans Startmenü oder an die Taskleiste anheften. Zeigen Sie zunächst die gewünschte Seite im Browser an.

- **Startmenü:** Klicken Sie in Microsoft Edge auf *Einstellungen und Mehr* ··· und wählen Sie *Diese Seite an „Start“ anheften* aus und bestätigen die Nachfrage mit *Ja*.
- **Taskleiste:** Hier wählen Sie in *Einstellungen und Mehr* ··· die Option *Diese Seite an die Taskleiste anheften*.

Bild 8.23 In diesem Beispiel wurde mit dem pinken Symbol die Homepage einer beliebten Rezeptseite angeheftet.

Registerkarten dauerhaft anheften

Als weiter Alternative kann eine Webseite gleich als offene Registerkarte in Microsoft Edge gespeichert werden. Zeigen Sie die Seite in Microsoft Edge an, hier im Beispiel wurde *YouTube* verwendet, klicken Sie mit der rechten Maustaste auf diese Registerkarte und wählen *Anheften*. Mit Rechtsklick und *Loslösen* entfernen Sie einen angehefteten Tab wieder.

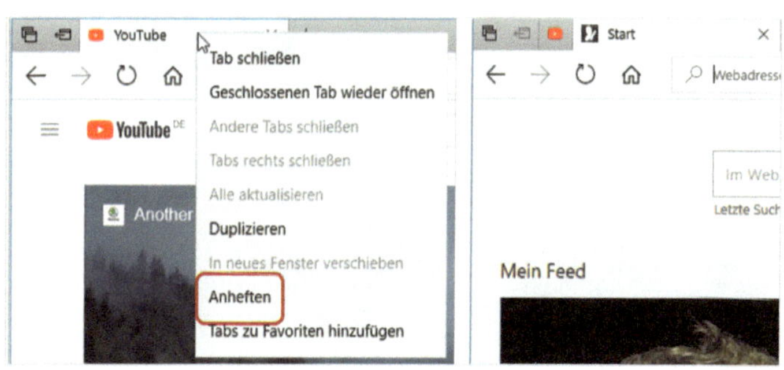

Registerkarte für später speichern

Mit der Internetrecherche nach einem tollen Hotel, einem neuen Wohnzimmertisch oder den besten Rezepten für eine Party kann man vielen Stunden verbringen. Registerkarte um Registerkarte füllt sich mit Optionen. Kann die Entscheidung noch nicht gleich getroffen werden, möchte man zwar die Ergebnisse speichern, aber in den Favoriten oder auf der Favoritenleiste haben diese Webadressen eigentlich nichts verloren.

Hier kommt die Funktion *Diese Tabs für später speichern* zum Einsatz. Damit werden alle offenen Registerkarten gespeichert und können beim nächsten Öffnen des Browser problemlos mit einem Klick wiederhergestellt werden. Klicken Sie zum Speichern der offnen Tabs auf den Befehl *Diese Tabs für später speichern* links oben im Browserfenster. Die offenen Tabs werden aus dem Browser entfernt. Das die Inhalte der Registerkarten gespeichert wurden, erkennen Sie an der schwarzen Färbung der Schaltfläche *Für später gespeicherte Tabs* ganz links im Browserfenster.

Bild 8.24 Inhalte für später speichern

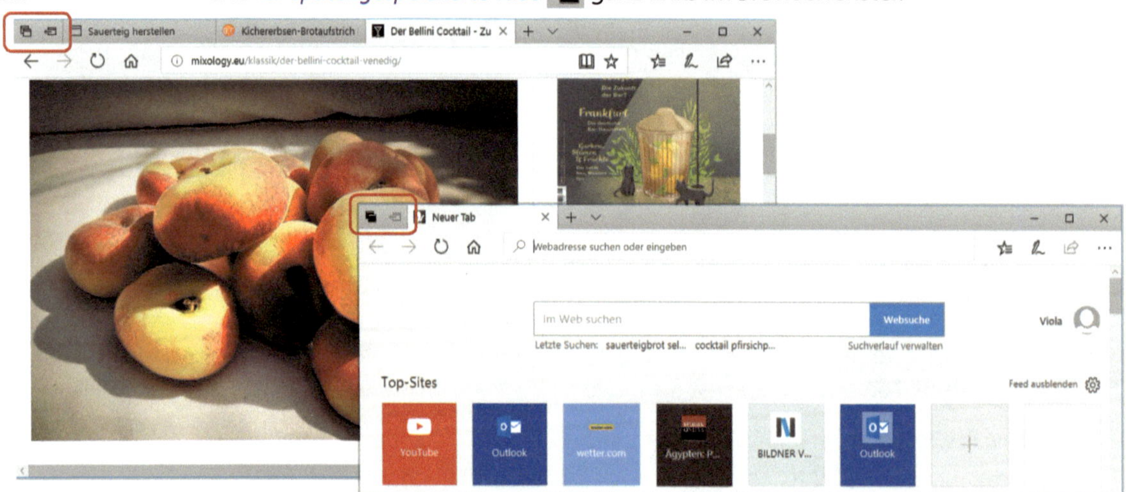

Zur erneuten Anzeige der Registerkarten klicken Sie auf den Befehl *Für später gespeicherte Tabs*:

Bild 8.25 Gespeicherte Registerkarten wieder anzeigen.

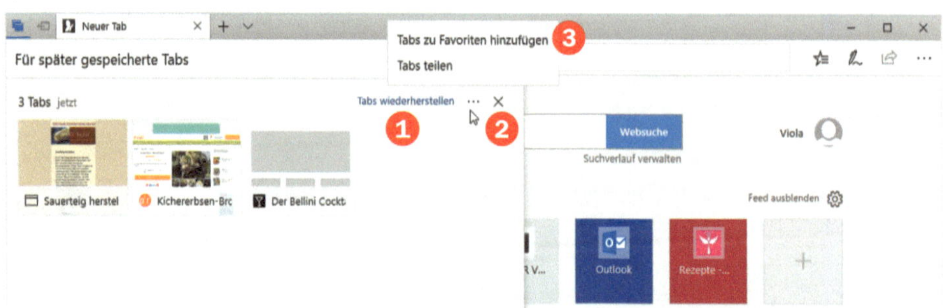

- Die Tabs können jetzt einzeln durch Anklicken oder gemeinsam über *Tabs wiederherstellen* ❶ im Browser angezeigt werden.

- Wenn Sie die Inhalte doch nicht mehr benötigen, klicken Sie auf *Diese Tabs entfernen* ❷ (x-Symbol).
- Zur dauerhaften Speicherung der einzelnen Webadressen in den *Favoriten* klicken Sie auf *Mehr* (Dreipunkte-Symbol) und wählen *Tabs zu Favoriten hinzufügen* ❸ aus. In den Favoriten wird dadurch automatisch ein Ordner erstellt, mit dem aktuellen Speicherdatum. Darin sind die Adressen der einzelnen Tabs enthalten.
- Selbstverständlich können weitere Tabs für später gespeichert werden. Diese werden in Gruppen, getrennt voneinander nach Speicherdatum abgelegt und können gruppenweise bearbeitet werden.

Achtung! Alle Tabs die Sie wiederhergestellt haben, verschwinden aus der Übersicht. Wenn Sie die Inhalte der Register ein weiteres Mal benötigen, müssen Sie sie erneut über die Schaltfläche *Diese Tabs für später speichern* hinterlegen.

Top-Sites anpassen

Die Top-Sites, die auf jedem neuen Tab hinterlegt sind, bieten einen Schnellzugriff auf beliebte Webseiten. Durch Anklicken einer Top-Site wird diese angezeigt. Welche Webseiten hinterlegt sind, kann von Ihnen festgelegt werden. Leider ist die Anzahl begrenzt, so dass Sie dazu zunächst einige der Standard-Sites entfernen müssen.

Top-Sites = beste Webseiten

▶ Zum Entfernen ❶ einer nicht benötigten Site zeigen Sie auf die Kachel: In der rechten oberen Ecke erscheint ein x und mit Klick darauf wird diese entfernt. Den nachfolgenden Hinweis auf das Rückgängigmachen können Sie ignorieren bzw. schließen.

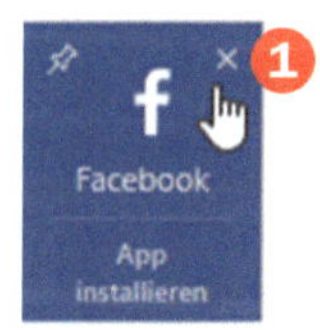

▶ Wenn Sie eine Webseite hinzufügen möchten, dann klicken Sie auf eine leere Kachel ❷, geben anschließend die genaue Webadresse ein ❸ und klicken auf *Hinzufügen*.

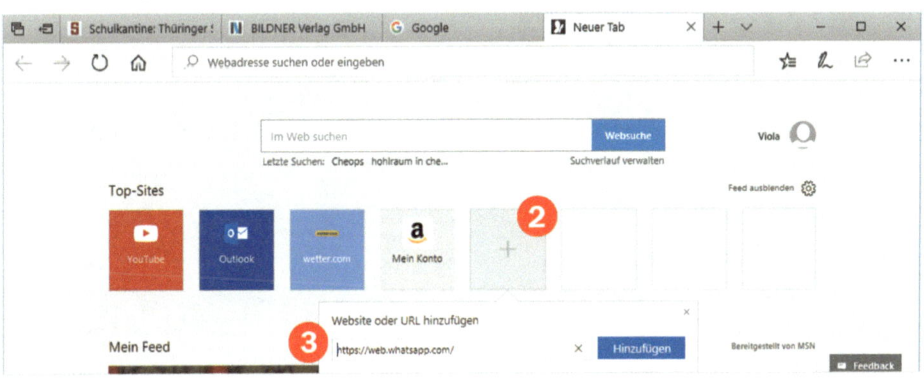

Bild 8.26 Webseite zu den Top-Sites hinzufügen

8.3 Webseiten in der Leseansicht, PDFs und Ebooks anzeigen

Leseansicht verwenden

Die meisten Webseiten enthalten neben Werbung auch eine Vielzahl anderer Elemente, die beim Lesen des Textes störend wirken können. Abhilfe schafft die *Leseansicht*, die solche Elemente ausblendet. Im Bild sehen Sie die Original-Webseite und die Darstellung derselben Seite in der Leseansicht.

- Die Leseansicht aktivieren und deaktivieren Sie über die gleichnamige Schaltfläche in der Adressleiste.

Bild 8.27 Leseansicht aktivieren

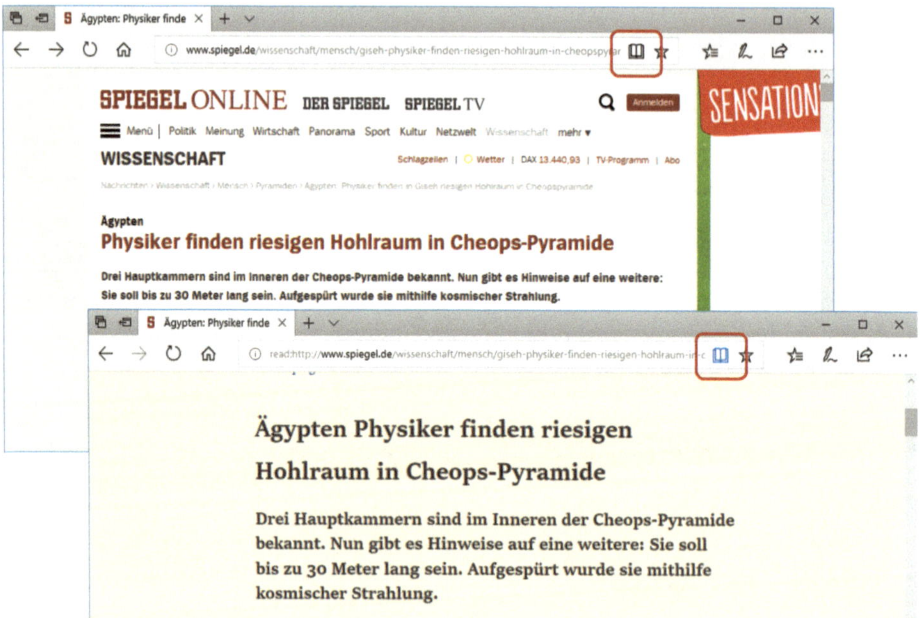

- Hintergrundfarbe und Schriftgröße der Leseansicht können über die Symbolleiste durch Anklicken von rechts oben geändert werden. Sollte die Symbolleiste nicht angezeigt werden, klicken Sie mit der rechten Maustaste auf einen freien Bereich der Browseranzeige und wählen *Symbolleiste ein-/ausblenden*.

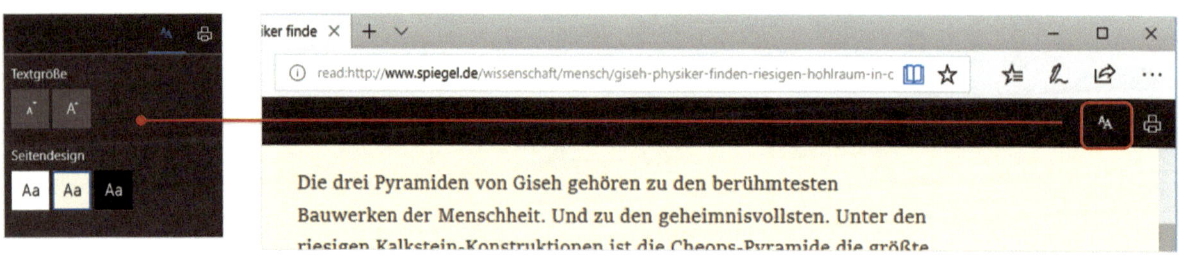

Bild 8.28 Leseansicht mit eingeblendeter Symbolleiste

PDFs und Ebooks in Microsoft Edge lesen

Microsoft Edge ist in der Lage neben der Anzeige von PDFs auch das Ebook-Format *epub* darzustellen. Blättern Sie mit den Bild-Tasten durch das PDF oder Ebook. Zur Anzeige der schwarzen Symbolleiste klicken Sie einmal an eine freie Stelle im Buch.

- **PDF:** Ganz links auf der Symbolleiste sehen Sie die aktuelle Seitenzahl und die Gesamtseitenzahl.

Bild 8.29 Anzeige PDF in Microsoft Edge

Mit ❶ zeigen Sie das Inhaltsverzeichnis an, mit ❷ durchsuchen Sie das PDF nach Schlagworten. Über die Symbole Plus und Minus ❸ vergrößern bzw. verkleinern Sie die Anzeige. Über Layout ❹ vereinbaren Sie die Anzeige einer Doppelseite. Durch Anklicken von ❺ wird der Text laut vorgelesen. Mit ❻ drucken Sie das Pdf.

- **Ebook:** Am unteren Rand des Browsers wird der Name des Buchs, die Position im Buch und ggf. der Kapitelname angezeigt.

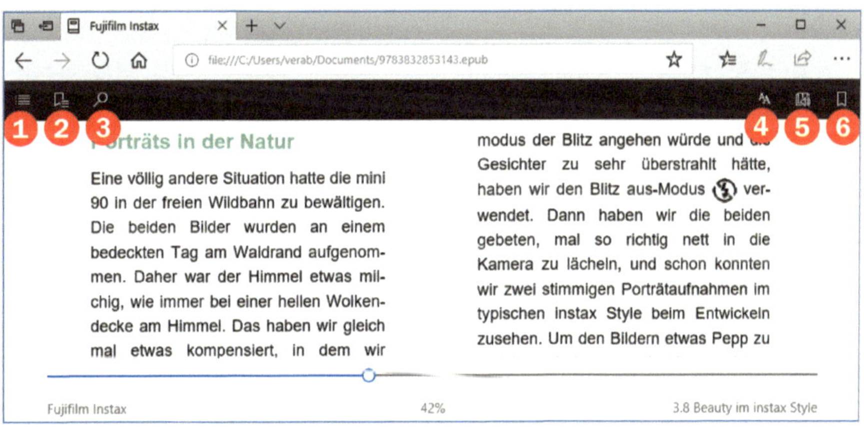

Bild 8.30 Anzeige epub in Microsoft Edge

Mit ❶ zeigen Sie das Inhaltsverzeichnis an, mit ❷ blenden Sie Lesezeichen zur Auswahl ein, die Sie mit ❻ hinzugefügt haben. Über Symbol ❸ können Sie den Text durchsuchen und ❹ stellt Ihnen Möglichkeiten zur Veränderung der Textgröße und Hintergrundfarbe zur Verfügung. Durch Anklicken von ❺ wird der Text laut vorgelesen.

8.4 Webseitennotizen erstellen und teilen

Mit Edge lassen sich Webseiten mit Notizen in Form von Texten oder Zeichnungen versehen und anschließend in den *Favoriten* oder der *Leseliste* speichern oder mit anderen Personen teilen. Mit Klick auf das Symbol *Notizen hinzufügen* blenden Sie die Bearbeitungstools ein.

Bearbeitungstools für Webseitennotizen

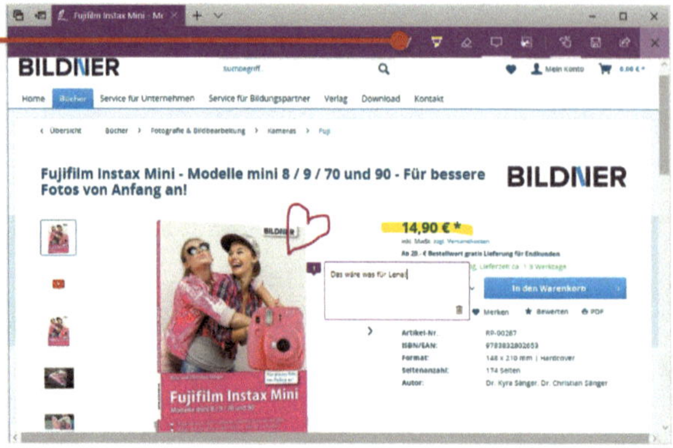

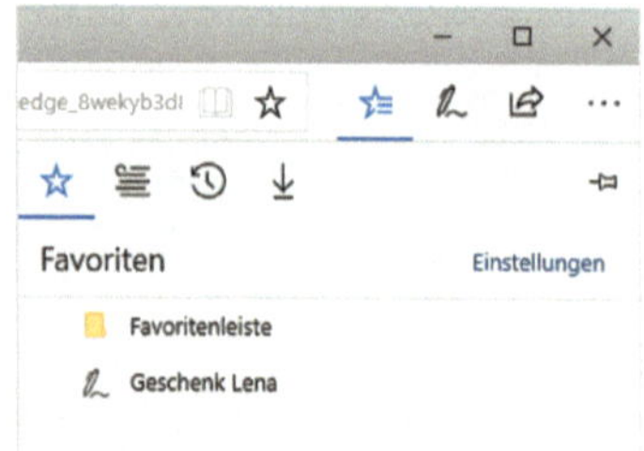

Bild 8.31 Webseitennotizen mit Hervorhebung, Notiz und einem gezeichneten Herz

Bild 8.32 Gespeicherte Notiz im Hub unter Favoriten mit der Bezeichnung „Geschenk Lena"

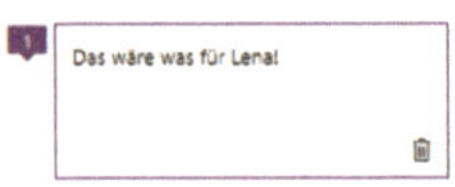

Schreiben durch Berühren: Damit Kugelschreiber, Textmarker und Radiergummi mit Maus oder Fingereingabe verwendet werden können, muss zunächst diese Schaltfläche aktiviert werden. Sie erkennen eine aktive Schaltfläche am weißen Strich am unteren Rand des Symbols. Ein weiterer Klick deaktiviert die Funktion wieder.

Kugelschreiber: Mit dem Kugelschreiber können Sie auf der Seite schreiben oder zeichnen. Wählen Sie die Funktion mit einem Klick aus. Nach Auswahl erscheint ein Erweiterungspfeil am unteren Rand des Symbols. Klicken Sie diesen an, um Farbe und Dicke des Kugelschreibers zu bestimmen.

Textmarker: Mit dem Textmarker können Sie wichtige Textstellen farblich hervorheben. Die Handhabung gleicht der des Kugelschreibers.

Radierer: Mit dem Radierer können Sie Ihre Freihandzeichnungen wieder löschen. Wählen Sie den Radierer aus und ziehen Sie bei gedrückter Maustaste über die Zeichnungen, die Sie wieder entfernen möchten. Über den Erweiterungspfeil des Radierers können alle Freihandeingabe gelöscht werden.

Notiz hinzufügen: Zum Hinzufügen einer Textnotiz an beliebiger Stelle wählen Sie diese Option. Klicken Sie dann an die Stelle der Webseite, an der die Notiz eingefügt werden soll und geben Sie einen Text über die Tastatur ein. Zum Löschen benutzen Sie das Papierkorb-Symbol im Notizenfeld.

Beschneiden: Mit der Funktion Beschneiden können Sie durch Ziehen mit der Maus einen bestimmten Teil der Webseite markieren. Dieser Ausschnitt wird dann in die Zwischenablage kopiert und Sie können den kopierten Inhalt in andere Anwendungen, z. B. Word mit Strg + V einfügen.

Webseitennotiz speichern: Klicken Sie auf *Webseitennotiz speichern*, um die Seite zusammen mit Ihren Anmerkungen abzuspeichern. Sie können die Notiz an OneNote senden oder zu den Favoriten bzw. der Leseliste hinzufügen. Die gespeicherte Seite mit Ihren Anmerkungen können Sie jederzeit über das Symbol Hub und Auswahl von Favoriten bzw. Leseliste wieder anzeigen.

Webseitennotiz teilen: Alternativ oder zusätzlich kann über das Symbol die Seite als Bilddatei (jpg-Datei) z. B. mit der App Mail versendet oder auf Instagram geteilt werden. Wählen Sie dazu die gewünschte App aus.

Beenden: Um den Bearbeitungsmodus zu beenden, klicken Sie auf das Symbol für Beenden. Es erscheint eine Rückfrage, ob Sie Änderungen speichern möchten, siehe Webseitennotiz speichern.

Anhang

A Tastenkombinationen

Windows allgemein

Windows ⊞	Startmenü öffnen
Windows ⊞ + A	Info-Center einblenden
Windows ⊞ + D	Fenster minimieren und Desktop anzeigen
Windows ⊞ + E	Explorer öffnen
Windows ⊞ + I	Einstellungen anzeigen
Windows ⊞ + L	Sperrbildschirm, Computer sperren
Windows ⊞ + S	Suchleiste einblenden
Windows ⊞ + T	Taskleiste anzeigen
Windows ⊞ + Z	App-Bedienelemente anzeigen (oder rechte Maustaste
Windows ⊞ + Druck	Screenshot im Ordner Bilder speichern
Windows ⊞ + Pfeil links	Bildschirm teilen und die geöffnete App in der linken Fensterhälfte anordnen
Windows ⊞ + Pfeil rechts	Bildschirm teilen und die geöffnete App in der rechten Fensterhälfte anordnen
Windows ⊞ + Tab	Wechselt zwischen Apps und Desktop Windows + Pfeil unten
Windows ⊞ + Pfeil unten	Fenster minimieren
Windows ⊞ + Leertaste	Eingabesprache wechseln

Windows + Pluszeichen (+)	Aktiviert die Bildschirmlupe, Zoom vergrößern
Windows + Minuszeichen (-)	Zoom verkleinern
Alt + Tab	Wechselt zwischen allen geöffneten Apps (einschließlich Desktop-Anwendungen)
Strg + A	Alles markieren (Explorer: Alle Dateien eines Ordners. Textprogramm: Den gesamten Text)
Strg + C	Markierten Text (Explorer: Datei oder Ordner) in die Zwischenablage kopieren
Strg + X	Markierten Text (Explorer: Datei oder Ordner) in die Zwischenablage ausschneiden
Strg + V	Inhalt der Zwischenablage an der aktuellen Stelle einfügen
F2	Dateien und Ordner umbenennen (Explorer)
Alt+F4	Geöffnetes Fenster schließen

Microsoft Edge

Strg + D	Aktuelle Seite zu den Favoriten oder zur Leseliste hinzufügen
Strg + E	Über die Adressleiste eine Suche starten
Strg + F	Auf der Seite suchen
Strg + H	Verlauf öffnen
Strg + I	Favoriten öffnen
Strg + J	Downloads öffnen
Strg + K	Tab kopieren

Strg+ L oder F4 oder Alt+ D	Adressleiste auswählen
Strg + N	Neues Fenster öffnen
Strg + P	Aktuelle Seite drucken
Strg+ R oder F5	Seite aktualisieren
Strg + T	Neuen Tab öffnen
Strg+ W oder Strg+ F4	Aktuellen Tab schließen
Strg+ Umschalt+ P	Neues Fenster für InPrivate Browsing öffnen
Strg+ Umschalt+ R	Lesemodus aktivieren
Strg + 1, 2, 3 ...	Zu Tab-Nummer 1, 2, 3,... wechseln
Strg + Pluszeichen	Rein-Zoomen (um 25%)
Strg + Minuszeichen	Raus-Zoomen (um 25%)
Strg + 0 (Null)	Zoom zurücksetzen
Rückschritttaste oder Alt + Pfeil nach links	Eine Seite zurück
Alt + Pfeil nach rechts	Eine Seite vor
Esc-Taste	Laden der Seite abbrechen
Strg + Link anklicken	Link in neuem Tab öffnen
Strg + Tab-Taste	Zum nächsten Tab springen
Strg + Umschalt + Tab-Taste	Zum vorherigen Tab springen
Strg + Umschalt + Klick	Link in neuem Tab öffnen und zu diesem Tab springen

Alt + Umschalt + Klick	Link in neuem Fenster öffnen
Strg + Umschalt + T	Geschlossenen Tab wieder öffnen
Strg + Umschalt + N	Aktuellen Tab in neuem Fenster öffnen
Mittlere Maustaste	Link in neuem Tab öffnen
Umschalt + mittlere Maustaste	Link in neuem Fenster öffnen

B Stichwortverzeichnis

Symbole

A

B

C

D

E

T

U